Der Autor

Timo Storck, Prof. Dr. phil., Jahrgang 1980, ist Professor für Klinische Psychologie und Psychotherapie an der Psychologischen Hochschule Berlin und Psychologischer Psychotherapeut (AP/TP). Studium der Psychologie, Religionswissenschaften und Philosophie an der Universität Bremen, Diplom 2005. Wissenschaftlicher Mitarbeiter an den Universitäten Bremen (2006–2007), Kassel (2009–2015) sowie an der Medizinischen Universität Wien (2014–2016). Promotion an der Universität Bremen 2010 mit einer Arbeit zu künstlerischen Arbeitsprozessen, Habilitation an der Universität Kassel 2016 zum psychoanalytischen Verstehen in der teilstationären Behandlung psychosomatisch Erkrankter. Mitherausgeber der Zeitschriften *Psychoanalyse – Texte zur Sozialforschung* und *Forum der Psychoanalyse* sowie der Buchreihe *Im Dialog: Psychoanalyse und Filmtheorie*, Mitglied des Herausgeberbeirats der Buchreihe *Internationale Psychoanalyse*. Forschungsschwerpunkte: psychoanalytische Theorie und Methodologie, psychosomatische Erkrankungen, Fallbesprechungen in der stationären Psychotherapie, Kulturpsychoanalyse, konzeptvergleichende Psychotherapieforschung.

Timo Storck

Sexualität und Konflikt

Verlag W. Kohlhammer

Dieses Werk einschließlich aller seiner Teile ist urheberrechtlich geschützt. Jede Verwendung außerhalb der engen Grenzen des Urheberrechts ist ohne Zustimmung des Verlags unzulässig und strafbar. Das gilt insbesondere für Vervielfältigungen, Übersetzungen, Mikroverfilmungen und für die Einspeicherung und Verarbeitung in elektronischen Systemen.

Die Wiedergabe von Warenbezeichnungen, Handelsnamen und sonstigen Kennzeichen in diesem Buch berechtigt nicht zu der Annahme, dass diese von jedermann frei benutzt werden dürfen. Vielmehr kann es sich auch dann um eingetragene Warenzeichen oder sonstige geschützte Kennzeichen handeln, wenn sie nicht eigens als solche gekennzeichnet sind.

Es konnten nicht alle Rechtsinhaber von Abbildungen ermittelt werden. Sollte dem Verlag gegenüber der Nachweis der Rechtsinhaberschaft geführt werden, wird das branchenübliche Honorar nachträglich gezahlt.

1. Auflage 2018

Alle Rechte vorbehalten
© W. Kohlhammer GmbH, Stuttgart
Gesamtherstellung: W. Kohlhammer GmbH, Stuttgart

Print:
ISBN 978-3-17-033752-7

E-Book-Formate:
pdf: ISBN 978-3-17-033753-4
epub: ISBN 978-3-17-033754-1
mobi: ISBN 978-3-17-033755-8

Für den Inhalt abgedruckter oder verlinkter Websites ist ausschließlich der jeweilige Betreiber verantwortlich. Die W. Kohlhammer GmbH hat keinen Einfluss auf die verknüpften Seiten und übernimmt hierfür keinerlei Haftung.

Inhalt

Vorwort 9
1 Einleitung 11
2 Freuds Konzeption einer infantilen Psychosexualität 15
   2.1 Die psychosexuellen Entwicklungsphasen 23
      2.1.1 Autoerotismus und primärer Narzissmus ... 25
      2.1.2 Die orale Phase 28
      2.1.3 Die anale Phase 29
      2.1.4 Die phallisch-ödipale Phase 31
      2.1.5 Die Latenzzeit und die genitale Phase 34
      2.1.6 Weitere Konzepte zur Genese des Psychosexuellen: Urszene, Zweizeitigkeit, Nachträglichkeit 36
   2.2 Sexualität und Neurose 42
   2.3 Fallbeispiel Christian 44

3 Die Theorie des ödipalen Konflikts 49
   3.1 König Ödipus 50
   3.2 Freuds Auffassungen zum Ödipuskonflikt 52
      3.2.1 Freuds Ausgangspunkte: Verlust des Vaters, Selbstanalyse, klinische Erfahrung 53
      3.2.2 Ödipale Konflikte als »Gefühlseinstellung« 55
      3.2.3 Freuds Überlegungen zum »Urvater« 59
      3.2.4 Zur Universalität und Kulturinvarianz des Ödipuskonflikts 61
      3.2.5 Der »kleine Hans« 62

		3.2.6 Die Frage nach der »Bewältigung«	65
	3.3	Die Konzeption einer »frühen« Ödipalität	70
	3.4	Ödipus heute	73
	3.5	Fallbeispiel Jakob	76

4 **Der unbewusste Konflikt** 81
   4.1   Entwicklungspsychologische Grundlagen
        allgemeiner psychischer Konflikte 84
        4.1.1 Beruhigung und Stimulierung im Kontext
               der Triebtheorie 84
        4.1.2 Liebe und Hass 88
        4.1.3 Die Unbewusstheit psychischer Konflikte .. 90
        4.1.4 Trieb, Konflikt und motivationale
               Strukturen 96
   4.2   Neurotische Konflikte 97
        4.2.1 Konflikte in der Operationalisierten
               Psychodynamischen Diagnostik 101
   4.3   Andere Konflikte und das Verhältnis zur
        psychischen Struktur 103
   4.4   Fallbeispiel Frau E. 106

5 **Sexualitäten in der Psychoanalyse** 110
   5.1   Psychoanalytische Theorien zur weiblichen
        Sexualität 111
        5.1.1 Weibliche Sexualität bei Freud 112
        5.1.2 Psychoanalyse und Weiblichkeit
               im Anschluss an Freud 120
   5.2   Psychoanalytische Theorien zur Homosexualität .. 126
        5.2.1 Freuds Blick auf Homosexualität 127
        5.2.2 Aktuelle Themen 132
   5.3   Psychoanalyse und Gender 136

6 **Sexualität und Konflikt interdisziplinär** 145
   6.1   Sexualität und Konflikt in anderen
        psychologischen Entwicklungstheorien 146
        6.1.1 Sexualität 146

		6.1.2 Konflikt	148
		6.1.3 Ödipalität	150
		6.1.4 Die Spezifität der psychoanalytischen Theorie	154
		6.1.5 Konflikt und Neurobiologie	155
	6.2	Konflikte in anderen Psychotherapie-Theorien	155
		6.2.1 Kognitive Verhaltenstherapie	157
		6.2.2 Systemische Therapie	161
		6.2.3 Gesprächspsychotherapie	162
	6.3	Konzeptvergleichende Psychotherapieforschung ...	164
		6.3.1 Konflikte im Schulenvergleich	164
		6.3.2 Skizze eines Forschungsprogramms	166
7	Ausblick		171
Literatur			174
Verzeichnis der zitierten Medien			181
Stichwortverzeichnis			183

Vorwort

Beim vorliegenden Band handelt es sich um eine bearbeitete Mitschrift von fünf öffentlichen Vorlesungen, die ich im Sommersemester 2017 an der Psychologischen Hochschule Berlin gehalten habe. Die Vorlesungsreihe ist Teil eines langfristig angelegten Projekts zu den *Grundelementen psychodynamischen Denkens*, in dem es unter der dreifachen Perspektive »Konzeptuelle Kritik, klinische Praxis, wissenschaftlicher Transfer« darum geht, sich mit psychoanalytischen Konzepten auseinander zu setzen: Trieb (Band I), Sexualität und Konflikt (Band II), dynamisch Unbewusstes (Band III), Objekte (Band IV), Übertragung (Band V) und einige weitere. Ziel ist dabei, sowohl in der öffentlichen Diskussion als auch im vorliegenden Format einer Reihe von Buchpublikationen eine Art kritisches Kompendium psychoanalytischer Konzepte zu entwickeln, ohne dabei den Anschluss an das Behandlungssetting oder den wissenschaftlichen Austausch zu vernachlässigen. Die Buchreihe, deren zweiter Band hier vorliegt, wird ergänzt durch Videomaterial zu den Vorlesungen. Wenn es um Grundelemente psychodynamischen Denkens gehen soll, dann soll damit auch der Hinweis darauf gegeben werden, dass aus Sicht der Psychoanalyse jedes Denken, also auch das wissenschaftliche, selbstreflexiv ist: Das Denken über Psychodynamik ist unweigerlich selbst psychodynamisch, d. h. es erkundet die Struktur der Konzeptzusammenhänge auch auf der Ebene der Bedeutung von Konzeptbildung selbst.

Für ein solches Vorgehen ist das Werk Freuds der Ausgangs- und ein kontinuierlicher Bezugspunkt. Mir geht es um eine genaue Prüfung dessen, was Freud mit seinen Konzepten »vorhat«, d. h. welche Funktion diese haben und welches ihr argumentativer Status ist. Dabei soll nicht eine bloße Freud-Exegese geschehen, sondern eher ein Lesen

Freuds »mit Freud gegen Freud«. Es wird deutlich werden, dass der grundlegende konzeptuelle Rahmen, den Freud seiner Psychoanalyse gibt, es auch erlaubt aufzuzeigen, wo er hinter den Möglichkeiten seiner Konzeptbildung zurück bleibt.

Über den Ausgangspunkt der Vorlesungen erklärt sich die Form des vorliegenden Textes, der nah an der gesprochenen Darstellung bleibt. Auch sind, wie in jeder Vorlesung, eine Reihe von inhaltlichen Bezugnahmen auf Arbeiten anderer Autorinnen und Autoren eingeflossen, die mein Denken grundlegend beeinflussen, ohne dass dazu durchgängig im Detail eine Referenz erfolgen kann.

Bedanken möchte ich mich bei den Teilnehmenden der öffentlichen Vorlesungen für ihr Interesse, sowie beim Kohlhammer Verlag, namentlich Ruprecht Poensgen, Ulrike Albrecht und Annika Grupp, für die Unterstützung bei der Vorlesung und ihrer Veröffentlichung. Außerdem danke ich Judith Krüger, Janna Otten und Caroline Huss für die Anfertigung von Transkripten zur Audio-Aufzeichnung und Katharina Sindlinger für Unterstützung in der Literaturrecherche. Katharina Schmatolla gebührt Dank für die planerische, emotionale und technische Unterstützung bei der Durchführung der Vorlesungen. Der Psychologischen Hochschule Berlin danke ich schließlich für die Möglichkeit, eine solche Vorlesungsreihe durchzuführen.

Heidelberg, März 2018
Timo Storck

1 Einleitung

Im zweiten Band dieser Buchreihe soll es also, im Anschluss an die Überlegungen zum Trieb und vorbereitend zur Erörterung des dynamisch Unbewussten, um Sexualität und Konflikt gehen, in einer konzeptuellen Darstellung und Prüfung. Im ersten Kapitel werde ich den Anschluss an das in der ersten Vorlesungsreihe und dem ersten Band der *Grundelemente* zum psychoanalytischen Triebkonzept Erarbeitete herstellen. Im Anschluss daran setzt sich Kapitel 2 mit der Freud'schen Entwicklungstheorie der infantil-psychosexuellen Phasen auseinander und schlägt dabei insbesondere eine »thematische« Lesart dieser Phasen vor. Im dritten Kapitel werde ich aus der psychoanalytischen Entwicklungstheorie gesondert die Konzeption des ödipalen Konflikts herausgreifen und diesen, sowohl in der Freud'schen als auch in der Fassung als »frühe« Ödipalität wesentlich begreifen als die Entwicklungsaufgabe der Auseinandersetzung mit dem Geschlechter- und Generationenunterschied und damit, dass es in der Welt der Beziehungen auch solche gibt, von denen das Individuum relativ ausgeschlossen ist. Im vierten Kapitel geht es darauf aufbauend um die Psychoanalyse als Konflikttheorie, die sich zum einen aus dem Ineinander aus Lust und Erregung (bzw. Beruhigung und Stimulierung) in der frühen Entwicklung, zum anderen aus dem Zusammentreffen von Liebe und Hass (bzw. verbindenden und trennenden Impulsen) ergibt. Kapitel 5 nimmt sich psychoanalytisch »Sexualitäten« zum Gegenstand und öffnet den Blick der Darstellung auf die Konzeption von Homosexualität, weiblicher Sexualität und nicht-heteronormativer Sexualität, allesamt Bereiche, zu denen Freud selbst wenig Substanzielles zu sagen hatte – anders als nachfolgende Psychoanalytikerinnen und Psychoanalytiker, gerade im Hinblick auf einen

Dialog mit der Sexualwissenschaft. Schließlich werde ich im sechsten Kapitel die Perspektive auf Sexualität und Konflikt in anderen entwicklungspsychologischen Zugängen einnehmen, sowie deren Bedeutung in anderen psychotherapeutischen Richtungen berühren. Kapitel 7 stellt eine Zusammenfassung und einen Ausblick dar.

Im vorliegenden Rahmen verstehe ich Konzepte als etwas, das Phänomene der Erfahrung begreiflich machen soll (vgl. Storck, 2018a, S. 12ff.). Das gilt für jedes wissenschaftliche Konzept, aber eben auch für wissenschaftliche Konzepte im Zusammenhang mit psychotherapeutischen Verfahren. Ein Konzept, ob es nun »Trieb« ist, »Schwerkraft« oder irgendein anderes, soll etwas von dem, was ich »beobachten« kann (in einem weit gefassten Sinn von »Beobachtung«), konzeptuell auf den Begriff bringen, der eine Antwort darauf liefern soll, warum die Dinge so sind, wie sie sind. Das heißt aber auch, dass Konzepte keine Dinge in der Welt sind. Man kann zum Beispiel nicht »die Verdrängung« beobachten oder »das Über-Ich« und zwar deshalb nicht, weil es Konzepte sind, die versuchen, etwas Beobachtbares zu konzeptualisieren. Die Antwort auf die Frage »Warum ist die Welt so, wie sie ist?« liefert Konzepte auf der Basis eines methodischen Zugangs. Ob es das Experiment, die sozialwissenschaftliche Feldstudie oder jede andere Methode ist, Konzepte stehen in einer Wechselwirkung zum methodischen Zugang und werden auf diesem Weg (weiter-)entwickelt. Für die Psychoanalyse ist es die klinische Behandlungspraxis gewesen und das Anliegen, die Erfahrungen, die sich im Behandlungszimmer zeigten und die Freud und viele nach ihm versucht haben, auf den Begriff zu bringen. Dort etwas zu »beobachten« heißt gleichwohl, dass etwas als erfahrungsbezogenes Phänomen spürbar wird; »Beobachtung« ist nicht bloß der experimentell-prüfende Blick, sondern bezieht sich auf etwas, das sinnesmäßig erfahrbar ist. Psychoanalytische Konzepte werden als eine begriffliche Verallgemeinerung aus einem Verstehen und Begreifen von klinischen Einzelfällen gebildet. Das heißt nichts anderes, als dass Psychoanalytiker[1] Patienten behandeln, dort auf klinische Phänomene stoßen und Konzepte daraus

---

1 Ich verwende im Weiteren das generische Maskulinum, damit sollen jeweils alle anderen Geschlechter mitgemeint sein.

bilden, die den Anspruch haben, über den Einzelfall hinauszureichen. Andernfalls bräuchte man ja für jede einzelne Behandlung neue Konzepte – was nicht nur anstrengend wäre, sondern auch sinnlos. Konzepte haben also einen Anteil von Verallgemeinerung in sich, auch wenn sie auf den Einzelfall bezogen sind. Diese konzeptuelle Arbeit ist bislang für den Triebbegriff erfolgt (s. den ersten Band dieser Reihe; Storck, 2018a). Dabei ist der Hinweis wichtig gewesen, dass das Triebkonzept – weil es kein ausschließlich biologisches Konzept ist, es unterscheidet sich vom Instinktbegriff – als ein *psychosomatisches* Konzept aufgefasst werden kann, das die psychosomatische Grundstruktur des Menschen beschreibt. Mit Freud gesprochen: Der Trieb ist ein »Grenzbegriff zwischen Seelischem und Somatischem« (1915a, S. 214). Das versucht gerade zu beschreiben, warum Menschen geistige und biologische Wesen sind und was sich von unserer Körperlichkeit in unsere psychische Vorstellungswelt vermittelt – und dass wir demgegenüber auch keine andere Wahl haben. Es drängt etwas in unsere psychische Welt, so dass wir durch innere Bilder und Sprache damit umgehen müssen und können.

Bei Freud war ferner die Frage danach wichtig, ob man das Triebkonzept monistisch formuliert (ist damit doch nichts anderes als ein Drängen beschrieben, das eine quantitative Größe aufweist) oder ob es ein dualistisches Triebmodell gibt, in dem beispielsweise Sexualität und Selbsterhaltung oder Eros und Todestrieb einander gegenüberstehen. Oder ist es sogar ein polyvalentes Modell mit unterschiedlichen Antrieben und Motivationsstrukturen? Ein großes Problem dabei war die Frage, ob Freuds Vorstellung einer Triebenergie, für den Sexualtrieb: die Libido, brauchbar ist. Es gab einige Argumente dafür, dass die psychoanalytische Libidotheorie heute durch eine Affekttheorie ersetzt werden kann, wohingegen die Triebtheorie als solche nicht in einer Affekttheorie aufgeht, zum Beispiel angesichts der eben erwähnten Vermittlungsfunktion des Triebes.

Außerdem konnte hervorgehoben werden, dass es auch in einer triebtheoretischen Sicht um Beziehungen geht, dass ein Teil unserer Triebentwicklung durch frühe Beziehungserfahrungen vermittelt ist, durch Berührungen und andere sinnliche Erfahrungen. Psychoanalytisch gesprochen: Das »Objekt« (das Gegenüber, der Andere) hat entscheidenden Anteil an der Triebentwicklung, weil wir leiblich mit ihm interagieren.

Ein paar weitere Bereiche sind berührt worden: Freuds Gedanke hat eine Rolle gespielt, dass Kultur auf Triebverzicht aufgerichtet ist (Freud, 1930, S. 457). Mit Melanie Klein haben wir uns angeschaut, wie wichtig es für uns Menschen ist, sich Fantasiebilder zu machen, also etwas von dieser ganzen chaotischen Welt aus Körperlichkeit und Affektivität in innere, szenische Bilder umsetzen zu können – zur Angstbewältigung, zur Kreativität. Es wurde das Verhältnis von Trieb und Affekt betrachtet und auch dasjenige der Triebtheorie zu psychologischen Motivationstheorien, zur Neurobiologie und zu anderen psychotherapeutischen Verfahren. Die bisherige Darstellung ist im Befund geendet, dass der Trieb nicht im eigentlichen Sinne (oder nicht allein für sich genommen) die psychischen Motivationsstrukturen auf den Begriff bringt. Psychoanalytische Motivation ist nicht direkt triebhaft, sondern der unbewusste Konflikt ist es, was im Kern der psychoanalytischen Motivationstheorie steht. Das ist es, was uns motiviert – zur Kreativität, Symptombildung, zu psychischer Erkrankung, zum Erleben und Gestalten von Beziehungen. Als Grundlage dessen wirkt der Trieb, der mit dem unbewussten Konflikt entscheidend verbunden ist, jedoch ist nicht das Triebhafte selbst die Motivationsstruktur, sondern der unbewusste Konflikt – etwas, das psychisch aufeinander prallt und Motor dessen ist, dass wir damit irgendwie umgehen. Während die Triebtheorie eher eine *allgemeine* Theorie der Motivation beschreibt, lässt sich mit dem Konzept des Konflikts argumentieren, wie *spezifische* Motivationen zu denken sind. Es gibt also viele Argumente dafür, sich den unbewussten Konflikt genauer anzuschauen – und zwar ausgehend von der Sexualität, die, wie sich zeigen wird, den wesentlichen Anteil daran hat, dass unser psychisches Leben konflikthaft ist.

2 Freuds Konzeption einer infantilen Psychosexualität

Die TV-Serie *Masters of Sex* (vgl. Kadi, 2017) thematisiert – auf teilfiktionalisierte Weise – die Forschungen von William Masters und Virginia Johnson ab 1957. Ein Ausschnitt aus der ersten Staffel der Serie, der die Anfänge der sexualwissenschaftlichen Forschung der beiden Protagonisten behandelt, zeigt, wie ein Proband und eine Probandin Anweisungen erhalten. Beide sind nackt und multipel verkabelt. Johnson erklärt beiden die vier Stufen der sexuellen Erregung, welche die Forscher postulieren; die Anziehung und Unsicherheit des Paares, das »für die Wissenschaft« miteinander möglichst leidenschaftlichen Sex haben soll, wird deutlich (»Pilot«, 2013).

Neben Kinsey oder Sigusch können Masters und Johnson wohl als die neben Freud wichtigsten und einflussreichsten Forschenden im Hinblick auf die menschliche Sexualität des 20. Jahrhunderts angesehen werden. Gleichwohl geht es Freud, zumal bereits 60 Jahre früher als Masters und Johnson, um etwas anderes als die Ermittlung von Verläufen menschlicher Erregung im sexuellen Akt, nämlich um *Psycho*-Sexualität, also in erster Linie um das *Erleben* von Sexualität und darum, wie Sexualität als ein Organisationsprinzip des Psychischen gelten kann. Das macht die bis heute hohe Relevanz der Psychoanalyse aus.

Freuds Untersuchung und Konzeptualisierung der Sexualität betrifft besonders das »Sexualleben der Kinder«, genauer müsste man sagen: die infantile Sexualität, wie sie in der Kindheit und in der späteren psychischen Welt eine Rolle spielt. Allerdings musste sich das explizite Konzept einer infantilen Sexualität im Freud'schen Denken erst noch entwickeln. Er schreibt ziemlich früh in der Entwicklung seiner Theorie: »Man tut Unrecht daran, das Sexualleben der Kinder völlig zu vernachlässigen; sie sind, so viel ich erfahre habe, aller psychischen und vieler somatischen Sexualleistungen fähig. [...] Es ist aber richtig, daß die Organisation und Entwicklung der Spezies Mensch eine ausgiebigere Betätigung im Kindesalter zu vermeiden strebt; es scheint, daß die sexuellen Triebkräfte beim Menschen aufgespeichert werden sollen, um dann bei ihrer Entfesselung zur Zeit der Pubertät großen kulturellen Zwecken zu dienen [...] Aus einem derartigen Zusammenhange läßt sich etwa verstehen, warum sexuelle Erlebnisse im Kindesalter pathogen wirken müssen. Sie entfalten ihre Wirkung aber nur zum geringen Maße zur Zeit, da sie vorfallen; weit bedeutsamer ist ihre nachträgliche Wirkung, die erst in späteren Perioden der Reifung eintreten kann.« (1898, S. 511).

Es ist leicht vorstellbar, wie skandalös diese Bemerkung 1898 gewirkt haben muss. Eine ähnlich skandalöse Wirkung hatte das sieben Jahre zuvor erschiene Drama Frank Wedekinds *Frühlings Erwachen*, in dem es auch um eher konkrete kindliche und jugendliche Sexualbetätigung ging. Freud betritt Neuland, ähnlich wie Masters und Johnson etwas später auf andere Weise, indem er drei Dinge in den Mittelpunkt stellt: das Sexualleben der Kinder, mögliche »pathogene Wirkungen« dessen und eine »Nachträglichkeit« in der Sexualentwicklung. Damit ist angesprochen, dass Freud von einer Zweizeitigkeit der Sexualentwicklung ausgeht: Vom Wirken eines infantilen, kindlichen Teils und eines ab der Pubertät einsetzenden, der den Weg in die erwachsene Sexualität ebnet. Um diese Differenzierung besser begreifen zu können, sind einige Bemerkungen zur Freud'schen Verführungstheorie nötig.

Zu Beginn seiner nervenärztlichen, beginnend psychoanalytischen Arbeit vertritt Freud die Auffassung, dass in der Ätiologie der Hysterie traumatische Szenen der Kindheit aufzufinden sind. Anfangs war es eine Annahme ohne Ausnahme: Erwachsene, hysterische Frauen haben ein missbräuchliches Erlebnis sexueller Art in der Kindheit gehabt, so Freuds Konzeption. Er schreibt aus der Erfahrung aus seinen Behandlungen und den sich dort zeigenden Fällen sexueller Traumata im Sinne von Übergriffen: »[O]benan [stehen] Kinderfrauen, Gouvernanten und andere Dienstboten«, »lehrende Personen«, »schuldlose kindliche Attentäter, meist Brüder« (Freud, 1896a, S. 382). Andernorts differenziert er drei Gruppen: »erwachsene[.] fremde Individuen«, »eine das Kind wartende erwachsene Person« und »die eigentlichen Kinderverhältnisse« (Freud, 1896b, S. 444). Als sexuelle Traumata gelten Freud hier »[s]exuelle Erfahrungen der Kindheit, die in Reizungen der Genitalien, koitusähnlichen Handlungen usw. bestehen«. Sie »sollen also in letzter Analyse als jene Traumen anerkannt werden, von denen die hysterische Reaktion gegen Pubertätserlebnisse und die Entwicklung hysterischer Symptome ausgeht.« (1896b, S. 443). Mit diesen Annahmen zur Ätiologie der Hysterie steht die Annahme einer »Perversion des Verführers« (Freud, 1985, S. 223; Brief an Wilhelm Fließ vom 6.12.1896) im Zusammenhang, zu dem für Freud zunächst immer deutlicher der Vater wird. Seine frühe Theorie hat so eine direkte Verbindung der später hysterisch erkrankten Frau zum perversen, sexuell übergriffigen Vater. Dabei muss man darauf achten, dass »Perversion« hier nicht genau das meint, was bei Freud etwas später unter dem Partialtriebhaften firmiert (vgl. Storck, 2018a, S. 29ff.), sondern eher im alltagssprachlichen Sinn gebraucht wird, also im Sinne einer sexuellen Grenzüberschreitung bzw. Pervertierung der Sexualität. Diese Annahmen Freuds über die sexuellen Traumata in der Ätiologie der Hysterie werden seine »Verführungstheorie« genannt.

Soweit, so skandalös. Jetzt gibt es eine auf eine andere Art und Weise skandalöse Bemerkung, die Freud kurze Zeit später an Wilhelm Fließ schrieb: »Und ich will dir sofort das große Geheimnis anvertrauen, das mir in den letzten Monaten langsam gedämmert hat. Ich glaube an meine Neurotica nicht mehr.« (Freud, 1985, S. 283; Brief vom 21.9.1897). Freud spürt Zweifel an seiner bisherigen ausnahmslosen Annahme des Vorkommens sexueller Traumata im Sinne konkreter Übergriffe in der Ätiologie der Hysterie. Er hat dafür drei Gründe: Erstens die nur »partielle[n] Erfolge« der Analysen, zweitens die sich immer mehr zuspitzende nötige Folgerung, »daß in sämtlichen Fällen der Vater als pervers beschuldigt werden mußte«, sowie drittens die Einsicht, »daß es im Unbewußten ein Realitätszeichen nicht gibt« (a. a. O., S. 283f.).

Für die weitere Theoriebildung der Freud'schen Psychoanalyse ist der dritte Punkt der entscheidende und er ist es auch, der am meisten kontrovers diskutiert worden ist. Zunehmend hatte Freud sich mit dem

Stellenwert der (unbewussten) Fantasie beschäftigt und über die »Lösung, daß die sexuelle Phantasie sich regelmäßig des Themas der Eltern bemächtigt« (a. a. O.), nachgedacht (vgl. genauer in Freud, 1906).

Statt der leitenden Annahme, für die Ätiologie sei von einem Vorkommen sexueller Übergriffe auszugehen, kristallisiert sich ab 1897 für Freud stärker die Konzeption heraus, dass es die Wirkungen der infantilen Psycho-Sexualität sind (einschließlich des noch etwas später genauer ausformulierten Ödipus-Konflikts), die in der Ausbildung einer Neurose die entscheidende Rolle spielt. Er selbst formuliert im Rückblick: »Nach d[er] Korrektur waren die ›infantilen Sexualtraumen‹ in gewissem Sinne durch den ›Infantilismus der Sexualität‹ ersetzt.« (1906, S. 154) Es muss in Freuds Sicht nun also nicht notwendigerweise ein reales, konkretes, sexuelles Übergriffserlebnis in der Kindheit aller später hysterisch Erkrankten geschehen sein, sondern es gibt auch das Element einer Wirkung unbewusster Fantasien und unbewusster Wünsche – oder, wenn man so will: einer traumatischen Wirkung des Triebes.

Dies sind nun die Schnittstellen, an denen es in der Geschichte der Psychoanalyse viele Missverständnisse, Streit und auch einige etwas unglückliche Formulierungen Freuds gegeben hat. Was hier *nicht* gemeint ist, ist die Leugnung der Realität von sexuellen Übergriffen. Worum es Freud *nicht* geht, ist die pauschale Diskreditierung von Berichten von Patientinnen über erlittene Übergriffe und das Abtun dieser als unbewusste Fantasien. Es wäre ein Irrtum anzunehmen, es gebe heute Psychoanalytiker, die es, wenn jemand über Missbrauch spricht, ausschließlich als einen Ausdruck unbewusster Fantasien betrachten und die Realität dessen prinzipiell in Zweifel ziehen bzw. sich dafür nicht interessieren. Trotzdem ist es wichtig, sich genauer anzuschauen, wie diese Erweiterung der Verführungstheorie bei Freud, denn als eine solche sollte sie begriffen werden, gemeint ist. Der entscheidende Punkt ist, dass sich Freud von dem *Allgemeingültigkeitsanspruch* der Rolle sexueller Übergriffe weg bewegt. Er nimmt zwei Wege traumatisch wirkender Sexualität in der frühen Kindheit an. Der erste Weg sind die exogenen Traumata konkreter Übergriffe, die zu schwerwiegenden Entwicklungsbeeinträchtigungen führen. Der zweite Weg ist das Wirken unbewusster Fantasien – was belastend sein kann, aber zu eher

»reiferen« psychischen Störungen (oder gar keinen) führt als es das Erfahren sexueller Übergriffigkeit tut.

Freud schreibt: »Es ist selbstverständlich, daß es der Verführung nicht bedarf, um das Sexualleben des Kindes zu wecken, daß solche Erweckung auch spontan aus inneren Ursachen vor sich gehen kann.« (1905, S. 91) Das ist ein wichtiges Argument, weil hier nun die kindliche Sexualität nicht nur für diejenigen Menschen entsteht oder wirksam ist, die einen sexuellen Übergriff erleben und später hysterisch erkranken, sondern für alle. Es ist hier ein allgemeiner Bestandteil der kindlichen Entwicklung (das ist Anlass für Laplanche, den Akzent einer »Allgemeinen Verführungstheorie« zu setzen; vgl. Laplanche, 1988; s. u.).

Dazu, dass diese *Erweiterung* der Verführungstheorie, die m. E. zu Unrecht oft als eine Abkehr oder ein Verwerfen wahrgenommen wurde, ein hohes Missverständnispotenzial aufweist, hat Freud selbst einiges beigetragen. Er stellt mit der Veränderung seiner Theorie zwar nicht das Vorkommen oder die Häufigkeit sexueller Übergriffe in Frage, aber es gibt Bemerkungen, die man in diese Richtung (miss)verstehen kann, wenn er von der Korrektur eines vermeintlichen Irrtums über die Häufigkeiten sexueller Übergriffe gegenüber Kindern spricht oder formuliert, er habe »erkennen« müssen, »diese Verführungsszenen seien niemals vorgefallen, seien nur Phantasien, die meine Patienten erdichtet, die ich ihnen vielleicht selbst aufgedrängt hatte« (Freud, 1925, S. 59f.). Ähnliches kann man darüber sagen, dass Freud von der nötigen Unterscheidung schreibt, »die Erinnerungstäuschungen der Hysterischen über ihre Kindheit von den Spuren der wirklichen Vorgänge sicher zu unterscheiden« (a. a. O.).

Nach 1897 geht es Freud vor allem um die *Psycho*sexualität (d. h. die psychische Repräsentation von Sexualität), im Gegensatz zu Masters und Johnson, die den Geschlechtsverkehr nicht zuletzt in physiologischer Hinsicht untersuchen. Eine besondere Bedeutung dafür haben frühe Arbeiten in Freuds Werk: Die mit Breuer verfassten *Studien über Hysterie* von 1895 oder *Zur Ätiologie der Hysterie* von 1896. Einen großen Wendepunkt gibt es in den *Drei Abhandlungen zur Sexualtheorie* von 1905 und insbesondere in Form der Theorie des Ödipus-Konfliktes. Der taucht in seinen Grundzügen schon in Briefen an Fließ

Ende des 19. Jahrhunderts auf, sowie in der *Traumdeutung* von 1900, dann aber in ausgearbeiteter Weise in den 1920er-Jahren.

Der Sexualitätsbegriff der Psychoanalyse ist ein spezieller, Freud spricht von der »erweiterte[n] Sexualität der Psychoanalyse« (1905, S. 32; es handelt sich allerdings um eine Hinzufügung von 1920). »Erweitert« bedeutet, dass »Sexualität« in der Psychoanalyse in den allermeisten Fällen meint: infantile Psychosexualität, also die Untersuchung dessen, wie in der kindlichen Entwicklung Lust- (und Unlust-) Empfindungen und Befriedigungserfahrungen psychisch repräsentiert werden. »Erweitert« ist der Sexualitätsbegriff auch deshalb, weil es nicht nur um genitalen Geschlechtsverkehr geht, sondern »Sexualität« Lustempfindungen und Befriedigungserfahrungen meint, die auch im Zusammenhang mit anderen Interaktionen und Körperzonen auftauchen können. Psychoanalytisch gesprochen ist es ein sexuelles Erlebnis, wenn etwa die Mutter dem Kind über den Kopf streichelt oder über den Arm – also eine sinnliche Berührungserfahrung, die stimulierend ist, erregend oder beruhigend sein kann (und das auch zugleich). In diesem Bereich von Lust und Befriedigung bewegt sich der psychoanalytische Sexualitätsbegriff.

Das ist zu beachten, wenn man darüber spricht, dass Freud kindliche Sexualität untersucht. Wenn man sich darüber nicht im Klaren ist, muss man sich über Freud wundern: Hat er nun wirklich untersucht, ob fünfjährige Kinder mit ihren Eltern Geschlechtsverkehr haben wollen? Das ist noch nicht einmal so besonders interessant, sondern das Interessante ist, der Frage nachzugehen, wie lustvolle Gefühle in der kindlichen Entwicklung wirksam sind und wie sie mit einem Konfliktgeschehen im Zusammenhang stehen.

Zusammenfassend kann man Freuds Position genauer nachvollziehen, wenn er schreibt: »Wir haben den Begriff der Sexualität nur soweit ausgedehnt, daß er auch das Sexualleben der Perversen und das der Kinder umfassen kann.« Weiter heißt es direkt: »Das heißt, wir haben ihm seinen richtigen Umfang wiedergegeben. Was außerhalb der Psychoanalyse Sexualität heißt, bezieht sich nur auf ein eingeschränktes, im Dienste der Fortpflanzung stehendes und normal genanntes Sexualleben.« (Freud, 1916/17, S. 330) Freud will sich also damit auseinandersetzen, was zur Sexualität in einem nicht-eingeschränkten Sinn noch dazu gehört. Mit Freud'scher Kuriosität wird etwas ähnliches in der folgenden Formulierung zum Ausdruck gebracht: »Der landläufigen Auffassung nach besteht das menschliche Sexualleben im wesentlichen aus dem Bestreben, die eigenen Genitalien mit denen einer Person des anderen Geschlechts in Kontakt zu bringen.« (1940, S. 74f.) Für Freud gibt es drei »Hauptergebnisse« der Psychoanalyse:

- Erstens: »Das Sexualleben beginnt nicht erst mit der Pubertät, sondern setzt bald nach der Geburt mit deutlichen Äusserungen ein.«
- Zweitens: »Es ist notwendig, zwischen den Begriffen sexuell und genital scharf zu unterscheiden. Der erstere ist der weitere Begriff und umfasst viele Tätigkeiten, die mit den Genitalien nichts zu tun haben.«
- Und drittens: »Das Sexualleben umfasst die Funktion der Lustgewinnung aus Körperzonen, die nachträglich in den Dienst der Fortpflanzung gestellt wird.« (a. a. O.).

Diese Merkmale sind auch wichtig für die Phasenlehre der psychosexuellen Entwicklung, nämlich vor allem dahingehend, dass das Vorhandensein anderer Lustbereiche als der primären Geschlechtsorgane angenommen wird, prägenitale Formen. Das Triebgeschehen – das wird weiter unten auch in der Darstellung der psychosexuellen Entwicklungsphasen deutlich werden – konstelliert sich im Zusammenhang von frühen Interaktionserfahrungen. Es gibt sozialisatorische Momente der Sexualitätsentwicklung. Es geht hier aus Sicht der Freud'schen Psychoanalyse nicht bloß um einen biologischen Reifungsprozess, sondern es ist die Auffassung eines Interaktionsgeschehens, in dem es nicht gegenüber sozialen Bedingungen invariant ist, dass es früh im Leben kleiner Kinder um Oralität geht und erst später um Sauberkeitserziehung. Zusammenfassend lässt sich sagen: »Infantile Sexualität« bedeutet Lustempfindungen im Zusammenhang körperlicher Berührung und deren Erleben.

Wichtig ist dabei nun ferner, dass Freud davon ausgeht, dass diese Arten von Lustempfindungen an verschiedenen Körperzonen zunächst nicht unmittelbar miteinander verbunden sind. Es geht um eine Partialität von Lustempfindungen. Das ist eine direkte konzeptuelle Konsequenz aus Freuds Postulat, dass »die Bezeichnung ›sexuell‹ auch auf die nach Organlust strebenden Betätigungen der frühen Kindheit« ausgedehnt werde (Freud, 1916/17, S. 336). Erst im Verlauf der Entwicklung wird für unser Erleben ersichtlich: Es ist derselbe Körper und dieselbe Lust – das bin alles »Ich«, der physiologienahe Empfindungen hat und verschiedene Arten von Lust, Befriedigung und Unlust erlebt (wenngleich es innerhalb der Psychoanalyse theoretische Positionen gibt, die den illusionären Charakter einer solchen Ich-Vorstellung herausstellen, vgl. z. B. Lacan, 1949). Das ist gemeint, wenn Freud die Sexualorganisation des Kindes als »polymorph pervers« bezeichnet (1905, S. 91f.). Darin geht es um eine andere Vorstellung von Perversion als in der Alltagssprache oder der Sprache der Pathologie, denn es ist nicht gemeint, dass Kinder in sexuell devianter Weise Grenzüberschreitungen begehen. »Polymorph pervers« heißt stattdessen erst einmal »vielgestaltig« (es gibt viele Formen kindlicher Sexualität) und weiter bedeutet »pervers« hier »partialtriebhaft«. Es geht um zunächst verschiedene, unverbundene Lustquellen, die mit unterschiedlichen Interaktionen und Körperzonen zu tun haben. Freud schreibt: »[D]ie konstitutionelle sexuelle Anlage des Kindes [ist] eine ungleich buntere, als man erwarten konnte, […] sie [verdient,] ›polymorph pervers‹ genannt zu werden« (1906, S. 156). Sie ist noch nicht unter dem vereinigt, was Freud »Genitalprimat« nennt (1905, S. 109ff.). Hier ist ferner das Konzept der erogenen Zonen von Bedeutung, die mit der Auffassung der polymorph perversen kindlichen Sexualität direkt konzeptuell verknüpft sind. Es sind Lustempfindungen und Befriedigungserfahrungen an unterschiedlichen Körperbereichen vorstellbar, also an unterschiedlichen »erogenen Zonen« als deren psychischer/psychosomatischer Repräsentation. Damit will Freud akzentuieren, dass es Körperbereiche sind, an denen Stimulierung und Befriedigung spürbar werden. Definiert wird eine erogene Zone als »eine Haut- oder Schleimhautstelle, an der Reizungen von gewisser Art eine Lustempfindung von bestimmter Qualität hervorrufen« (Freud, 1905, S. 83f.). Zu den erogenen Zonen gehören die Haut, weil sich dort Berührungserfahrungen abspielen, oder Lippen, Zunge, Afterregion u. a. So bilden sich erogene Zonen, die im Zuge von Interaktionserfahrungen psychisch repräsentiert werden und damit zu tun haben, wie es sich anfühlt, einen Körper zu haben und berührt zu werden und zu berühren. Weiter ist allerdings entscheidend, dass für Freud die »Sexualentbindung« in der Kindheit noch nicht so (genital) lokalisiert ist wie im Erwachsenenalter. Erst im Verlauf der Entwicklung kommt es zur »Auflassung von ehemaligen Sexualzonen« (Freud, 1985, S. 302; Brief an Fließ vom 14.11.1897). Mit der »Auflassung« ist hier gemeint, dass die erogene Zone (als Ort von partialtriebhafter, polymorph perverser Lust) ihre (bewusste) Bedeutung zugunsten der Genitalien verliert (und nurmehr der Vorlust statt der »Endlust« dient). Das heißt nun aber nichts weniger als dass genitale Sexualität einer Verdrängung der kindlichen (i. S. v. kindlichen Lustempfindungen) bedarf. In diesem Zusammenhang ist Freuds Bemerkung zur »infantilen Amnesie« (1905, S. 75ff.) zu betrachten.

2.1 Die psychosexuellen Entwicklungsphasen

Das führt zur Theorie der psychosexuellen Entwicklungsphasen. Deren Darstellung in nicht-psychoanalytischen Lehrbüchern der Psychologie klingt oft schematisch oder mechanistisch, da den Entwicklungsphasen verschiedene Lebensalter zugeordnet werden. Es wirkt dort ein wenig so, als wäre die kindliche Sexualität ein Maiskorn, das man in der Pfanne erhitzt, bis irgendwann ein Popcorn daraus geworden ist. Ich möchte im Weiteren dafür argumentieren, dass die Art und Folge der Phasen mit früher (leiblicher) Sozialisation zu tun hat.

Wenn man über psychosexuelle Entwicklungsphasen aus Sicht der Psychoanalyse nachdenkt, muss man eine Bemerkung von Freud voran schicken. Er geht von der »konstitutionellen Bisexualität« des Menschen aus (Freud, 1905, S. 40ff.), das heißt, es ist für uns nicht vorgezeichnet, welche Menschen bzw. Geschlechter wir lieben und mit welchen wir Sexualität haben – auch im genitalen Sinne. Freuds Homosexualitätskonzeption ist (aus heutiger Perspektive betrachtet) insgesamt ein wenig schwierig (▶ Kap. 5.2.1). Es gibt unterschiedliche Bemerkungen, in denen sich oft auch ein eher normativer Sexualitätsbegriff finden lässt. Sieht man seine Auffassung vor dem zeitgeschichtlichen sexualwissenschaftlichen Hintergrund der vorletzten Jahrhundertwende, wird jedoch deutlich, dass es einigermaßen progressiv ist zu postulieren: Wenn jemand heterosexuell empfindet und lebt, dann ist das erst einmal genauso erklärungsbedürftig, wie wenn jemand homosexuell empfindet und lebt, denn beides sind Einschränkungen gegenüber der konstitutionellen Bisexualität. Sowohl Hetero- als auch Homosexualität bedeutet, dass wir auf etwas verzichten. Bei Freud heißt es dazu: »Der Psychoanalyse erscheint vielmehr die Unabhängigkeit der Objektwahl vom Geschlecht des Objektes, die gleich freie Verfügung über männliche und weibliche Objekte, wie sie im Kindesalter, in primitiven Zuständen und frühhistorischen Zeiten zu beobachten ist, als das Ursprüngliche, aus dem sich durch Einschränkung nach der einen oder der anderen Seite der normale wie der Inversionstypus [Der von Freud verwendete Terminus für die Homosexualität; TS] entwickeln. Im Sinne der Psychoanalyse ist also auch das ausschließliche sexuelle Interesse des Mannes für das Weib ein der Aufklärung bedürftiges Problem und keine Selbstverständlichkeit« (1905, S. 44).

Das kann als Vorrede zu den psychosexuellen Entwicklungsphasen genommen werden (auch bezüglich der Formulierung ödipaler Konflikte ist es von Bedeutung; ▶ Kap. 3.1). Man kann sich diese im Wesentlichen in einer Reihe vorstellen, also durchaus in einer Abfolge von Entwicklungsphasen, die aber nicht ausschließlich einem biologischen Programm folgt, sondern in erster Linie den Interaktionserfahrungen (im Rahmen einer Sozialisationstheorie). Das Konzept der infantilen Psychosexualität meint bei Freud jedoch auch immer, dass etwas fragmentiert und unreglementiert ist, womöglich unreguliert. Die konzeptuelle Annahme besteht nicht bloß nur darin, dass es kindliche Lustgefühle und Befriedigungserlebnisse gibt, sondern es ist inbegriffen, dass etwas auch die Kapazitäten übersteigt, dass etwas zu viel wird bzw. überflutet und irgendeiner Art von Einbindung oder Besetzung bedarf.

2.1.1 Autoerotismus und primärer Narzissmus

Am Beginn der Entwicklungsphasen steht für Freud der Autoerotismus. Dieser wird in zweierlei Weise konzipiert. Einmal als Kennzeichen der Tätigkeit der Partialtriebe allgemein; es gibt ein autoerotisches Moment im Zusammenhang verschiedener Lustquellen. Es ist für Freud der »auffälligste[.] Charakter« der »infantilen Sexualbetätigung«, »daß der Trieb nicht auf andere Menschen gerichtet ist; er befriedigt sich am eigenen Körper, er ist autoerotisch«. (Freud, 1905, S. 81) Das »infantile Sexualleben[.]« findet »sein Objekt am eigenen Leibe« (a. a. O., S. 98). Das ist deshalb ein wichtiges Argument, weil es auch damit im Zusammenhang steht, dass wir psychisch die Grenze zwischen uns selbst und anderen erst aufrichten müssen. Es ist nicht Teil unserer biologischen Ausstattung zu denken: »Das hier bin ich und das da ist Mama. Und das ist mein Körper und das ist nicht mein Körper.« Davon müssen wir erst etwas erfahren und die psychische Repräsentation dessen wird in Auseinandersetzung damit aufgerichtet. Es ist nicht vorprogrammiert, dass wir wissen, wo unsere (körperlichen wie psychischen) Grenzen sind. Deshalb ist der Autoerotismus in dieser Hinsicht wichtig, als eine Phase, in der es nur etwas wie ein »Selbst-Universum« geben kann – wobei der Ausdruck »Selbst« hier insofern irreführend ist, als gerade dies als eine von der Nicht-Selbst-Welt unterschiedene Größe erst noch etabliert werden muss.

Eine zweite Bedeutung, die Freud dem Autoerotismus beimisst, besteht darin, dass er ihn auch als eine Entwicklungsstufe der Libido begreift (im Hinblick auf Triebenergie und Triebentwicklung). Hier wird es ein wenig kompliziert, weil Freud den Begriff unterschiedlich verwendet. Einmal ist der Autoerotismus ein Stadium *vor* dem primären Narzissmus, also vor der Selbstliebe. Ganz am Anfang der Entwicklung stehen die »uranfänglich[en]« »autoerotischen Triebe«, wie Freud (1914, S. 142) schreibt. Der Autoerotismus steht hier insofern zeitlich vor dem primären Narzissmus (hier als etwas gedacht, das mit einer ersten Besetzung des Selbst als einer ganzen Struktur zu tun hat), als Freud ihn als ein »Stadium in der Entwicklungsgeschichte der Libido« begreift, »welches auf dem Weg vom Autoerotimus zur Objektliebe durchschritten wird« und das darin »besteht [...], daß das in der Entwicklung begriffene Individuum, welches seine autoerotisch arbeitenden Sexualtriebe zu einer Einheit zusammenfaßt, um ein Liebesobjekt zu gewinnen, zunächst sich selbst, seinen eigenen Körper zum Liebesobjekt nimmt, ehe es von diesem zur Objektwahl einer fremdem Person übergeht.« (Freud, 1911a, S. 296f.) Der primäre Narzissmus steht zwischen dem Autoerotismus und der Objektbesetzung. Darüber, dass wir zunächst nur unseren Körper als Lust- und Befriedigungsquelle nehmen, entwickelt sich langsam die Fähigkeit, sich selbst (primär-narzisstisch) »libidinös besetzen« zu können – und dann andere.

In der bisher beschriebenen Konzeption von Autoerotismus als Entwicklungsstadium liegt dieser für Freud also vor dem primären Narzissmus. Es gibt allerdings auch Bemerkungen, die die Richtung umkehren und in denen der Autoerotismus *nach* der primären Selbstliebe seinen Platz erhält.

Auf Freuds Narzissmuskonzeption (vgl. Freud, 1914) kann hier nicht ausführlicher eingegangen werden – entscheidend ist, dass in einem m.E. konsistenten Verständnis eines primären Narzissmus (ein Konzept, das verschiedentlich abgelehnt worden ist) nur gemeint sein kann, dass es hier um ein Erleben geht, in dem alles Teil derselben Struktur ist, es gibt keine Grenze zwischen Selbst und Nicht-Selbst, vielmehr ist alles, was wahrgenommen und gespürt werden kann, potenziell reaktiv zu eigenen Bewegungen oder Affekten (»eigene« ist hier natürlich nicht ganz passend). »Narzisstisch« ist dies dahingehend, dass es nichts gibt, das als »Objekt« besetzt wird – aber v. a. deshalb, weil eine Struktur des Selbst nicht verfügbar ist. Das führt allerdings Freuds Gedanken schon deutlich weiter als sie reichen; für Freud ist der primäre (ebenso wie der sekundäre) Narzissmus wesentlich libidotheoretisch begründet: »Die narzißtische oder Ichlibido erscheint uns als das große Reservoir, aus welchem die Objektbesetzungen ausgeschickt und in welches sie wieder einbezogen werden, die narzißtische Libidobesetzung des Ichs als der in der ersten Kindheit realisierte Urzustand, welcher durch die späteren Aussendungen der Libido nur verdeckt wird, im Grunde hinter derselben erhalten geblieben ist« (1905, S. 119). Aus diesen Annahmen entwickelt sich im Freud'schen Denken auch die Konzeption des *sekundären* Narzissmus beispielsweise im Zusammenhang von Trauerprozessen (vgl. Freud, 1917)[2].

In der zweiten Sicht meint »Autoerotismus« den Übergang vom (primären) Narzissmus zur Objektliebe. Sobald ich »meinen« Körper libidinös besetzen kann und so auch zum psychischen »Objekt« von Besetzungen nehmen kann, entwickelt sich zunehmend auch das Vermögen, »Objekte« im Sinne der Repräsentanzen anderer Personen psychisch zu besetzen. Sobald ich meinen Körper besetze, habe ich so etwas wie zwei Pole aufgemacht: »Ich« besetze etwas, dem ich »mich« gegenüberstelle.

Wir haben also einmal die Konzeption, das sich aus dem Autoerotismus erst der primäre Narzissmus und dann die Objektliebe entwickelt, und einmal die Konzeption, dass der primäre Narzissmus die Grundstruktur ist, aus dem sich erst autoerotische, dann objektale Besetzungen entwickeln. Freuds Konzeption wird noch verwirrender insofern, als es auch ein Parallel-Modell aus primärem Narzissmus und Autoerotismus gibt: »Das Ich findet sich ursprünglich, zu allem Anfang des Seelenlebens, triebbesetzt und zum Teil fähig, seine Triebe an sich selbst zu befriedigen. Wir heißen diesen Zustand den des Narzißmus, die Befriedigungsmöglichkeit die autoerotische« (Freud, 1915a, S. 227). Das ist zwar zum einen verwirrender, aber auch potenziell konziser: Nun kann nämlich gesagt werden, dass die in objektbezogener Sicht primär-narzisstische Besetzung des eigenen Körpers in libidinöser Sicht autoerotisch zu nennen ist. Dann wäre das entscheidende Argument, dass in der Besetzung des eigenen Körpers sowohl die Abgrenzung und psychische Aufrichtung vom Objekt entwickelt wird als auch die Möglichkeit einer Besetzung überhaupt.

---

2 Freuds Konzeption sieht im Großen und Ganzen so aus, dass im Fall eines Objektverlusts die Libido vom Objekt abgezogen wird und im Selbst verbleibt bzw. sich auf das Selbst richtet (z. B. in der Selbstanklage, die in der Anklage des Objekts für das Verlassen gründet). Die Frage gelingender oder pathologischer Trauerprozesse entscheidet sich dann angesichts dessen, ob dies als eine Art Durchgangsstadium fungiert, nach dessen Durchlaufen »neue« Objekte besetzt werden oder ob es zu einer Arretierung kommt, was eine Rolle in der Psychodynamik der Depression spielt.

Gängiger sind die darauf folgenden psychosexuellen Entwicklungsphasen, zu denen Freud auch ein weitaus präziseres Verständnis vorlegt: Die orale, die anale und die phallisch-ödipale Phase.

2.1.2 Die orale Phase

Die orale Phase ist unter diesen die erste: »Eine erste [...] prägenitale Sexualorganisation ist die orale oder, wenn wir wollen, kannibalische. Die Sexualtätigkeit ist hier von der Nahrungsaufnahme noch nicht gesondert, Gegensätze innerhalb derselben nicht differenziert. Das Objekt der einen Tätigkeit ist auch das der anderen, das Sexualziel besteht in der Einverleibung des Objektes, dem Vorbild dessen, was späterhin als Identifizierung eine so bedeutsame psychische Rolle spielen wird« (Freud, 1905, S. 98). Gemeint ist damit, dass die ersten psychischen Bildungen, die ersten psychischen Internalisierungsprozesse (also: Was nehme ich vom Anderen auf?), dem Modell der Nahrungsaufnahme folgen: Was schmeckt mir gut? Was behalte ich in mir und was spucke ich wieder aus? Hier erfolgt der Versuch, dies im Hinblick auf Beziehungserfahrungen zu begreifen: Was ist befriedigend und was ist schmerzhaft, frustrierend, unlustvoll? Eine Variante findet sich einige Jahre später bei Abraham (1923), der innerhalb der oralen eine oral-*sadistische* Phase differenziert. Darin wird deutlich, inwiefern triebhafte Erregung immer etwas Überschäumendes, potenziell Verschlingendes hat. Wenn man jemanden »zum Fressen gern« hat, dann ist das auch ein zubeißendes Moment, das den Anderen aggressiv in sich aufnimmt.

Was ist jetzt der konzeptuell-argumentative Status der Annahme einer oralen Phase? Man kann sie einer Lebensphase zuordnen, etwa bis zum 2. Lebensjahr, jedoch orientieren sich die Phasenverläufe vor allen Dingen an den entwicklungsspezifischen Interaktionen mit den ersten Bezugspersonen (und nur vermittelt darüber an biologischer Entwicklung). Als orale Interaktionen können der Stillvorgang oder andere Formen der Nahrungsaufnahme gelten, die Produktion erster Laute und allgemein das Erkunden der Welt mit dem Mund. Die erogenen Zonen, die damit im Zusammenhang gesehen werden, sind Lippe,

Zunge oder Mundschleimhäute. Das ist nicht nur sensorisch wichtig, sondern auch als Grundlage frühster psychischer Internalisierungsprozesse, denen es um psychische Themen von Aufnehmen, In-Sich-Haben etc. geht.

Es passiert nun allzu leicht, dass manche psychoanalytischen Konzepte überkonkretistisch verstanden werden. Wenn man beispielsweise mit einem erwachsenen Patienten zu tun hat und über ihn sagt, er habe einen oralen Konflikt oder eine orale Fixierung, dann klingt es in einer konkretistischen Auffassung des Konzepts der Oralität einigermaßen merkwürdig. Denn man würde damit ja nur meinen können, da geht es um erwachsene Menschen, die, wenn sie etwas Neues sehen, es erst einmal in den Mund nehmen und prüfen, wie es schmeckt. Das ist natürlich nicht gemeint, sondern ausgehend von den einzelnen Entwicklungsphasen und den jeweils leitenden Interaktionen lassen sich orale Themen formulieren, die psychisch leitend sind: »Was brauche ich vom anderen? Wie viel davon? Wer soll es mir überhaupt geben? Was steht mir zu? Was nehme ich auf und was stoße ich aus?« Das ist die vom Konkreten abstrahierte Form eines oralen *Themas*, wodurch auch ersichtlich wird, was mit oralen Konflikten im Erwachsenenalter gemeint sein kann. Es geht um Interaktionsprozesse: Was steht mir vom anderen zu? Kriege ich genug?

2.1.3 Die anale Phase

Auf die orale folgt die anale Phase. Damit ist allerdings nicht gemeint, dass zu einem bestimmten Zeitpunkt die orale Phase zu Ende wäre und wir dann nie wieder etwas damit zu tun hätten, dass Oralität lustvoll sein kann. Natürlich setzen sich diese Themen auch in einer gesunden, förderlichen Entwicklung fort, nicht nur in Fixierungen. Es wird zwar eine Phasenabfolge beschrieben, aber keine, in der eine Phase ganz untergehen würde. Sowohl in physischer Hinsicht als auch im Sinne oraler Themen bleibt etwas wirksam in unserer Lust-Unlust-Organisation. Die anale Phase kommt also »danach«, aber sie kommt eigentlich eher *dazu*. Freud formuliert: »Eine zweite prägenitale Phase ist die der sadistisch-analen Organisation. Hier ist die Gegensätzlichkeit, welche das Sexualleben durchzieht, bereits ausgebildet; sie kann aber noch nicht männlich und weiblich, sondern muß aktiv und passiv benannt werden[3]. Die Aktivität wird durch den Bemächtigungstrieb von Seiten der Körpermuskulatur hergestellt, als Organ mit passivem Sexualziel macht sich vor allem die erogene Darmschleimhaut geltend; für beide Strebungen sind Objekte vorhanden, die aber nicht zusammenfallen. Daneben betätigen sich andere Partialtriebe in autoerotischer Weise. In dieser Phase sind also die sexuelle Polarität und das fremde Objekt bereits nachweisbar.« (Freud, 1905, S. 99).

Ein entscheidender Punkt ist hier, dass in der analen Phase der Unterschied zwischen Selbst und Nicht-Selbst anders als zuvor denkbar wird. Es gibt erste Grenzsetzungen, die psychisch und interaktiv möglich werden. Insofern hat es auch eine gewisse Plausibilität, dass in dieser Zeit das Nein-Sagen und der Trotz eine Rolle zu spielen beginnen. Trotz wäre nicht möglich, wenn ich mich vom Anderen psychisch nicht unterscheide; Trotz macht ja keinen Spaß, wenn ich niemanden habe, dem ich das Nein entgegenschreien kann. Auch hier ist wichtig, dass es deshalb die anale Phase ist, weil hier entwicklungsspezifische Interaktionen leitend sind. Jetzt geht es nicht mehr nur darum, die Bauklötze (und alles andere Interessante) oral zu verkosten, sondern um die Sauberkeitserziehung oder darum, was mein Besitz ist und was nicht. Was bringe ich hervor? Welches Maß an Kontrolle kann ich über mich und andere ausüben? Wo sind die Grenzen dieser Kontrolle? Wozu kann ich »Nein« sagen? Welche Lust bereitet es, »rumzuschmieren«, wieviel Ordnung ist nötig? Auch in der analen Phase sind erogene Zonen von Bedeutung, etwa die Afterschleimhäute. Das hat damit zu tun, lustvolle Gefühle zu empfinden im Zusammenhang mit Ausscheidungsprozessen oder dem Zurückhalten, aber vor allen Dingen auch in der Aufrichtung der Grenzen.

Auch hier findet sich eine Bewegung weg vom Konkretistischen hin zu analen *Themen*. Anale Konflikte erwachsener Patienten bewegen sich ein Stück weg von der Frage nach der Kontrolle über die Aus-

---

3 Auf den Zusammenhang, den Freud zwischen Männlichkeit und Aktivität auf der einen und Weiblichkeit und Passivität auf der anderen Seite hier benennt, werde ich im Kap. 5.1.1 etwas genauer eingehen.

scheidungsfunktionen. Es sind solche Themen berührt wie: Was gehört mir, was ist es wert, wer hat das Sagen? Es geht um eine bestimmte Art von psychischem Gerangel mit anderen: Machtkämpfe, das Durchsetzen des eigenen Willens u. a.

2.1.4 Die phallisch-ödipale Phase

Die dritte der psychosexuellen Phasen im engeren Sinn ist die phallisch-ödipale, die bei Freud ins 5./6. Lebensjahr verlegt wird. Freud formuliert für diese Phase ein »Primat des Phallus« (Freud, 1923c, S. 295). Ich mache einige Bemerkungen zu den Termini »Phallus« und »Ödipus(konflikt)«, die sich vom Freud'schen Gebrauch etwas entfernen, von denen ich aber annehme, dass sie den argumentativen Wert herausstellen können.

Zu den wichtigsten Aspekten, die man über psychoanalytische Termini wissen sollte, gehört, dass es einen Unterschied gibt zwischen Phallus und Penis. Der Phallus ist als etwas zu begreifen, das mit Potenz und Wirkmächtigkeit zu tun hat, aber weitgehend losgelöst ist von der Anatomie. Das ist deshalb argumentativ interessant, weil in dieser Sicht der Umgang mit Konflikten im Zusammenhang des Phallus immer Konflikte betrifft, die mit Macht und Ohnmacht, Wirkmacht und Potenz zu tun haben. Es geht nicht darum, zu prüfen, wer einen Penis hat und wer nicht, wem er abgeschnitten wurde und wem das noch droht. Es geht bei einigen Autoren nach Freud um eine *symbolische* Kastration (vgl. z. B. Lacan, 1958; Green, 1990; genauer ▶ Kap. 3.4). Damit ist gemeint, dass wir (und zwar alle) anerkennen müssen, dass wir nicht allmächtig sind, dass wir immer in unserer »Potenz« »beschnitten« sind. Wir können nicht alles erreichen. Wir können nicht durch unser bloßes Wünschen dafür sorgen, dass unsere Wünsche auch in Erfüllung gehen, sondern wir sind in unserer Wirkmacht eingeschränkt und eine zentrale Entwicklungsaufgabe besteht darin, das anzuerkennen. Tun wir das nicht, entsteht eine problematische narzisstische Entwicklung[4], in deren

---

4 »Narzissmus« hier nicht im eben beschriebenen Freud'schen Sinn, sondern in Weiterentwicklungen der psychoanalytischen Narzissmus-Konzeption, etwa bei Kohut, Kernberg, Green oder anderen.

Folge wir sehr kränkungsanfällig sind, wenn wir nicht unseren Willen kriegen oder an die Grenzen dessen stoßen, was wir erreichen können. Dann gibt es zwei ungünstige narzisstische Verläufe: Zum einen versuche ich mich an nichts mehr, an dem ich scheitern könnte, und halte die Fantasie aufrecht, das mir alles gelingt und gelingen kann. Zum anderen könnte ich einfach verleugnen, dass es ein Scheitern ist bzw. dass es *mein* Scheitern ist. Hier keine Abstufungen zu erleben und in Gelingen/Scheitern-Dichotomien zu denken, ist ein weiteres Zeichen problematischer narzisstischer Entwicklung.

Auch hier geht es also darum, einer konkretistischen Falle der Terminologie zu entgehen. Die phallische Phase ist nicht schlicht damit erfüllt, dass es zwei Jahre lang darum geht, dass Mädchen und Jungen nachsehen, wer welche Geschlechtsteile hat, sondern es geht um phallische (/ödipale) *Themen*: Was kann ich? Was kann ich besser als andere? Was sind die Grenzen meiner Potenz? Das wird natürlich auch prozessiert über eine Auseinandersetzung mit dem Geschlechtsunterschied und dem Generationsunterschied, mit Rivalität, aber im Kontext psychischer, interpersonaler Themen und Beziehungen.

Dazu gehört – deshalb ist es nicht einfach die phallische, sondern die phallisch-*ödipale* Phase – der Ödipus-Konflikt (▶ Kap. 3). Freud formuliert die Annahme eines allgemeinen menschlichen Ödipus-Konflikts, dem er zum einen in Träumen und neurotischen Psychodynamiken seiner Patienten begegnete und den er zum anderen introspektiv bei sich entdeckte, indem er über seine Gefühle zu Mutter und Vater nachdachte. Es geht um die Konkurrenz mit einem Elternteil um die Liebe und Nähe des anderen. Hier wird der erweiterte Begriff der Sexualität in der Psychoanalyse besonders wichtig, weil es nicht darum geht, dass z. B. der fünfjährige Junge Geschlechtsverkehr mit der Mutter haben will, sondern es geht um die infantil-psychosexuellen, partialtriebhaften Wünsche nach einer zärtlichen Nähe zur Mutter, nach körperlicher Berührung, durchaus um eine Konkurrenz mit dem Vater, aber vor allem darum, der Mutter exklusiv körperlich nah zu sein.

Freud beschreibt alle vier Varianten des Ödipus-Konflikt, die in einer dichotomen Geschlechterpositionierung möglich sind (▶ Kap. 5 für Bemerkungen zur psychoanalytischen Geschlechtertheorie). Es rivalisiert zwar der Junge mit dem Vater um die Nähe zur Mutter, aber

2.1 Die psychosexuellen Entwicklungsphasen

ebenso rivalisiert er auch mit der Mutter um die Nähe zum Vater. Das ist ein entscheidender Punkt, denn dort wird es konflikthaft. Die Rivalität mit dem gleichgeschlechtlichen Elternteil um die Liebe des gegengeschlechtlichen nennt Freud den »positiven« Ödipuskomplex, die andere Variante den »negativen«. Die Verschränkung dieser beiden Strebungen und Rivalitäten bildet die Grundlage für psychoanalytische Auffassungen unbewusster psychischer Konflikte. In der idealtypisch durchbuchstabierten Entwicklung hat der kleine Junge ein Problem, wenn er den Vater ermordet, weil er damit nicht einfach bloß einen unliebsamen Rivalen aus dem Weg räumt, sondern auch jemanden, den er seinerseits liebt und braucht, als geliebtes Objekt, vielleicht auch als Vorbild – deswegen ist es konflikthaft. Zum einen ist der Vater in der Regel auch stärker, da hat der Junge auch ein Problem, aber das müsste noch nicht in einen *psychischen* Konflikt führen. Hinzu kommt das Verbot, das der Vater ausspricht, und die (implizite) Strafe, die droht. Diese besteht nun im Wesentlichen darin, den Vater als Objekt zu verlieren. Auf psychischer Ebene besteht das Problem darin, dass der Vater gleichzeitig geliebt wird *und* als Rivale auftaucht. Das gilt für die Mutter genauso, auch sie wird geliebt und auch mit ihr wird rivalisiert, auch von Seiten des Jungen. Und es gilt in beiden Varianten für das Mädchen ebenso, das sich auch im Konflikt zwischen der Liebe zum Elternteil, mit dem zugleich um die Liebe zum anderen rivalisiert wird, wiederfindet.

Die Lösung, die Freud im Umgang mit dem Ödipuskonflikt vorschlägt, liegt darin, dass der Junge angesichts der physischen Überlegenheit des Vaters und des Umstands, dass dieser auch als Vorbild geliebt wird, den Weg geht, sich (zumindest in Teilen unbewusst) nach dem Vorbild des Vaters auszurichten: »Ich versuche so zu sein wie mein Vater, dann wird meine Mutter mich genauso lieben wie ihn«. Der Ausweg aus dem ödipalen Konflikt ist die Identifizierung des Jungen mit dem Vater, aber natürlich auch mit der Mutter. Elterliche Figuren als Vorbilder zu nehmen, hilft, den ödipalen Konflikt zu bewältigen.

Eine kurze Bemerkung ist bereits an dieser Stelle zu der Frage nach dem Verhältnis von Ödipuskonflikt und Familienstruktur vonnöten (genauer ▶ Kap. 3). Die Gedanken zum ödipalen Konflikt in der kindlichen Entwicklung sind nicht eingeschränkt auf klassische Familienstrukturen. Es ist nicht so, dass nur Kinder einen ödipalen Konflikt erleben und bewältigen können, die mit einer Frau und einem Mann gemeinsam aufwachsen, die ein Liebespaar sind. Der argumentative Kern des Konzeptes besteht darin, dass Kinder die Erfahrung machen, dass es Beziehungen in der Welt gibt, aus denen sie zumindest vorübergehend und relativ ausgeschlossen sind. Das kann natürlich auch die Beziehung eines gleichgeschlechtlichen Elternpaares sein oder auch die Beziehung eines alleinerziehenden Elternteils zur irgendwem anders (dem Nachbarn, der Chefin oder Geschwisterkindern). Das bedeutet, in einer modernen Auffassung von Ödipalität drehen sich ödipale Konflikte im Wesentlichen um Unterschiedlichkeit zwischen den Generationen, den Geschlechtern und um Beziehungen von mehr als Zweien. Wenn ich diese ödipale Entwicklung nicht gut löse, dann bleibe ich implizit bei einer Vorstellung stehen wie, dass in der interpersonalen Welt nur passiert, was von mir als Zentrum wegstrahlt; als gäbe es nur Beziehungen in der Welt, die die Beziehungen der anderen zu mir sind. In einer gelungenen ödipalen Entwicklung habe ich eine Vorstellung davon, dass die Personen, zu denen ich in Beziehung stehe, auch untereinander in Beziehung stehen. Was auch immer damit passiert – aber ich bin zumindest potenziell davon auch ausgeschlossen bzw. kann dies denken. Das ist die hier zentrale Entwicklungsaufgabe.

Die phallisch-ödipale Phase bringt also im Wesentlichen zweierlei mit sich: Die nötige Auseinandersetzung mit eigener Wirkmacht und deren Grenzen und die Auseinandersetzung damit, dass die menschliche Welt aus einem Geflecht von Beziehungen besteht, zwischen Menschen, die unterschiedlich sind, und zwischen Menschen, die auch jenseits ihrer Beziehung zu mir in Beziehung stehen können.

2.1.5 Die Latenzzeit und die genitale Phase

Die Identifizierungen bilden den Ausgang oder die Bewältigung des Ödipuskonflikts, zumindest in einer idealtypischen Sicht. Die frühe sexuelle und Trieb-Entwicklung erfährt eine Beruhigung durch die beschriebenen identifikatorischen Lösungen, Mutter und Vater als Vorbild zu nehmen. Die sind zwar nicht die einzigen Identifizierungen, aber sie bilden den Kern der Bewältigung der ödipalen Konflikte vor dem Beginn der von Freud sogenannten Latenzzeit ab dem siebten/achten Lebensjahr. Das schafft psychischen und sozialen Spielraum für soziale Entwicklungsaufgaben: soziales Spiel, kognitive Entwicklung, Freundschaftsbeziehungen usw. Es geht ein bisschen weniger um körperliche Lust, sondern um Sozialität. Und dann kommt die Pubertät. Die ist aus zwei Gründen aufrührerisch: zum einen aufgrund der körperlichen und hormonellen Entwicklung und zum anderen deshalb, weil die Identifizierung mit den Eltern im Alter von 13 Jahren nicht mehr ganz so verlockend und tragfähig ist wie im Alter von sechs Jahren. Ein Teil der Konfliktlösung funktioniert also nicht mehr so gut. Interpersonelle Orientierungspunkte verschieben sich, d. h. Peer-Gruppen-Beziehungen werden wichtiger – auch in ihren Vorbildfunktionen oder im Austesten von Grenzen gegenüber den Eltern und deren Haltungen und Werten. Dies steht im Zusammenhang mit der körperlichen Reifung, die psychoanalytisch in die genitale Phase führen, also in das, was »reife« oder »genitale« Sexualität genannt wird. Für Freud – und hier stoßen wir wieder an etwas normative Auffassungen – wird nun das, was vorher partialtriebhaft war, unter dem »Genital-Primat« vereinigt. Er schreibt: »Die Pubertät leistet nichts anderes, als daß sie unter allen lusterzeugenden Zonen und Quellen den Genitalien das Primat verschafft und dadurch die Erotik in den Dienst der Fortpflanzungsfunktion zwingt« (Freud, 1907, S. 22). Normativ ist das bei Freud deshalb, weil eine Vorstellung vertreten wird, dass sich reife Sexualität darin ausdrückt, dass gegengeschlechtliche Partner Geschlechtsverkehr haben durch Penetration an den richtigen Körperstellen. Alles andere, als Partialtriebhaftes, so Freud, dient diesem Endziel. Es gibt in seinem Verständnis auch in erwachsener, reifer Sexualität Oralität, Analität, Hetero- und Homosexualität etc., aber es sind Bausteine des großen Ganzen der genitalen Sexualität.

Freud fasst zusammen: »In den frühen Phasen gehen die einzelnen Partialtriebe unabhängig von einander auf Lusterwerb aus, in der phallischen Phase beginnen die Anfänge einer Organisation, die die anderen Strebungen dem Primat der Genitalien unterordnet und den Beginn der Einordnung des allgemeinen Luststrebens in die Sexualfunktion bedeutet. Die volle Organisation wird erst durch die Pubertät in der vierten, genitalen Phase erreicht. Dann hat sich ein Zustand hergestellt, in dem a) manche frühere Libidobesetzungen erhalten geblieben sind, b) andere in die Sexualfunktion aufgenommen werden als vorbereitende, unterstützende Akte, deren Befriedigung die sogenannte Vorlust ergibt, c) andere Strebungen von der Organisation ausgeschlossen werden, entweder überhaupt unterdrückt (verdrängt) werden oder eine andere Verwendung im Ich erfahren, Charakterzüge bilden, Sublimierungen mit Zielverschiebungen erleiden.« (Freud, 1940, S. 77).

Ich beende die Darstellungen der (psychosexuellen) Entwicklung des Menschen aus Sicht der Psychoanalyse an dieser Stelle, jedoch muss beachtet werden, dass es Konzeptualisierungen gibt, die anerkennen, dass sich der weitere Entwicklungsweg in weiterer Weise spezifisch darstellt, etwa in der Theorie der Entwicklungskonflikte Eriksons (1950).

2.1.6 Weitere Konzepte zur Genese des Psychosexuellen: Urszene, Zweizeitigkeit, Nachträglichkeit

> Zu Beginn ihrer Forschungen gerieten Masters und Johnson, die Protagonisten aus *Masters of Sex*, an der Universität in Schwierigkeiten angesichts dessen, dass sie Probandinnen und Probanden miteinander schlafen lassen wollten, um während dessen physiobiologische Ableitungen vorzunehmen. In einer Szene zeigt sich Masters gekränkt davon, dass die Innovation und Bedeutungen seiner Forschungsvorhaben (zunächst) erstickt zu werden scheinen. Er verbindet Malerei, Literatur und Musik mit dem »grundlegendsten Impuls« der menschlichen Sexualität – und formuliert, die Untersuchung von Sexualität sei die Untersuchung des Beginns allen Lebens. Und doch würde man, sprich: die Universitätsleitung, wie »prüde Höhlenmenschen« voller Schuldgefühle und Scham da sitzen. Niemand verstehe, was Sex sei – und nun werde es auch niemand verstehen ... Schließlich erhält er einen Anruf, der doch noch ein positives Signal sendet (»Pilot«, 2013).

Hier geht es darum, Sex und geschlechtliche Fortpflanzung in biologischer und physiologischer Hinsicht zu untersuchen, wenn auch in ihrer Bedeutung für Kulturentwicklung und Kunst. Eine Verbindung zum Freud'schen Denken zeigt sich auch auf einer grundlegenderen Ebene: Wenn Sexualität nicht bloß biologische Fortpflanzung meint, wie gelangt sie überhaupt ins Psychische? Warum »gibt« es *Psycho*-Sexualität? Freud hat dazu ein wichtiges Konzept eingebracht, nämlich die Anlehnung: »Es ist auch leicht zu erraten, bei welchen Anlässen das Kind die ersten Erfahrungen dieser Lust gemacht hat, die es nun zu erneuern strebt. Die erste und lebenswichtigste Tätigkeit des Kindes, das Saugen an der Mutterbrust (oder an ihren Surrogaten), muß es bereits mit dieser Lust vertraut gemacht haben. Wir würden sagen, die Lippen des Kindes haben sich benommen wie eine erogene Zone, und die Reizung durch den warmen Milchstrom war wohl die Ursache der Lustempfindung. Anfangs war wohl die Befriedigung der erogenen Zone mit der Befriedigung des Nahrungsbedürfnisses vergesellschaftet. Die Sexualbetätigung lehnt sich zunächst an eine der zur Lebenserhaltung dienenden Funktionen an und macht sich erst später von ihr selbständig.« (Freud, 1905, S. 82)

Das Konzept der Anlehnung hilft dabei zu verstehen, warum Sexualität überhaupt einen Platz im Psychischen erhält. Schließlich handelt es sich dabei nicht um etwas, für oder gegen das wir uns entscheiden können, andererseits aber auch nicht um einen bloß ablaufenden physischen Vorgang. Es gibt natürlich bestimmte anatomische Anlagen, mit denen es zusammenhängt, dass Berührung sich an bestimmten Körperzonen lustvoller »anfühlt« als an anderen. Bei der Anlehnung ist gleichwohl wichtig, dass frühste körperliche Interaktionen zwischen Pflegeperson und Kind im Hauptzweck nicht allein der Vermittlung von lustvollem Erleben (Zärtlichkeit, liebevolle Interaktionen) dient, sondern dass sie immer auch mit dem Stillen von biologischen Bedarfen zu tun haben, also mit der Freud'schen Selbsterhaltung: satt zu sein, warm zu sein, sauber zu sein. Freud formuliert daher, »daß die Sexualtriebe ihre ersten Objekte in der Anlehnung an die Schätzungen der Ichtriebe finden, gerade so, wie die ersten Sexualbefriedigungen in Anlehnung an die zur Lebenserhaltung notwendigen Körperfunktionen erfahren werden« (Freud, 1912d, S. 80).

Das Gemeinte lässt sich am einfachsten am Stillvorgang zeigen, auch wenn deutlich sein muss, dass sich auch in anderen pflegenden Interaktionen die Verknüpfung von »Selbsterhaltung« und »Sexualität« zeigt, auch etwa beim Geben der Flasche. Der Stillvorgang dient zunächst offensichtlich der Nahrungsaufnahme, aber es handelt sich gleichzeitig um eine zärtliche Interaktion. »Anlehnung« bedeutet nun, dass für den Säugling die Erfahrung auftaucht, dass etwas Spannungszustände lindert (einen physischen Bedarf, der später als Hunger erlebt werden kann), gleichzeitig aber Teil einer sinnlichen Erfahrung ist (den Körper der Mutter zu spüren, die Stimme der Mutter zu hören, gewiegt zu werden usw.). Eine »Anlehnung« ist es für Freud deshalb, weil das, was hier dem Überleben und der Versorgung dient, gleichzeitig mit Lustempfindungen zu tun hat.

Hier taucht ein nächstes zentrales Element der psychoanalytischen Konflikttheorie auf. Denn sobald man sich beispielsweise den Stillvorgang anschaut, ist dessen Ziel, nämlich dass ein Bedürfnis gestillt, ein Spannungszustand reduziert wird, zugleich eine stimulierende Erfahrung. Es wird nicht einfach der Bedarf nach Nahrung geringer und somit eine Entspannung hervorgerufen, sondern es wird auch Sinnlichkeit geweckt. Es ist *gleichzeitig* beruhigend und erregend. Für den Konfliktbegriff (▶ Kap. 4) ist das ein entscheidendes Moment, weil hier Sinnlichkeit/Sexualität und Konflikthaftigkeit notwendigerweise miteinander verbunden sind. Selbst in der liebevollsten, zärtlichsten frühen Beziehung und Entwicklung ist die Körperlichkeit etwas, dass dieses Doppelmoment immer mit sich bringt: Beruhigung und Stimulierung gleichzeitig.

Drei weitere Konzepte sollten hier zumindest kurz Erwähnung finden. Das erste ist das Konzept der Urszene, das für die Entwicklung der Psychosexualität wichtig ist. Es ist auch ein weiteres Beispiel dafür, dass psychoanalytische Konzepte nicht konkretistisch missverstanden werden sollten. Bei Freud (z. B. 1900, S. 590f.) klingen die Bemerkungen zur sogenannten Urszene sehr konkret. Er bezieht sich damit darauf, dass das kleine Kind Mutter und Vater beim Geschlechtsverkehr beobachtet und sich Theorien darüber bildet. Es ist so auch damit konfrontiert, dass im Schlafzimmer der Eltern etwas passiert, an dem es nicht teilhat. Bei Freud ist das ein allgemeiner Teil der kindlichen

Sexualentwicklung. Nun kann man kritisch fragen, wie viele sechsjährige Kinder wohl zufällig ins Elternschlafzimmer hineinkommen, wenn es dort gerade zur Sache geht.

Auch hier ist es also sinnvoll, die Konzeption vom Konkreten abzulösen und zu überlegen, was deren argumentativer Kern ist. Es geht um die Ausgeschlossenheit aus etwas, was die Eltern miteinander teilen. Zwar ist das Kind daraus *nicht absolut* ausgeschlossen, ein Teil der infantilen Sexualtheorien betreffen ja gerade die eigene Zeugung durch diesen Akt, aber es ist *relativ* ausgeschlossen, es hat dort vorübergehend zwischen Mutter und Vater nichts zu suchen. Die Urszene markiert die Erfahrung, dass es Beziehungen unabhängig von einem selbst gibt, hinter verschlossener Tür. Es geht um die Erfahrung von Ausgeschlossenheit und um das Anerkennen, das Mutter und Vater in Teilen eine exklusive Beziehung haben. Die Auseinandersetzung damit ist eine wichtige Entwicklungsaufgabe, in ähnlicher Weise wie im Zusammenhang des Ödipuskonflikts. Britton (1998, S. 157ff.) setzt dieses Konzept in den Mittelpunkt der Entwicklung der Fähigkeit zu fantasieren oder sich Vorstellungen zu machen, einen inneren psychischen Raum zur Verfügung zu haben, in dem ich mich auch mit etwas auseinandersetzen kann, was ich gerade nicht aktuell wahrnehme.

Das zweite hier noch zu erwähnende Konzept ist Freuds Annahme einer Zweizeitigkeit der menschlichen Sexualentwicklung. Es gibt zum einen die sehr wichtige und mit viel Aufruhr verbundene frühe, infantile psychosexuelle Entwicklung, in der Oralität, Analität und Phallizität eine Rolle spielen, und auf die die Latenz folgt. Zum anderen gibt es, und deshalb ist von einer Zweizeitigkeit die Rede, die mit der Pubertät einsetzende beginnende genitale, reife oder erwachsene Sexualität: »Man kann es als ein typisches Vorkommnis ansprechen, daß die Objektwahl zweizeitig, in zwei Schüben erfolgt. Der erste Schub nimmt in den Jahren zwischen zwei und fünf seinen Anfang und wird durch die Latenzzeit zum Stillstand oder zur Rückbildung gebracht; er ist durch die infantile Natur seiner Sexualziele ausgezeichnet. Der zweite setzt mit der Pubertät ein und bestimmt die definitive Gestaltung des Sexuallebens.« (Freud, 1905, S. 100) Freud geht sogar so weit, die Annahme zu entwickeln, dass diese Zweizeitigkeit die Grundlage der Neurosen liefert, wenn er schreibt: »Diese zweizeitige, durch die Latenzzeit unterbrochene Entwicklung der Sexualfunktion scheint eine biologische Besonderheit der menschlichen Art zu sein und die Bedingung für die Entstehung der Neurose zu enthalten.« (1923a, S. 222) Mit der gesonderten Akzentuierung der durch die Latenzzeit unterteilten Zweizeitigkeit der Sexualentwicklung ist es möglich, den Verbindungen zwischen infantiler und erwachsener Sexualität nachzugehen, etwa dahingehend, dass sich etwas von unserer kindlichen Sexualität ins Erwachsenenalter fortsetzt (vgl. Laplanche, 2007).

Das Verhältnis von infantiler zu erwachsener Sexualität berührt ein weiteres psychoanalytisches Zeitlichkeitskonzept, nämlich die Nachträglichkeit (vgl. ausführlich bei Kirchhoff, 2009). Kurz gefasst ist damit gemeint, dass eine traumatische Wirkung eines »früheren« Ereignisses sich erst entfaltet, wenn ein »späteres« eintritt, eine Szene, die eine Art Bebilderung der anderen darstellt und so etwas davon ins Erleben bringt. Es geht dabei nicht nur darum, dass die Bedeutung einer Szene sich erst später herausstellt, sondern die zweite hat psychisch sogar eine konstitutive Funktion für die erste Szene – insofern ist eine Rede von früher/später oder erste/zweite Szene hier missverständlich. In der Logik des Psychischen ist die »erste« Szene auch erst wirksam, nachdem sie durch die »zweite« eine Bedeutung erhalten hat. Bei Freud heißt es: »Es liegt hier der Fall vor, daß eine Erinnerung einen Affekt erweckt, den sie als Erlebnis nicht erweckt hatte, weil unterdes die Veränderung der Pubertät ein anderes Verständnis des Erinnerten ermöglicht hat.« (1950, S. 447)

Besonders relevant ist das für das Entstehen der »reifen« Sexualität, die frühere Ereignisse in anderer Weise wirksam werden lässt: »Jede adoleszente Person hat Erinnerungsspuren, welche erst mit dem Auftreten von sexuellen Eigenempfindungen verstanden werden können« (a. a. O., S. 448). Freud beschreibt als Grundlage des nachträglichen Zusammenhangs das Erfordernis einer »assoziative[n] Verbindung« zwischen beiden Szenen (vgl. zum konzeptuellen Kontext Hock, 2000). Der Zusammenhang zeigt sich auch in Freuds (1918) Fallgeschichte zur Behandlung des »Wolfsmannes«, in der sich ein Traum des Patienten aus dem Alter von vier Jahren zeigt, der von Freud mit der im Alter von anderthalb Jahren beobachteten Urszene in Verbindung gebracht wird.

Eine Folge der TV-Serie *jerks.* zeigt die »Charaktere« Christian Ulmen und Fahri Yardim (gespielt von den Schauspielern gleichen Namens), die ihre Partnerinnen zu einem Masturbationskurs für Frauen begleiten (»Camilla«, 2017). Nachdem Christian unbedacht den Ausdruck »Möse« verwendet hat und dafür von den Teilnehmerinnen verurteilt wird, wird Fahri gefragt, ob er das auch gern sage. Er antwortet, dass Sex für ihn viel mehr sei, Blicke könnten Sex sein und »Seele auf Seele, das ist mein Porno«. Christian reagiert mit Lachen und konstatiert, Sex sei nicht immer »Engelchen, die singen«, sondern manchmal auch nur pure »Geilheit, ein schneller Fick«. Er wird gebeten, die Runde zu verlassen...

Es ist nun zu fragen, wie Sexualität und Zärtlichkeit zusammenhängen. Es hat sich gezeigt, dass es in der kindlichen Sexualität natürlich um Sinnlichkeit und Zärtlichkeit geht, aber vor allem auch um etwas Stürmisches, es geht um Triebbefriedigung, es ist etwas unreglementiert. Dieses Unreglementierte der infantilen Sexualität begegnet den zärtlichen Wünschen. Diese Begegnung zeigt sich auch in der erwachsenen Sexualität, die auch jenseits ihrer Fortsetzungen der Infantilität der Sexualität immer zugleich triebhaft und partnerschaftlich ist. Freuds Konzeption besteht darin, dass in der erwachsenen Sexualität, bei einer förderlichen Entwicklung, beides zusammenkommt. Jedoch formuliert er auch: »Erst die psychoanalytische Untersuchung kann nachweisen, daß sich hinter dieser Zärtlichkeit, Verehrung und Hochachtung die alten, jetzt unbrauchbar gewordenen Sexualstrebungen der infantilen Partialtriebe verbergen. Die Objektwahl der Pubertätszeit muß auf die infantilen Objekte verzichten und als sinnliche Strömung von neuem beginnen. Das Nichtzusammentreffen der beiden Strömungen hat oft genug die Folge, daß eines der Ideale des Sexuallebens, die Vereinigung aller Begehrungen in einem Objekt, nicht erreicht werden kann.« (Freud, 1905, S. 101). Im Wesentlichen ist gemeint, dass Sexualität immer stürmisch und vielleicht sogar egoistisch bleibt, aber dass sie eingebunden ist in die (Be-) Achtung des Partners. Der Preis dafür ist gleichwohl die Verdrängung der infantilen Sexualität und die »Aufgabe« der infantilen

Triebobjekte: »Der Mann wird Vater und Mutter verlassen [...] und seinem Weibe nachgehen, Zärtlichkeit und Sinnlichkeit sind dann beisammen.« (Freud, 1912d, S. 81) Zwei Aspekte sollen vereinigt werden in der erwachsenen Sexualität. Freud schreibt über »zwei Strömungen [...], deren Vereinigung erst ein völlig normales Liebesverhalten sichert, zwei Strömungen, die wir als die zärtliche und die sinnliche voneinander unterscheiden können. Von diesen beiden Strömungen ist die zärtliche die ältere. Sie stammt aus den frühesten Kinderjahren, hat sich auf Grund der Interessen des Selbsterhaltungstriebes gebildet und richtet sich auf die Personen der Familie und die Vollzieher der Kinderpflege. Sie hat von Anfang an Beiträge von den Sexualtrieben, Komponenten von erotischem Interesse mitgenommen« (a. a. O., S. 79f.). Dabei setzen sich nun die »zärtlichen Fixierungen des Kindes [...] durch die Kindheit fort und nehmen immer wieder Erotik mit sich, welche dadurch von ihren sexuellen Zielen abgelenkt wird. Im Lebensalter der Pubertät tritt nun die mächtige ›sinnliche‹ Strömung hinzu, die ihre Ziele nicht mehr verkennt.« (a. a. O., S. 80).

2.2 Sexualität und Neurose

Das Allermeiste der bisherigen Überlegungen ist Teil einer allgemeinen psychoanalytischen Entwicklungstheorie gewesen, eine allgemeine Konzeption der Triebentwicklung oder der psychosexuellen Entwicklungsphasen. Nun ist es in klinischer Hinsicht wichtig, die Rolle der Sexualität im Zusammenhang neurotischer oder anderer psychischer Erkrankungen zu betrachten. Zunächst ist das psychoanalytische Sexualitätskonzept weit davon entfernt, ausschließlich Überlegungen zur pathologischen Sexualität oder zu sexuellen Abweichungen oder zu psychischen Störungen im Zusammenhang mit Sexualität zu präsentieren. Nicht die *Tatsache* infantiler Sexualität ist ein Faktor der Symptombildung, sondern das Vorliegen von konfliktbedingten Fixierungen, nämlich »daß der Neurose ein Stück abnorm verwendeten

Liebeslebens« zugrunde liegt (1926, S. 257). Auch die klinische Arbeit der Psychoanalyse ist viel weiter gefasst als bloße Therapie von sexuellen Funktionsstörungen. Eine in diesem Zusammenhang besonders wichtige Formulierung Freuds betrifft das Verhältnis von Symptom und (verdrängter) Sexualität: »Ich halte es der Hervorhebung wert, daß meine Anschauungen über die Ätiologie der Psychoneurosen bei allen Wandlungen doch zwei Gesichtspunkte nie verleugnet oder verlassen haben, die Schätzung der *Sexualität* und des *Infantilismus*. [...] Man erfährt, wenn man sich dieser unersetzlichen Untersuchungsmethode der Kranken bedient [die »psychoanalytische Erforschung der Neurotiker«; TS], *daß die Symptome die Sexualbetätigung der Kranken darstellen*, die ganze oder eine partielle« (Freud, 1906, S. 157). Es ist also nicht bloß von Interesse, wann Symptome im Zusammenhang mit der Sexualität (im engeren Sinn) auftauchen, sondern die (psychoneurotischen) Symptome selbst sind ein Ausdruck der Sexualität (im erweiterten Sinn), als Folge der Konflikte zwischen Wunsch und Verbot. Wenn Freud beispielsweise annimmt, dass sich in den Leitsymptomen der hysterischen Neurose (z. B. Lähmungserscheinungen, eine psychogene Ohnmacht) sexuelle Wünsche verbergen, dann ist dieser Aspekt berührt. Wenn jemand also etwa eine Beinlähmung psychogener Art entwickelt und sich darin der Wunsch – und das Verbot – fremd zu gehen verbirgt, dann zeigt und verbirgt das Symptom der Gangstörung/Fremdgeh-Störung den Wunsch und den Konflikt, den er hervorruft.

Die Annahme, dass sich im neurotischen Symptom (auch bei Zwangsneurose oder Phobie) etwas von sexuellen Wünschen zeigt, löst einige konzeptuelle Probleme allerdings nicht. Einiges wäre genauer zu diskutieren. Dazu gehört vor allen Dingen die Normativität in Freuds Annahme eines Genitalprimats: Werden wirklich alle Strebungen geordnet unter das große Ganze vereinigt? Eine weitere große Frage in Freuds Theorie der sexuellen Entwicklung ist die nach dem Platz für »Neosexualitäten« (▶ Kap. 5). Auch die Rolle der Aggression im Verhältnis zur Sexualität wäre genauer zu beleuchten.

Zusammenfassend bleibt zunächst die Annahme von Trieb und Sexualität als allgemeinen Organisatoren des Psychischen zentral. Lustempfindungen, Befriedigungserlebnisse, Unlustempfindungen gestalten den Aufbau unserer psychischen Welt. Wenn uns liebevolle, lustvolle, befriedigende Interaktionen in der frühen Entwicklung fehlen, dann sieht unsere psychische Welt ganz anders aus. Eine psychische Vorstellung von Befriedigung – und zwar in der Interaktion mit anderen im Rahmen einer vertrauensvollen Beziehung – ist ein wichtiges Merkmal psychischen »Spielraums«.

2.3 Fallbeispiel Christian

Das folgende Fallbeispiel entnehme ich dem Buch *Integrative Psychotherapie* von Holm-Hadulla (2015). Es geht um die psychodynamische Behandlung mit dem Studenten Christian. Der Patient kommt in die Behandlung mit einem »unbestimmte[n] Gefühl von Leere und Verzweiflung« (a. a. O., S. 66). Er sagt, sein Leben sei sinnlos und er habe oft Suizidgedanken. Zwar finde er leicht Kontakt zu anderen Menschen, insbesondere zu Frauen, aber dann werde es schnell schal und langweilig. Er schildert seinen Initialtraum. Das meint in der psychodynamischen Behandlung den ersten Traum, den jemand träumt und berichtet, nachdem die Behandlung begonnen hat. Der Initialtraum wird als eine Art Auftakt verstanden, in dem der Patient auch etwas von seinen unbewussten Erlebnissen in der Behandlungsbeziehung deutlich macht. Der Patient schildert seinen Traum: »Ich liege auf einer Wiese, und alles um mich herum ist leicht lila gefärbt. Der Himmel ist purpurfarben, vampirartig weibliche Wesen mit sehr erotischen Körpern kommen mir nah, es ist alles sehr schön. Ich habe das Gefühl von Schwerelosigkeit.« (a. a. O.).

Man sollte sich die psychoanalytische Arbeit mit Träumen nicht derart vorstellen, dass der Analytiker sich den Traum seines Analysanden anhört und prüft, welche Gegenstände darin länger als breit sind und folglich als Phallus-Symbol aufgefasst werden müssen, oder als eine Übersetzung, welches Element im Traum für welches Element der Realität steht. Vielmehr besteht der wesentliche konstruktive und sinnvolle Teil der Arbeit mit Träumen darin, den Patienten zu fragen: Was denken Sie denn über Ihren Traum? Welches sind Ihre Einfälle? So berichtet in diesem Fall der Patient im Anschluss an die Traumschilderung, er habe regelmäßig Sex mit einer Freundin, sei aber nicht fest mit ihr zusammen. Sie wolle frei bleiben und habe außer ihm noch weitere Affären: »Sie ist ein Buch, das schon von vielen beschrieben ist. Ich selbst kann nur Anmerkungen anbringen«. Das sind sehr prägnante Sätze, die alles Mögliche bedeuten können. Auch hier müsste man mit dem Patienten erarbeiten, ist das jetzt irgendwie ein Bild für den sexuellen Akt: jemanden beschreiben?

Er schildert sich selbst als kleine Pflanze gegenüber großen Bäumen. Ferner sticht hervor, wie er seinen Vater beschreibt, der denselben Beruf ausübt, den Christian anstrebt, und auch dieselbe Spezialisierung darin. Der Vater sei aggressiv und impulsiv, in der Kindheit des Patienten seien häufige Wutausbrüche und Tätlichkeiten der Mutter gegenüber vorgekommen, aber immer mit anschließendem »Versöhnungssex« der Eltern. Es gab also sehr gewaltvolle Situationen zwischen den Eltern, aber immer auch eine Art von sexueller Versöhnung und Vereinigung. Der Vater lasse sich beim Geschlechtsverkehr, so der Bericht der Mutter an den Patienten, die ihrem Sohn das auf eine sehr ungefilterte, ungeschützte Weise erzählt hat, gerne überwältigen und sei passiv.

Sexualität ist also sehr greifbar in dieser Behandlung, auch dergestalt, dass der Patient von häufigem Pornokonsum berichtet. Dort, so seine Schilderung, würde er neben dem Erregenden etwas »Klares und Reines« finden und sich häufig mit der weiblichen Position beziehungsweise mit der Frau im Film identifizieren. Im Verlauf der Behandlung berichtet der Patient, dass er eine attraktive Frau kennengelernt habe, den Einfällen dazu folgen aber unmittelbar Fantasien über pornographische Szenen und davon, wie während eines sexuellen Aktes die Frau altere. Er schildert damit eine traumartige Szene, die mit seiner Fantasiewelt zu tun hat, und darin zeigt sich, wie in einer analytischen Behandlung mit den Assoziationen des Patienten gearbeitet wird. Analytisch wird darauf geachtet, welche Elemente in den Schilderungen eines Patienten aufeinander folgen. In diesem Fall schließen sich an die Assoziationen zum Kennenlernen der attraktiven Frau erstens die Fantasie des Alterns während des Verkehrs und zweitens Gedanken an seine Großmutter an, die wichtig für ihn gewesen sei und um die er seit ihrem Tod sehr trauere. Darauf wiederum folgt eine Erinnerung an Streit und Vorwürfe zwischen seinen Eltern.

Im Verlauf der Behandlung können Analytiker und Analysand miteinander erarbeiten, dass sexuell aktive Frauen für den Patienten auch etwas Bedrohliches haben und er in der Bemerkung zum »Klaren und Reinen« lieber eine »ästhetische Distanz« zu ihnen halte, statt eine intime, wirklich partnerschaftliche Beziehung einzugehen. Deutlich wird auch, wie heftig Christian auf Kränkungen reagiert, und ein zweiter Beweggrund, zu Frauen auf Distanz zu bleiben, ist es, sie vor seiner Frustrationsaggression zu schützen, die er offenbar mit dem Vater teilt. Er beschreibt eine erinnerte Szene, in der er mit der Mutter im Haus über Literatur und Kunst und Feingeistiges spricht, während der Vater im Garten arbeitet und sozusagen »leider draußen bleiben« muss. Darin sind Fragen über intime Beziehungen berührt (auch im Kontext ödipaler Konflikte): Bleibt in Liebesbeziehungen immer jemand draußen? Ist er das oder jemand anderes?

Einerseits entspricht das Fallbeispiel dem, was sich psychoanalytisch über Sexualität und Entwicklung sagen lässt, weil Sexualität hier so greifbar ist. Andererseits findet sich darin auch eine andere Akzentuierung, weil angesichts dessen, dass man sich vor lauter Sexualität in den Fantasien des Patienten kaum retten kann, davon ausgegangen werden kann, dass im Zusammenhang eines Kreisens um die Sexualität und Sexualisierung auch andere Gefühle überdeckt werden, solche etwa, die sich in der Fantasie über die beim Sex alternde Frau und die Erinnerung an die Großmutter zeigen: nämlich die Auseinandersetzung mit Verlusterleben und Trauergefühlen. Das ist auch etwas, das im Verlauf der Behandlung stärker in den Fokus gerät: Abschied und Trennung. Es wurde verstehbar, dass viele der sexualisierten Träume des Patienten damit zu tun hatten, sich über den Tod und die Sterblichkeit hinwegzusetzen. Die Thematisierung der Sexualität hat hier also eine Dimension des Lebensstiftenden, aber auch die eines Beiseiteschiebens von Vergänglichkeit und Endlichkeit. Das zeigt sich beispielsweise im Hinweis darauf, dass sein Kinderzimmer im Haus der Eltern unangetastet bleibe, es sei eingerichtet wie immer. Es zeigt sich eine Vermeidung der Notwendigkeit des Abschiednehmens, nicht nur so endgültig und umfassend wie im Tod, sondern auch in Form eines Abschieds von einer Lebensphase. Der Weg in die Autonomie kann nicht begonnen werden, wenn ein Trauerprozess über eine Lebensphase nicht gelingt. Die Behandlung brachte im Verlauf stärker dort die Entwicklungsperspektive ins Erleben, wo es um Trauerprozesse und Anerkennen von Vergänglichkeit geht. Als Folge dieser Bearbeitung ergab sich für den Patienten die Möglichkeit, intime Beziehung eingehen zu können, ohne so viel Scheu vor Intimität.

Wie steht nun der Fall im Verhältnis zu den konzeptuellen Überlegungen von zuvor? Man kann diesen Fall jetzt im Hinblick auf die verschiedenen Dimensionen der Sexualisierung und deren Abwehrfunktion im Erleben des Patienten interpretieren: als die Abwehr von Gefühlen von Trennung oder Vergänglichkeit. Die Sexualisierung kann auch die Funktion der Vermeidung von echter Intimität haben. Da fantasiert der Patient über pornographische Szenen und alles Mögliche, aber gleichzeitig bleibt eine Distanz, die keine intime Nähe erlaubt. Eine weitere Dimension der Sexualisierung kann in einer Genitalisierung gesehen werden, in einem Sprung in eine vermeintlich reife Sexualität, wodurch überdeckt wird, dass seine Lust, seine sexuellen Wünsche und Lustempfindungen zu starken Teilen aus früheren Entwicklungsphasen stammen, die viel mit einer Sehnsucht nach der Mutter zu tun haben.

Man kann in dem Fallbeispiel auch einige phallisch-ödipale Themen sehen. Die Bemerkung »Ich bin eine kleine Pflanze, die anderen sind große Bäume« sollte man zwar in dieser Hinsicht nicht überinterpretieren, aber zumindest geht es um einen Vergleich zwischen sich und anderen. Weiterführend ist hier nicht der Größenvergleich als solcher, aber die Ebene, auf der er sich in Bezug setzt zu etwas weiter Entwickeltem, zu etwas, das schon weiter gewachsen ist, während er in der Entwicklungshemmung festhängt. Ein phallisch-ödipales Thema wäre auch, die Kunst mit der Mutter zu teilen, während der Vater draußen im Garten arbeitet, oder auch die Überlegungen dazu, wie häufig er den Vater als schlechten Vater und schlechten Ehemann erlebt hat, der seiner Frau gegenüber tätlich wird, dass aber trotzdem das elterliche Paar bestehen bleibt, in dem, was der Patient Versöhnungssex nennt. Diese phallisch-ödipale Ebene kann man sehen, wo es um eher reifere

Beziehungskonflikte geht (Rivalität), aber es gibt auch frühere Ebenen, die gekennzeichnet sind von einer verwirrenden Nähe zur Mutter, in der die Grenzen zwischen Selbst und Anderen nicht verlässlich spürbar sind, weil diese frühe Beziehung nicht durch einen Dritten triangulierend vermittelt wurde. Das wird psychoanalytisch heute meist als »frühe« Ödipalität bezeichnet (▶ Kap. 3.3), in der Zeit noch vor dem 5./6. Lebensjahr. Im dargelegten Fall geht es nicht ausschließlich um die Ebene, auf der mit dem Vater um die Nähe zur Mutter rivalisiert wird, sondern auch um das Verwirrende an der Frage: Worauf ist die Mutter überhaupt außer mir noch bezogen? Die Dimension der Identifizierung mit dem Vater, eine Sehnsucht nach diesem auch in seiner Aufgabe, die Beziehung zur Mutter zu regulieren und verstehen zu helfen, wird berührt.

3 Die Theorie des ödipalen Konflikts

Im Durchgang durch die Theorie der infantilen Sexualität und der psychosexuellen Entwicklungsphasen hat sich der Ödipuskonflikt als ein besonderes strukturierendes Moment der Psyche erwiesen. An dieser Stelle geht es um eine vertiefte Prüfung dessen, auch im Hinblick auf die ebenfalls erwähnte sogenannte »frühe« Ödipalität. Ferner stehen damit Überlegungen zu unbewussten Fantasien und zum Umgang mit Wunsch und Verbot im Zusammenhang, ebenso wie die Annahme, dass sich Lust und Unlust als wichtige Elemente der psychischen Entwicklung erweisen.

Der Spielfilm *Kung Fu Panda 3* (Jennifer Y. Nelson, Alessandro Carloni, USA/CH, 2016) hat die Entwicklung des Pandabären Po zum »Drachenkrieger« zum Thema. Um dies zu erreichen, muss Po sich mit einigen Aufgaben auseinandersetzen, dazu gehört seine Herkunft als von einem Gänserich adoptiertes Kind, das nun seinen leiblichen Vater kennenlernt, der herzlich ist, aber bei dem Po auch auf Enttäuschungen oder Entidealisierungen stößt. In der Kampfkunst bzw. einer an den psychischen Prinzipien der Kampfkunst orientierten Lebensführung sind Oogway und Shifu seine Lehrer und Mentoren. Als Po im Verlauf des Films seinen Widersacher Kai besiegt hat, begegnet er in einer traumartigen Sequenz Oogway, der ihm erzählt, wie er in ihm »die Vergangenheit und die Zukunft des Kung Fu« gesehen habe. Oogway reicht Po seinen Stab, Po zögert dabei, diesen anzunehmen, woraufhin der Ältere ihm sagt »Nimm ihn ruhig, ich hab noch 'nen Größeren...«

Was »funktioniert« hier als kulturelle Verständigung – was ist hier der »Witz«? Die Übergabe von etwas an die folgende Generation und deren Entwicklung wird zum Thema, ebenso wie der Hinweis darauf, dass die Generationenfolge bestehen bleibt, auch wenn sich Entwicklung vollzieht. Über Generationenverhältnisse und -konflikte auf eine bestimmte Weise nachzudenken, ist zu einem Teil unserer kulturellen Bezogenheit geworden.

3.1 König Ödipus

Auch Freud hat die Figur Ödipus und seine familiären Wege und Konflikte nicht »erfunden«, sondern er entnimmt sie der antiken griechischen Mythologie (vgl. Schwab, 1932). Die Ödipus-Sage thematisiert, wie die meisten Mythen und Sagen, das menschliche Schicksal als Spielball göttlicher Mächte. Es gibt tragische Geschehnisse, auf die der Mensch reagieren muss, denen er aber auch ausgeliefert bleibt, und eine besondere Bewandtnis hat es in der Sage mit dem Rätsel des Menschseins.

Ödipus ist der Sohn von Laios und Iokaste. Seinem Vater Laios wurde vor Ödipus' Geburt vom Orakel von Delphi prophezeit: Du, Laios, König von Theben, wirst durch die Hand deines Sohnes ums Leben kommen. Der Hintergrund ist, dass Laios aufgrund einer seiner Taten verflucht worden ist. Im Anschluss an den Orakelspruch bekam es Laios mit der Angst zu tun – und erst recht, nachdem er einen Sohn gezeugt und Iocaste diesen zur Welt gebracht hatte. Also setzte Laios seinen Sohn, der Ödipus (»Schwellfuß«) genannt werden würde, drei Tage nach dessen Geburt mit durchgestoßenen und zusammengebundenen Füßen im Wald aus, in der Erwartung, dieser würde dort sterben. Ödipus wurde aber gefunden und wuchs bei Adoptiveltern auf, Polybos, dem König von Korinth, und dessen Frau Merope. Auch Ödipus erhält eine Prophezeiung, nämlich dass er seinen Vater erschlagen und seine Mutter heiraten werde. Auch er hat es da mit der Angst zu tun bekommen, da er annahm, das betreffe Polybos und Merope, so dass er aus Korinth floh, um sich und seine Adoptiveltern davor zu bewahren, dass der Orakelspruch sich erfülle. Unterwegs begegnete er, soviel zu den Schicksalsmächten, seinem leiblichen Vater Laios, es kam zum Streit und Ödipus erschlug Laios, unwissentlich dass es sich um seinen Vater handelte. Der erste Teil der Prophezeiung war also erfüllt. Auf dem Weg nach Theben gab es die bekannte Sphinx, die den Zugang zur Stadt verstellte und allen Vorbeireisenden ein Rätsel stellte. Wer das Rätsel nicht lösen konnte (und es war noch niemandem gelungen), den verschlang die Sphinx. Das ist verständlicherweise ein großes Problem für die Ortsansässigen gewesen und der neue König von Theben, Kreon, hatte demjenigen, der das Rätsel der Sphinx lösen würde, Iokaste also Ödipus' Mutter und nun Witwe von Laios, zur Frau versprochen. Ödipus begegnete der Sphinx, deren Rätsel lautet: »Es ist am Morgen vierfüßig, am Mittag zweifüßig, am Abend dreifüßig. Von allen Geschöpfen wechselt es allein mit der Zahl seiner Füße, aber eben wenn es die meisten Füße bewegt, sind Kraft und Schnelligkeit seiner Glieder am geringsten«.

Die Antwort die Ödipus war korrekterweise: »Dein Rätsel ist der Mensch.« – er krabbelt zu Beginn seines Lebens auf allen Vieren, dann geht er auf zwei Beinen und am Ende muss er einen Stock zu Hilfe nehmen, als drittes Bein. Ödipus löste so das Rätsel und die Sphinx stürzte sich daraufhin zu Tode, vor lauter Verzweiflung darüber, dass ihr Rätsel nun gelöst war. In der Folge heiratete er Iokaste, seine Mutter, womit sich der zweite Teil der Prophezeiung erfüllte. Weiter unwissentlich, dass sie seine Mutter war, hatte er mit ihr vier Kinder. Erst später deckte der Hirte, der Ödipus als Säugling gefunden und gerettet hatte, die Wahrheit auf. Daraufhin erhängte sich Iokaste und Ödipus stach sich die Augen aus.

Das ist zunächst in den Grundzügen der Text des Mythos und auch das, worum es im Drama Sophokles' geht. Interpretiert worden ist die Sage im Wesentlichen unter der Perspektive des Sehens und Voraussehens, des Sich-selbst-Erkennens, und als eine Schicksalstragödie. Sowohl Laios als auch Ödipus werden von ihrem Schicksal eingeholt: Es gibt die beiden Orakelsprüche und trotz aller Bemühungen, dass sich die Prophezeiung nicht erfülle, kommt es am Ende genau so wie vorhergesagt. In klassischer Lesart der antiken Dramen ist der Mensch den Göttern und deren Willen und Willkür ausgeliefert. Er kann nichts dagegen tun, sein Schicksal erfüllt sich.

3.2 Freuds Auffassungen zum Ödipuskonflikt

> Die Konstellation einer Rivalität zwischen Vater und Sohn, die Unkenntnis der Beteiligten darüber, die Frage nach Schicksalsmächten und anderem durchzieht auch die *Star Wars* Saga (vgl. Storck, 2017b). In einer der bekanntesten medialen Adaptionen des Ödipusmotivs sehen wir Luke Skywalker mit seinem Gegenspieler Darth Vader im Lichtschwertkampf (*Das Imperium schlägt zurück* [The empire strikes back], Irvin Kershner, USA, 1980). Akustisch gerahmt vom Surren der Lichtschwerter und den blechernen Atemgeräuschen Vaders schlägt dieser Luke einen Arm ab. Luke zieht sich zurück, Vader folgt ihm und versucht, ihn dazu zu überreden, die Kräfte beider zu vereinigen. Luke habe noch nicht verstanden, wieviel Kraft in ihm stecke. Sein Lehrer Obi-Wan Kenobi habe ihm nicht erzählt, was mit seinem Vater geschehen sei. Luke ruft, Obi-Wan habe ihm genug erzählt: nämlich dass er, Vader, seinen Vater getötet habe. Vader antwortet: »Nein, ich bin dein Vater.« Luke brüllt: »Nein, das kann nicht sein, das ist unmöglich«, Vader versichert ihm, er, Luke, wisse, dass es wahr sei...

Der Ödipus-Sage vergleichbare Konstellationen haben eine wiederkehrende kulturelle Bedeutung. Auch zu Freuds Zeiten war der Mythos Kulturgut, nicht von ungefähr hat der junge Freud seine Matura-Prüfung über das Sophokles-Drama geschrieben. Mit Sophokles' Darstellung allein hätte das ödipales Thema allerdings nicht die Bedeutung erlangt, die es heute auf kultureller Ebene hat. Freud möchte im Rückgriff auf das antike Drama etwas beschreiben, was er als einen allgemeinen menschlichen Konflikt versteht und folgerichtig als Ödipuskonflikt bezeichnet.

3.2.1 Freuds Ausgangspunkte: Verlust des Vaters, Selbstanalyse, klinische Erfahrung

Das steht im Zusammenhang mit zwei miteinander verbundenen biografischen Ereignisse im Leben Freuds (vgl. zur Biografie Jones, 1960; Gay, 1987), nämlich zum einen dem Tod seines Vaters im Oktober 1896, zum anderen seiner damit einsetzenden »Selbstanalyse«. Freud beschreibt den Verlust seines Vaters als ein einschneidendes Ereignis, als eine »kritische Zeit«, von der er »recht hin« gewesen sei (Freud, 1985, S. 212, Brief an Fließ vom 26.10.1896). Weiter heißt es: »Auf irgendeinem dunkeln Wege hinter dem offiziellen Bewußtsein hat mich der Tod des Alten sehr ergriffen. [...] Ich habe nun ein recht entwurzeltes Gefühl.« (a. a. O., S. 212f., Brief an Fließ vom 2.11.1896) Das gab den Anstoß für Freuds Selbstanalyse (besonders im Sommer 1897), aus der nicht nur die Revision der Verführungstheorie, sondern auch die zentralen Überlegungen (und Traumbeispiele) der *Traumdeutung* (1900) erwachsen sollten. Rund ein Jahr nach dem Tod seines Vaters schreibt Freud: »Ein einziger Gedanke von allgemeinem Wert ist mir aufgegangen. Ich habe die Verliebtheit in die Mutter und die Eifersucht gegen den Vater auch bei mir gefunden und halte sie jetzt für ein allgemeines Ereignis früher Kindheit [...] Wenn das so ist, so versteht man die packende Macht des Königs Ödipus trotz aller Einwendungen, die der Verstand gegen die Fatumsvoraussetzung erhebt [...D]ie griechische Sage greift einen Zwang auf, den jeder anerkennt, weil er dessen Existenz in sich verspürt hat. Jeder Hörer war einmal im Keime und in der Phantasie ein solcher Ödipus, und vor der hier in die Realität gezogenen Traumerfüllung schaudert jeder zurück mit dem ganzen Betrag der Verdrängung, der seinen infantilen Zustand von seinem heutigen trennt.« (a. a. O., S. 293, Brief an Fließ vom 15.10.1897).

Was Freud hier sagen will, ist, dass der Dramastoff etwas in uns trifft und berührt und sich so unsere Reaktion darauf verstehen lässt, und dies im Hinblick auf verschiedene kulturelle Epochen. Für Freud sind die Verliebtheit in die Mutter und die Eifersucht gegen den Vater die entscheidenden Elemente und in seiner Interpretation ist es jetzt keine Schicksalstragödie mehr, in der die Götter mit ihrem Willen die Menschen lenken, sondern die Liebe zur Mutter und die Aggression gegen den Vater werden zu *unbewussten Motiven*, die sich fremd anfühlen, aber doch im Individuum wirken. Das formuliert er in den genannten Briefen und publiziert es drei Jahre später in der *Traumdeutung*. Dort setzt Freud sich auch damit auseinander, wann Kinder träumen oder wann einige seiner Patienten vom Verlust eines Elternteils träumen, zum Beispiel vom Tod des Vaters. Der grobe Hintergrund dafür ist, dass für Freud der Traum als eine Wunscherfüllung zu begreifen ist (vgl. Freud, 1900, S. 127ff.). Für ihn ist im Traum ist ein Stück unserer psychischen Zensur gelockert (vgl. Storck, 2018c, Kap. 3), so dass wir Dinge erleben können, die ansonsten verpönt oder ängstigend wären. Nun kann man jetzt einige Ausnahmen gegenüber der Wunscherfüllungsannahme beschreiben, in erster Linie Albträume, aber zunächst mal ist das Freuds Leitlinie der Traumtheorie: Der Traum ist eine Wunscherfüllung. Freud, der einige Jahre zuvor damit begonnen hatte, psychoanalytische Behandlungen durchzuführen (Freud, 1895), verbindet die Traumtheorie nun mit Erfahrungen aus seiner klinischen Praxis. Darin nutzt er die freien Einfälle seiner Patienten und schildert, wie seine Annahmen zu den (unbewussten) Gefühlen den Eltern gegenüber auch mit Erfahrungen aus diesen Behandlungen zusammenhängen. Darin geht es um Hass gegen einen Elternteil und die Verliebtheit in das andere und zwar meistens die Verliebtheit in das gegengeschlechtliche und den Hass auf das gleichgeschlechtliche. So sehr die Überlegungen auch auf der klinischen Erfahrung ruhen, betont Freud zugleich, dass die Annahmen nicht auf neurotische Patienten eingegrenzt sind. Er hält die beschriebenen Gefühlslagen, Triebregungen und Konflikte für ein allgemeines Element der Kindheit. Es ist nicht Teil einer ungünstigen, beeinträchtigten Entwicklung oder einer problematischen Haltung der Eltern, sondern etwas, das zum Menschlichen dazu gehört, etwas, »das minder deutlich und weniger intensiv [als bei neurotischen Patienten; TS] in der Seele der meisten Kinder vorgeht« (Freud, 1900, S. 267). Im Grunde müsste man konsequenterweise im Sinne von Freuds Theorie auch sagen: in der »Seele« *aller* Kinder. Es heißt schließlich an gleicher Stelle auch: »Das Altertum hat uns zur Unterstützung dieser Erkenntnis einen Sagenstoff übermittelt, dessen durchgreifende und allgemeingültige Wirksamkeit nur durch eine ähnliche Allgemeingültigkeit der besprochenen Voraussetzung aus der Kinderpsychologie verständlich wird.« (a. a. O.). Auf die Frage nach einer (womöglich kulturinvarianten) Universalität des Ödipuskomplexes werde ich noch eingehen.

Vorerst ist Freuds Bemerkungen dazu zu folgen, dass wir deshalb so intensiv und über die Kulturepochen hinweg auf den Ödipusstoff reagieren, weil in unserer Kindheit eine solche Figuration aufgetaucht ist. Die »Besonderheit des Stoffes«, der »einem uralten Traumstoff entsprossen ist«, erklärt die gleichermaßen starke Wirkung auf »moderne [.] Menschen« wie »zeitgenössische[.] Griechen« (a. a. O., S. 269f.): Wer die Wirkung des Drama erlebt, »reagiert nicht auf sie [die Moral des Stückes: eine »Anklage der Götter und des Schicksals«; TS], sondern auf den geheimen Sinn und Inhalt der Sage« (Freud, 1916/17, S. 343). Diesen sieht Freud nun darin (und die Träume sind ihm Beleg dafür), dass die Taten des König Ödipus, das Erschlagen des Vaters und die Heirat mit der Mutter, »die Wunscherfüllung unserer Kindheit« (1900, S. 269) sei. Dabei gehe es um unbewusste Wünsche: »Wie Ödipus leben wir in Ungewissheit der die Moral beleidigenden Wünsche, welche die Natur uns aufgenötigt hat« (a. a. O., S. 270). Das ist beim Wandel von den Schicksalsmächten zum »geheimen Sinn« also zu beachten: Ödipus weiß nicht, was er da tut, und ebenso wenig sind uns unsere »ödipalen« Regungen, so wirksam sie auch sein mögen, bewusst zugänglich.

3.2.2 Ödipale Konflikte als »Gefühlseinstellung«

Ich habe bereits erwähnt, dass die Entwicklung der Theorie ödipaler Konflikte für Freud in einer Reihe mit der Revision der Verführungstheorie steht. Er benötigt in konzeptueller Hinsicht eine Antwort darauf, wie denn psychosexuelle Entwicklung jenseits traumatischer Übergriffe zu denken ist, also weshalb unsere frühe Entwicklung notwendigerweise konflikthaft ist, auch wenn wir Eltern haben, die nicht übergriffig oder vernachlässigend sind. Seine Antwort besteht in der Theorie des ödipalen Konflikts und der psychosexuellen Entwicklungsphasen, d. h. in der Konzeption dessen, wie frühe Entwicklung im Hinblick auf Lust und Unlust, Sexualität und Aggression sowie Fantasien verläuft. In den *Drei Abhandlungen zur Sexualtheorie* von 1905 spielt neben der oralen oder der analen Phase der psychosexuellen Entwicklung die phallisch-ödipale Phase noch keine wesentliche Rolle. Erst in einer späteren Neuauflage des Buchs nimmt Freud in einer Fußnote Bezug auf die Ödipalität, indem er schreibt: »Man sagt mit Recht, daß der Ödipuskomplex der Kernkomplex der Neurosen ist, das wesentliche Stück im Inhalt der Neurose darstellt.« Damit ist nicht gemeint, dass nur neurotisch erkrankte Menschen ödipale Konflikte haben, sondern vielmehr, dass sich an der Frage des Umgangs bzw. der »Bewältigung« der ödipalen Konflikte bemisst, ob jemand als gesund bezeichnet wird oder nicht. Weiter heißt es: »In ihm [dem Ödipuskomplex; TS] gipfelt die infantile Sexualität […] Jedem menschlichen Neuankömmling ist die Aufgabe gestellt, den Ödipuskomplex zu bewältigen; wer es nicht zustande bringt, ist der Neurose verfallen.« (1905, S. 127f.).

In der Literatur wird es nicht einheitlich gehandhabt, ob vom Ödipuskonflikt oder dem Ödipuskomplex gesprochen wird bzw. ob damit unterschiedliche Aspekte herausgestellt werden sollen. Von Mertens (2014, S. 657ff.) wird die Annahme vertreten, dass es ein Ineinander und eine Wechselwirkung von Ödipuskomplex, Laioskomplex und Iokastekomplex gibt. Wenn man sich das Ödipusdrama anschaut, dann sind schließlich nicht nur die Handlungen oder Motive von Ödipus beachtenswert, sondern zum Beispiel auch, weshalb Laios seinen Sohn aussetzt und ihm die Füße durchstößt (Wohin sollte er als Säugling laufen?). Hinsichtlich einer bestimmte Konfliktstruktur kann man auch von einer Laioskomponente sprechen, im Hinblick auf den (versuchten) Sohnesmord (vgl. zum Laioskomplex Morbitzer, 2017). Das ist also auch ein Grund dafür, vom Ödipus*komplex* zu sprechen: Er setzt sich aus vielen Teilelementen und verschiedenen Teilkonfliktrichtungen zusammen (einschließlich der Rolle von Geschwistern im »Familienkomplex«; Freud, 1916/17, S. 346f.). Das ist bereits bei Freud (1910a,

S. 50) angedeutet, wenn er die (vermeintliche) Bevorzugung des gegengeschlechtlichen Kindes durch die Eltern benennt und von einer »Zärtlichkeit« der Eltern als einer »in ihren Zielen gehemmte[n] Sexualbetätigung« (Freud, 1910a, S. 50) oder vom Einfluss der Eltern »auf die Erweckung der Ödipuseinstellung des Kindes« (1916/17, S. 345) spricht (vgl. dazu auch Laplanches, 1988, *Allgemeine Verführungstheorie*). Damit soll gesagt sein, dass, wenn es um unbewusstes Erleben von Interaktionen geht, auch über unbewusste Motive von Laios und Iokaste gehen muss.

Der Gedanke des Ödipuskomplexes als »Kernkomplex einer jeden Neurose« betont aber auch, »darauf gefaßt« zu sein, »ihn auf anderen Gebieten des Seelenlebens nicht minder wirksam anzutreffen« (a. a. O.). Was heißt das nun für nicht-pathologische Entwicklungsverläufe? Zunächst einmal ist zu beachten, dass mit dem Ödipuskonflikt nicht allein die Entwicklung des Jungen beschrieben sein soll bzw. allein dessen Liebe zur Mutter und Rivalität mit dem Vater. Anders als im manifesten Text des Dramas geht Freud davon aus, dass »alle Variationen und Abfolgen des Ödipus-Komplexes bedeutungsvoll [werden], die angeborene bisexuelle Konstitution macht sich geltend und vermehrt die Anzahl der gleichzeitig vorhandenen Strebungen.« (1925, S. 62) Das heißt, dass auch die Entwicklung des Mädchens von ödipalen Strebungen gekennzeichnet ist und dass es nicht allein um die Verliebtheit in das gegengeschlechtliche und die Rivalität mit dem gleichgeschlechtlichen Elternteil geht, sondern auch um die sogenannte »negative« Form der Liebe zum gleichgeschlechtlichen und der Rivalität mit dem gegengeschlechtlichen.

Die Grundstruktur des ödipalen Konflikts lässt sich mit Freud für den Jungen in der sogenannten »positiven« Form (der Freud die »negative« Form zur Seite stellt, in der der Vater geliebt und die Mutter beseitigt werden soll) in folgender Weise darstellen. Dabei ist zu beachten, dass sich die Darstellung auf der Ebene (unbewusster) Wünsche und Fantasien bewegt. Es gibt eine Verliebtheit in die Mutter und sexuelle Wünsche ihr gegenüber, im Sinne des erweiterten Begriffs von Sexualität in der Psychoanalyse, also Wünsche nach lustvoll befriedigender Nähe körperlicher Art. Diese Gefühle und (Trieb-)Wünsche erwachsen aus der sinnlichen Interaktion, der Abhängigkeit und der liebevollen Pflege. Das weckt auch eine Eifersucht gegen den Vater, der diesen Platz an der Seite der Mutter innehat, den Platz der lustvoll befriedigenden Nähe. In Freuds Perspektive bringt das Rivalitätsstrebungen, Hass und Todeswünsche ihm gegenüber mit sich. Hier taucht das konflikthafte Moment auf: Der Vater verbietet einerseits die Erfüllung der sexuellen Wünsche, die sich auf die Mutter richten (und er droht mit der Kastration). Er vertritt das Inzestverbot. Dass der Vater dabei dem kleinen Jungen physisch überlegen ist, ist störend, aber an sich noch kein Konflikt. Der Konflikt entsteht gerade durch die Mehrperspektivität der ödipalen Wünsche, aus der Verzahnung der positiven mit der negativen Form. Wenn sich der Wunsch erfüllen und der Vater von der Bildfläche verschwinden würde, hat der Junge nicht nur einen Rivalen beseitigt, sondern auch ein geliebtes Objekt verloren. Er wünscht sich auch die sexuelle und lustvolle Nähe zum Vater und darüber hinaus braucht er ihn auch als eine Figur, die die Nähe zur Mutter zu regulieren hilft. Der ödipale Konflikt besteht für den Jungen also darin, dass die Wunscherfüllung »Vater ist aus dem Weg geräumt« gleichzeitig Konsequenzen hat, die als unlustvoll erlebt werden, es ist der Verlust einer wichtigen Figur. Der Konflikt, in den die Verliebtheit in die Mutter und die mörderische Rivalität mit dem Vater führen, besteht nicht nur darin, dass der Vater stärker ist, sondern auch darin, dass er geliebt und gebraucht wird. Freud formuliert: Das Kind befindet sich in »doppelsinniger – ambivalenter – Gefühlseinstellung gegen den Vater« (Freud, 1912/13, S. 157). Diese ist dabei gleichsam das »zweite« (Liebes-)Objekt, erfüllt darin auch regulierende Funktionen als ein »Dritter«, der zur Beziehung zwischen Junge und Mutter dazu kommt: »Nun, man sieht leicht, daß der kleine Mann die Mutter für sich allein haben will, die Anwesenheit des Vaters als störend empfindet, unwillig wird, wenn dieser sich Zärtlichkeiten gegen die Mutter erlaubt, seine Zufriedenheit äußert, wenn der Vater verreist oder abwesend ist. Häufig gibt er seinen Gefühlen direkten Ausdruck in Worten, verspricht der Mutter, daß er sie heiraten wird. Man wird meinen, das sei wenig im Vergleich zu den Taten des Ödipus, aber es ist tatsächlich genug, es ist im Keime dasselbe.« (1916/17, S. 344) Das kann Freud so schreiben, aufgrund der Annahme, das Ödipusdrama sei eine Geschichte über unbewusste Wünsche und deren Erfüllung.

Damit von einer Allgemeingültigkeit die Rede sein kann, muss der kleine Junge nicht den Vater real umbringen, sondern es geht um die »Gefühlseinstellung« und das Fantasieleben, in dem sich Triebregungen ausgestaltet finden.

Auch wenn Freuds Gedanken um den positiven Ödipuskonflikt des Jungen kreisen, finden sich vereinzelt Thematisierungen der Situation des Mädchens, wenn auch eher lapidar: »Für das kleine Mädchen gestaltet es sich mit den notwendigen Abänderungen ganz ähnlich.« (Freud, 1916/17, S. 345) Das ist einerseits zutreffend, zieht man in Betracht, dass es auch für das Mädchen um Nähewünsche und Rivalität geht; nichtsdestoweniger denkt Freud die Entwicklung des Mädchens fast ausschließlich von der Entwicklung des Jungen her, als deren negative Form (▶ Kap. 5.1.1).

3.2.3 Freuds Überlegungen zum »Urvater«

Bislang sind Freuds Bemerkungen dazu aufgetaucht, die Ödipussage bleibe in ihrer kulturellen Relevanz beständig relevant, weil sie so viel in uns anstoße bzw. weil Sophokles in seinem Drama einen »uralten Traumstoff« aufgreife. Aber woher stammt, in Freuds Perspektive, die Verliebtheit in die Mutter und der Hass auf den Vater? Seine Antwort, die den sogenannten Urvater-Mythos ins Spiel bringt, ist kritisch betrachtet worden. Er formuliert sie 1912/13 in der Arbeit *Totem und Tabu* und versucht, konzeptuell greifbar zu machen, wie »ödipale« Strebungen in die menschliche Natur gelangen. Er versucht sich also an einer phylogenetischen Argumentation, einer Argumentation über die Entwicklung der Menschheit in Ergänzung der individuellen Entwicklung, in der die bisherigen Überlegungen in ontogenetischer Betrachtung stehen. Im Blick auf die menschliche Gattungsgeschichte greift Freud auf einige kulturanthropologische Überlegungen seiner Zeit zurück. Freuds, eher mythologische als anthropologische oder menschheitsgeschichtliche, Konzeption lautet in etwa wie folgt (vgl. Freud, 1912/13): Die Menschen haben in der Frühzeit als »Urhorde« zusammengelebt. Ihr stand der »Urvater« vor: »Ein gewalttätiger, eifersüchtiger Vater, der alle Weibchen für sich behält und die heranwachsenden Söhne vertreibt« (a. a. O., S. 171). In dieser mythologischen Erzählung über die Geschichte der Menschheit erfolgt ein gemeinschaftlicher Mord am Urvater durch die Brüderhorde: »Eines Tages taten sich die ausgetriebenen Brüder zusammen, erschlugen und verzehrten den Vater und machten so der Vaterhorde ein Ende« (a. a. O.). Man darf das jetzt nicht als eine Bemerkung Freuds verstehen, in der er über die Altsteinzeit sprechen würde oder ähnliche Frühepochen der Menschheitsgeschichte, sondern er versucht sich an einer mythologischen Darstellung der für ihn zentralen menschlichen Konflikthaftigkeit. Das entscheidende Argument lautet: Die Brüder töten den Urvater, der die Frauen für sich behält und den Inzest verbietet, aber statt dass sich jemand von ihnen an die Spitze setzt und es einen neuen Urvater gibt, kommt es zur gemeinschaftlichen Entwicklung einer totemistischen Praxis. Freud versteht das Verspeisen des Vaters als ersten Internalisierungsprozess: Es wird etwas vom Vater aufgenommen und innerlich weitergetragen und das ist für ihn der Beginn der Möglichkeit, innerliche Verbote aufzurichten oder Schuld zu erleben. Dergestalt tragen wir eine solche Urzeitkonstellation bzw. unser phylogenetisches Erbe in uns, so meint jedenfalls Freud.

Nun kann man sich fragen, ob er diese Argumentation zur konzeptuellen Stützung seiner Theorie wirklich benötigt. In der Konzeption des Ödipuskonflikts macht er zunächst ja keine Bemerkungen über gattungsgeschichtliche Entwicklung oder über Kulturanthropologie, sondern es ist eine Auffassung über Gefühle, Fantasien und Triebregungen von Kindern in konkreter Interaktion mit ihren frühen Bezugspersonen. Man kann dafür argumentieren, den mythologischen Teil der Freud'schen Theorie wegzulassen, ohne dass argumentativ Entscheidendes fehlt. Wichtig ist allerdings zu beachten, dass das Hauptargument des Urvater-Mythos lautet: Moralische Strukturen werden verinnerlicht, hier über den (zugegeben: kannibalistischen) Akt der Internalisierung eines Verbots, etwas vom (Ur-)Vater und seiner Begrenzung wird innerlich aufgerichtet, später wird Freud davon sprechen, dass das Über-Ich als psychische Gewisseninstanz das Erbe des Ödipuskonflikts ist. Für Freud zeigt der Mythos, wie das, was jemand verbietet, zur inneren moralischen Maßgabe wird. Es wird gezeigt, dass wir nicht immer die äußeren Verbote zur Ausrichtung unseres

Handels brauchen, sondern dass es auch innerliche Orientierungslinien gibt, innere Verbote und Gebote.

3.2.4 Zur Universalität und Kulturinvarianz des Ödipuskonflikts

Wie universell ist der Ödipuskonflikt? Freud sah Patienten aus einer bestimmten gesellschaftlichen Schicht im Wien zur Jahrhundertwende des 19./20. Jahrhunderts. Ist es konzeptuell schlüssig, davon auszugehen, dass Liebe und Hass gegenüber den Eltern in allgemeiner Form auftreten, bei allen Kindern, in allen Kulturen? Sind ödipale Konflikte auf klassische Familienstrukturen beschränkt?

Auf die letztgenannte Frage werde ich weiter unten genauer zu sprechen kommen, zunächst geht es um die Erörterung der kulturellen Invarianz. Dazu gehört die Auseinandersetzung mit der Frage: Gibt es ein »natürliches« Inzestverbot? Was ist kulturelle Vorgabe oder Konvention und was entsteht aus uns selbst heraus, aus biologischen Prozessen? Diese Fragen werden natürlich auch in der Ethnologie oder Anthropologie berührt. Bei Lévi-Strauss (1949) findet sich eine Argumentation, weshalb die Abwendung vom Inzest und das Inzestverbot stammesgeschichtlich und damit kulturell sinnvoll sind. In der Untersuchung von Stammeskulturen macht er die Hypothese stark, dass das Inzestverbot bzw. das Verbot der Heirat unter Verwandten einen hohen *sozialen* Nutzen hat: Wer seine Töchter mit den Söhnen des Nachbardorfes verheiratet, gewinnt Schwiegersöhne dazu, es wächst dadurch die Gruppe, deren Mitglieder einander zugehörig sind, Interessen durchsetzen, kooperieren etc. Wenn hingegen Brüder die Schwestern heiraten würden, bleibt die Gruppe gleich groß.

In den 1920er Jahren sind Kontroversen zwischen Psychoanalytikern und Ethnologogen über die Universität des Ödipuskonflikts erwachsen, zunächst zwischen Malinowski und Jones. Malinowski (1924) führte Untersuchungen an den Trobriandern, einem Inselvolk, durch, weil dort eine matriarchale Gesellschaftsstruktur herrschte und er zeigen wollte, dass es andere Arten von sozialen Konflikten oder dessen, was soziale Gemeinschaften zusammenhält, gibt als die von Freud in der

Theorie ödipaler Konflikte beschriebenen. Ein Beispiel dafür wäre, statt von einem Vater- von einem Onkelkomplex zu sprechen. Das wesentliche Argument lautet dabei: Was Freud beschreibt, ist nicht universell. Zwischenmenschliche Konflikte können andere Strukturen haben, je nachdem, wie eine Gesellschaft organisiert ist. Dagegen hat Jones (1925) argumentiert: Es laufe letztlich auf dasselbe hinaus, nämlich auf eine Struktur von Konflikten, die mit Sexualität und Aggression zu tun haben, mit Ausgeschlossenheit, Rivalität und Nähewünschen. Die zeigen sich auch in anderen familiären oder sozialen Strukturen als der klassischen Familienstruktur sogenannter westlicher Gesellschaften.

3.2.5 Der »kleine Hans«

In der vierten Staffel der TV-Serie *Game of Thrones* (vgl. Storck, 2017a) sehen wir Tyrion Lannister, der gerade im Schlafgemach seines Vaters seine eigene Geliebte Shae erdrosselt hat, nachdem er von ihrer Affäre mit seinem Vater Tywin erfahren hat (und angesichts dessen, dass sie vor Gericht eine Falschaussage gegen ihn getätigt hat, was dazu beigetragen hat, dass er – und das von seinem Vater – wegen dem vermeintlichen Mord an seinem Neffen zum Tode verurteilt wurde) (»The children«, 2014). Er ist mit einer Armbrust auf dem Weg zum Abort, wo er seinen Vater vermutet. Er trifft ihn dort und steht ihm zunächst wortlos gegenüber. Tywin spricht ihn an und erst nach einiger Zeit setzt Tyrion an: »Mein ganzes Leben lang wolltest du, dass ich sterbe«. Tywin antwortet: »Ja, aber du hast dich geweigert zu sterben«. Er sagt ihm weiter, dass er ihn niemals wirklich hätte exekutieren lassen: »Du bist mein Sohn« und bezeichnet Shae als »Hure«. Tyrion warnt seinen Vater: Wenn er sie noch einmal so nennen sollte, werde er ihn mit der Armbrust erschießen. Tywin nimmt ihn nicht ernst, er wiederholt: »Du bist mein Sohn. Schluss mit dem Unsinn.« Tyrion antwortet: »Ich bin dein Sohn. Und du hast mich zum Tode verurteilt« – und das zu Unrecht und wissentlich. Tywin weist seinen Sohn an, sie sollten in seinen Gemächern weitersprechen. Tyrion sagt, er könne nicht dorthin zurück, »sie« sei dort. Tywin erwidert höhnisch: »Was, hast du Angst vor einer toten Hure?«, woraufhin sein Sohn einen Pfeil aus der Armbrust aus geringer Distanz auf ihn abfeuert. Tywin sagt fassungslos: »Du bist nicht mein Sohn«, Tyrion erwidert: »Ich bin dein Sohn. Ich bin immer dein Sohn gewesen« und schießt einen zweiten, nun tödlichen Pfeil ab.

Im Folgenden soll es um die weitere Konzeptgeschichte des ödipalen Konflikts gehen, insbesondere in Bezug auf die Kastrationsdrohung, in Form eines Blicks auf Freuds Fallgeschichte vom »kleinen Hans«. Der Hintergrund dieser *Analyse der Phobie eines fünfjährigen Knaben* (Freud, 1909) ist, dass Freud mit den Eltern des kleinen Hans befreundet war. Der Vater ging zu Freud und erzählte von seinem Sohn: davon, wie er mit ihm sprechen würde, und Freud hat sozusagen mit dem Vater die erste psychoanalytische Supervision gemacht. Er hat also das Kind nicht selbst behandelt, sondern dem Vater zugehört und Hinweise gegeben. Die phobische Angst des kleinen Hans betraf Pferde und die Vorstellung, von Pferden gebissen zu werden. In den Schilderungen seinem Vater gegenüber fiel auf, dass er, wenn er Pferde auf der Straße sah, kommentierte, wie groß deren Penis sei, und in große Angstzustände geriet, als er einen umgestürzten Pferdewagen, ein gefallenes Pferd sah. Freud schreibt in seiner Darstellung, Hans »entdeckt so, daß man auf Grund des Vorhandenseins oder Fehlens des Wiwimachers [Penis; TS] Lebendes und Lebloses unterscheiden könne. Bei allen Lebewesen, die er als sich ähnlich beurteilt, setzt er diesen bedeutsamen Körperteil voraus, studiert ihn an den großen Tieren, vermutet ihn bei beiden Eltern und läßt sich auch durch den Augenschein nicht abhalten, ihn bei seiner neugeborenen Schwester zu statuieren.« (a. a. O., S. 341) In der psychischen Welt des kleinen Hans, jedenfalls in der Interpretation Freuds, ist die Annahme leitend: Wer lebt, hat einen Penis. Die weiterführende Annahme lautet: Es gibt eine »Drohung der Mutter, die nichts geringeres als den Verlust des Wiwimachers zum Inhalte hat« (a. a. O.). Die Drohung besteht darin, dass der Penis abgeschnitten wird, zum Beispiel als Strafe für die Masturbation, das heißt also, es dreht sich hier um die Kastrationsangst.

Dazu muss kurz auf die Freud'schen Angsttheorien eingegangen werden. In Freuds erster Angsttheorie, die zur Zeit der Veröffentlichung der Fallgeschichte zu Hans von 1909 maßgeblich ist, wird formuliert, dass sich angestaute Triebenergie, die nicht abgeführt werden kann, weil etwas an der Befriedigung von Triebwünschen verboten oder ängstigend ist, direkt in Angstzustände umsetzt. Angst ist hier das Ergebnis von untersagten sexuellen Wünschen. In der zweiten Angsttheorie (ab 1926) geht es um die Idee einer Signalangst, die davor schützt, dass Unlust auftaucht, und man auch die Möglichkeit hat, etwas an den drohenden unlustvollen Bedingungen der Außenwelt zu verändern. Die erste Angsttheorie ist im hier diskutierten Zusammenhang aber der Referenzpunkt Freuds, derart, dass sich Angst aus nicht abgeführter Libido ergibt. Freuds Interpretation ist also: Die Angstzustände des Jungen haben damit zu tun, dass es verpönte, untersagte sexuelle Wünsche gibt, als Hintergrund seines Angstsymptoms. Freud schreibt: Hans »ist wirklich ein kleiner Ödipus, der den Vater ›weg‹, beseitigt haben möchte, um mit der schönen Mutter allein zu sein, bei ihr zu schlafen.« (1909, S. 345)[5].

Es wird geschildert, dass Hans bei der Mutter geschlafen habe und »Verführungsversuche« gegenüber der Mutter und frühkindliche Masturbation aufgetreten seien. Eine Verschärfung des Angstsymptoms tritt ein, als seine Schwester geboren wird und er nicht einfach nur mit dem Vater um die Nähe zur Mutter rivalisiert, sondern auch mit der neugeborenen, rund fünf Jahre jüngeren Schwester. Freuds Interpretation und Konzeptualisierung lautet: Es gibt hier auf Seiten von Hans *Todeswünsche gegen* den Vater, die sich umsetzen in *Angst vor* dem Vater. Das heißt, die Angstsymptome haben drei Quellen: Einerseits die umgewandelte Libido, die sich als Angst zeigt, dann aber auch die Angst vor einer Strafe durch den Vater und schließlich eine projektive Zuschreibung dem Vater gegenüber – er ist so aggressiv gegen mich wie ich gegen ihn. Es kommt aber zu einer Verschiebung dieser Angst auf die Pferde (und deren großen Penisse). Freud interpretiert die Angst

---

5 Heute wird auf den familiären Hintergrund des »kleinen Hans« eine andere Perspektive eingenommen, in der die Beziehung zur psychisch offenbar sehr belasteten Mutter im Zentrum steht (Bohleber, 2015, S. 784).

vor den Pferden als eine Kastrationsangst: Vom Pferd gebissen zu werden heißt, etwas abgebissen zu bekommen, und zwar als Strafe für die libidinösen Wünsche. Freud formuliert: »Hinter der erst geäußerten Angst, das Pferd werde ihn beißen, ist die tiefer liegende Angst, die Pferde werden umfallen, aufgedeckt worden, und beide, das beißende wie das fallende Pferd, sind der Vater, der ihn strafen wird, weil er so böse Wünsche gegen ihn hegt« (a. a. O., S. 358).

3.2.6 Die Frage nach der »Bewältigung«

Bisher auch noch offen geblieben ist die Frage nach den Bedingungen und Vollzügen einer Bewältigung des Ödipuskonfliktes. Dieser ist Freud zufolge der »Kernkomplex« der Neurose und seine Bewältigung soll darüber entscheiden, ob sich eine Neurose entwickelt oder nicht. Außerdem sollte beachtet werden, dass Freud von einer Zweizeitigkeit der menschlichen Sexualentwicklung spricht und die Bewältigung des Ödipuskonflikts an der Schnittstelle beider Elemente der Sexualität liegt, der infantilen und der erwachsenen.

Welches Schicksal nehmen die ödipalen Konflikte? Wird der Ödipuskomplex *aufgelöst*, wie Freud gelegentlich schreibt? Wird er *bewältigt*? *Überwunden*? Freud schreibt 1924 in der Arbeit *Der Untergang des Ödipuskomplexes* über diesen als »zentrale[s] Phänomen der frühkindlichen Sexualperiode«: »Dann [in der Latenzphase; TS] geht er unter, er erliegt der Verdrängung [...] und ihm folgt die Latenzzeit. Es ist aber noch nicht klar geworden, woran er zugrunde geht.« Genauer gesagt sei es »das Ausbleiben der erhofften Befriedigung, die fortgesetzte Versagung«, das dazu führe, »daß sich der kleine Verliebte von seiner hoffnungslosen Neigung abwendet« (1924d, S. 395). Ausbleibende Befriedigung und fortgesetzte Versagung kennzeichnet Freud dabei als die »innere[.] Unmöglichkeit« des Ödipuskomplexes (bzw. der Realisierung der ödipalen Wünsche), dieser »ginge so zugrunde an seinem Misserfolg« (a.a.O.). Für die psychosexuelle Entwicklung über die phallisch-ödipale Phase hinaus merkt Freud an: Die »phallische Phase, gleichzeitig die des Ödipuskomplexes, entwickelt sich nicht weiter zur endgültigen Genitalorganisation, sondern sie versinkt und wird von der Latenzzeit abgelöst.« (a. a. O., S. 396) Es bedarf zumindest der knappen Erläuterung, dass Freud hier vermutlich meint, dass die phallisch-ödipale Phase nicht in einer direkten Linie mit der »erwachsenen« Sexualität steht, dass also die infantile nicht schlicht in diese ausläuft, sondern ihr unbewusst unterliegt.

Die Psychoanalyse Freud'scher Prägung vertritt nun die »Behauptung, daß die phallische Genitalorganisation des Kindes an [der] Kastrationsdrohung zugrunde geht« (a. a. O., S. 397). Im Freud'schen Denken wird gegenüber den infantil-sexuellen Wünschen das Inzestverbot durch die Kastrationsdrohung aufrecht erhalten. Zunächst herrscht beim Kind Unglauben über die Möglichkeit der Kastration. Das männliche Kind »findet diesen Teil seines Körpers zu wertvoll und zu wichtig, als daß es glauben könnte, er würde anderen Personen fehlen, denen es sich so ähnlich fühlt.« (1910b, S. 164) Die Annahme, beide Geschlechter hätten einen Penis, wird »erst nach schweren inneren Kämpfen (Kastrationskomplex) aufgegeben« (Freud, 1905, S. 96): »Die Beobachtung, welche den Unglauben des Kindes endlich bricht, ist die des weiblichen Genitales.« (1924d, S. 397) Die Abwendung vom Ödipuskomplex geschieht aus dem folgenden Grund: »Wenn die Liebesbefriedigung auf dem Boden des Ödipuskomplexes den Penis kosten soll, so muß es zum Konflikt zwischen dem narzißtischen Interesse an diesem Körperteile und der libidinösen Besetzung der elterlichen Objekte kommen. In diesem Konflikt siegt normalerweise die erstere Macht; das Ich des Kindes wendet sich vom Ödipuskomplex ab« (a. a. O., S. 398).

Dass die Kastrationsdrohung für das »Zugrundegehen« des Ödipuskomplexes verantwortlich sein soll, ist in folgender Weise zu denken: Die ödipalen Wünsche stoßen auf das Verbot (welches vom Vater vertreten wird) und auf die Strafdrohung der Kastration. Dabei ist zu beachten, dass die Freud'sche Argumentation sich hier auf den »positiven« Ödipuskonflikt des Jungen stützt. Dieser meint im Kontext des Erlebens des Geschlechtsunterschieds zu erkennen, dass es Menschen (weiblichen Geschlechts) gibt, denen der Penis fehlt, und fantasiert, jene hätten diesen als Strafe genommen bekommen. So fantasiert er auch seine eigene Kastration als drohende Konsequenz für Fehlvergehen (in Fantasie und Handlung). Hinzu tritt die »Unmöglichkeit«, die im Erleben des Generationsunterschieds hinzutritt (der Platz an der Seite der Mutter ist auch durch den Vater als erwachsener Mann besetzt). Es wird in der Folge die Objektbesetzung durch eine Identifizierung ersetzt, d. h. die infantil-sexuellen Wünsche des Jungen werden »aufgegeben« und an ihre Stelle treten Identifizierungen mit dem Vater. In diesen verbergen sich also zum einen sexuelle Strebungen, aber auch aggressive dem Vater gegenüber, beide sind zielgehemmt und aufgehoben in Veränderungen der Selbstrepräsentanz, etwa dahingehend, sich (unbewusst!) dem Vater ähnlich zu machen, damit die Mutter einen so liebt wie ihn (bzw. eine Frau einen als erwachsenen Mann selbst später so lieben wird wie die Mutter den Vater), aber auch um die Aggression dem Vater gegenüber abzuwehren (was zum einen aufgrund von dessen Strafandrohung, aber auch aufgrund der Liebesgefühle ihm gegenüber erforderlich wird). Das verändert zum einen die Vorstellungen vom Selbst, aber es richtet auch das (väterliche) Verbot innerpsychisch auf. Wir finden hier also die entmythologisierte, ontogenetische Form des Gedankens, der im Mythos mit dem Verspeisen des getöteten Urvaters verbunden war: Das Verbot ist nicht mehr äußerlich, sondern es wird zum Teil der Gewissensinstanz, die Freud in seiner zweiten Topik das Über-Ich nennt (und dessen Substruktur, das Ich-Ideal, mit dem Abgleich des Selbst mit den Idealvorstellungen des Selbst verbunden ist). Bei Freud heißt es: »Die Objektbesetzungen werden aufgegeben und durch Identifizierungen ersetzt. Die ins Ich introjizierte Vater- oder Elternautorität bildet dort den Kern des Über-Ichs, welches vom Vater die Strenge entlehnt, sein Inzestverbot perpetuiert und so das Ich gegen die Wiederkehr der libidinösen Objektbesetzung versichert.« (1924d, S. 399) Darin ist auch ein weiterer Aspekt dessen zu sehen, weshalb Freud davon ausgeht, dass der Ödipuskomplex der Kernkomplex der Neurosen ist. Es bedeutet nämlich, dass diese Internalisierungen, diese Ausbildung psychischer Strukturen bei ungünstigen Entwicklungsbedingungen zu Fixierungen oder dysfunktionalen Umgangsweisen mit Konflikten führt. Eine neurotische Entwicklung hat mit der Art der Über-Ich-Bildung zu tun.

Es treten also Identifizierungen an die Stelle der Wunscherfüllung. Darin besteht eine (vorübergehende) Bewältigung des Ödipuskomplexes. Freud bezeichnet das Über-Ich als dessen »Erbe«. Auf diese Weise zeigt sich auch eine »Abwendung des Ichs vom Ödipuskomplex« (a. a. O., S. 399), die Freud als »Verdrängungsvorgang« ausweist, eine Abwendung von infantiler Sexualität, jedoch gerade nicht deren Auflösung, auch wenn Freud zugleich meint, der »beschriebene Prozess« komme »wenn ideal vollzogen, einer Zerstörung und Aufhebung des Komplexes gleich« (a. a. O.). Hier widerspricht sich Freud im Gebrauch unterschiedlicher Termini: Eine Verdrängung ist etwas anderes als eine Aufhebung und beide unterscheiden sich von dem, was als Zerstörung zu verstehen wäre. Der Ausdruck »Verdrängung« scheint hier der geeignetste zu sein (Loewald, 1978, verwendet auch den treffenden Ausdruck eines »Dahinschwindens«). Infantile Sexualität bleibt ein Bestandteil der unbewussten Struktur auch des Erwachsenen. Nichtsdestoweniger ergibt sich eine Art Beruhigung der Sexualentwicklung: »Die dem Ödipuskomplex zugehörigen libidinösen Strebungen werden zum Teil desexualisiert und sublimiert [...] Der ganze Prozeß hat einerseits das Genitale gerettet, die Gefahr des Verlustes von ihm abgewendet, anderseits es lahmgelegt [...] Mit ihm setzt die Latenzzeit ein, die nun die Sexualentwicklung des Kindes unterbricht« (a. a. O., S. 399). Triebstrebungen sind aufgehoben in den Identifizierungen – jedenfalls solange sie sich als brauchbar ergeben. Oben ist deutlich geworden, dass sich die Orientierung am Vorbild der Eltern im Zuge der Pubertät als eine nicht mehr hinreichende Konfliktbewältigungsform erweist. Hinzu treten hormonelle Veränderungen, so dass Triebregungen erneut »laut« werden, nun aber stärker orientiert an der genitalen Sexualität.

In Freuds Ödipustheorie bleiben einige Probleme bestehen: Weshalb setzen die geschilderten Prozesse erst im Alter von fünf oder sechs Jahren ein? Wie kann das Ödipusdrama Sophokles' an »unsere« Konflikte rühren, wenn der Ödipuskomplex in einer nicht-neurotischen Entwicklung »zerstört« wird? Das wichtigste ungelöste Problem besteht in der Frage, ob im geschilderten Modell die weibliche Entwicklung in Relation zu Kastration, Verbot, Über-Ich-Bildung und Identifizierung zu denken ist.

Freud geht davon aus, dass die Stellung zur Kastration für Junge und Mädchen unterschiedlich ist. Seiner Annahme zufolge geht der Ödipuskomplex des Jungen an der Kastrationsdrohung »zugrunde« bzw.: Diese ist Ursache der Verdrängung der jenem zugehörigen Strebungen. Freuds Annahme über die weibliche Sexualität ist phallozentristisch genannt worden, da sie allzu sehr an seinen Annahmen über die psychosexuelle Entwicklung des Jungen orientiert ist: »Männliche wie weibliche Kinder bilden die Theorie, daß auch das Weib ursprünglich einen Penis hatte, der durch Kastration verloren gegangen ist« (Freud, 1905, S. 96). Daher schreibt er, dass das Mädchen die eigene erfolgte Kastration als anatomische Realität auffasst. Das ist deshalb problematisch, weil es dann letztlich nur ein Geschlechtsteil gibt, nämlich den Penis, und keine Vagina, keine Klitoris als eigenständiges Geschlechtsteil jenseits eines Fehlens oder einer Verkürzung: »Die Klitoris des Mädchens benimmt sich zunächst ganz wie ein Penis« (1924d, S. 400). Für Freud ist die Stellung beider Geschlechter zur Kastrationsdrohung unterschiedlich, weil für die Fantasie des Mädchens die Kastration bereits erfolgt ist, sie ist eine »vollzogene Tatsache« (a. a. O.). Freuds Argument ist, dass »[w]ährend der Ödipuskomplex des Knaben am Kastrationskomplex zugrunde geht, [...] der des Mädchens durch den Kastrationskomplex ermöglicht und eingeleitet [wird].« (1925j, S. 28). Damit meint er, dass das Kastrationsthema für das Mädchen am Beginn der ödipalen Konflikte steht (statt dabei zu helfen, jene in der Über-Ich-Bildung aufzuheben). Es muss sich damit auseinandersetzen, immer schon etwas verloren zu haben – was in eine belastete Beziehung zur Mutter führt, die für den Verlust des Penis verantwortlich gemacht wird. Als Folge ergibt sich für Freud der Drang des Mädchens und später der Frau nach einer »Entschädigung« oder einem Ersatz für den verlorenen Penis – in Form eines Wunsches nach einem Kind (vom Vater). Freud formuliert: »Der Ödipuskomplex des Mädchens ist weit eindeutiger als der des kleinen Penisträgers, er geht nach meiner Erfahrung nur selten über die Substituierung der Mutter und die feminine Einstellung zum Vater hinaus.« (1924d, S. 401) Das Eindeutige daran ist aber mehr seiner Auffassung geschuldet, die hier einerseits deshalb verkürzt ist, da sie keine positive Form weiblicher Sexualität denken kann, und andererseits, weil Überlegungen zur Bedeutung des Phallus über den Penis hinaus erst zu entwickeln gewesen sind (und damit eine Konzeption der symbolischen Kastration) (genauer zur weiblichen Sexualität ▶ Kap. 5).

3.3 Die Konzeption einer »frühen« Ödipalität

Bei Freud werden die ödipalen Konflikte ins Alter von fünf oder sechs Jahren, in die phallisch-ödipale Phase, verlegt, in eine vergleichsweise reife Stufe der infantil-psychosexuellen Entwicklung. Recht bald, noch zu Freuds Lebzeiten ab Ende der 1920er-Jahre, nimmt Melanie Klein den Standpunkt ein, dass auf beide Elternteile und auch auf das elterliche Paar bezogene Konflikte nicht erst in diesem Alter, sondern schon sehr viel früher wirksam sind. Anders als Freud hat Klein Kinder analytisch behandelt und gilt zusammen mit Anna Freud und Hermine Hug-Hellmuth als Begründerin der Kinderanalyse. Eine entscheidende Rolle in Kleins Theorie spielen Angst und Aggression in der Welt der unbewussten Phantasien. Sie formuliert: »Ich habe wiederholt darauf hingewiesen, daß der Ödipuskomplex früher am Werke ist, als angenommen wurde [...]. Ich kam [...] zum Ergebnis, daß die durch die Entwöhnung von der Mutterbrust auferlegte Versagung die Ödipusstrebungen auslöst und daß diese Ende des ersten und anfangs des zweiten Lebensjahres einsetzen.« (Klein, 1928, S. 65) Es gibt Frustrationserfahrungen in der frühen Kindheit, die als eine Beraubung erlebt werden: Ich kriege etwas weggenommen. Andeutungen dessen finden sich bereits in Freuds Konzeption der Kastration in Gestalt der Annahme, »daß der Säugling schon das jedesmalige Zurückziehen der Mutterbrust als Kastration, d. h. als Verlust eines bedeutsamen, zu seinem Besitz gerechneten Körperteils empfinden mußte« (Freud, 1909, S. 246). Die mütterliche Brust und die Stillsituation stehen nicht permanent zur Verfügung. Das ist hier gemeint mit der Frustrationserfahrung in der oralen Phase und in Folge dessen tauchen unbewusste Phantasien dazu auf, woher dieser Frustration stammt: aus einer »bösen Brust«, also einem mütterlichen Teil-Objekt, das die Befriedigung vorenthält und für sich behält – oder aus der Tatsache, dass es den Vater als Teil des elterlichen Paares gibt. Eine Konsequenz aus den Überlegungen besteht für Klein in der Annahme, dass das Über-Ich als Moral- und Gewissensstruktur nicht erst mit dem von Freud beschriebenen »Untergang« des Ödipuskomplexes zu Beginn der Latenzzeit gebildet wird, sondern dass dessen frühe, »archaische« Formen in Ge-

3.3 Die Konzeption einer »frühen« Ödipalität

stalt früher Schuldgefühle beschrieben werden können (allerdings nicht im Rahmen »reifer« Schuldgefühle). Bei Klein geht es um frühe Formen von Verfolgungsängsten als Ausdrucksform für Aggression und archaische Schuld (vgl. zur Kleinianischen Ödipustheorie: Britton, Feldman & O'Shaughnessy, 1989; Weiß, 1999).

Bei Klein gibt es eine sehr viel stärker ausgearbeitete Theorie der Aggression als bei Freud. So vertritt sie die Auffassung, »daß der Beginn des Ödipuskonfliktes unter der Vorherrschaft des Sadismus erfolgt« (1930, S. 36). Sie spricht in dieser Weise von »Frühstadien« des Ödipuskomplex und meint: »Die frühen Stadien der Ödipus-Entwicklung sind außerordentlich komplex: Wünsche aus den verschiedenen Quellen überschneiden sich; diese Wünsche sind sowohl auf Teilobjekte als auch auf ganze Objekte gerichtet; der Penis des Vaters, der sowohl begehrt wie gehaßt wird, existiert nicht nur als ein Teil des väterlichen Körpers, sondern wird gleichzeitig von dem Kinde als in seinem eigenen Innern und im Innern des mütterlichen Körpers empfunden« (Klein, 1960, S. 211). Bei Klein tritt das elterliche Paar in der Fantasie- und Erlebniswelt des Kindes schon sehr viel früher auf. Diese dreht sich früh darum, was die Eltern miteinander machen und wie sich die Körperlichkeit des elterlichen Paares zueinander zeigt: »Die Frühstadien sind durch die wichtige Rolle charakterisiert, welche die Teilobjekte in der kindlichen Seele noch spielen, während sich die Beziehung zu ganzen Objekten befestigt. Weiterhin ist, obgleich die genitalen Wünsche stark in den Vordergrund treten, die orale Libido noch immer führend. Starke orale Wünsche, die infolge der durch die Mutter erfahrenen Versagungen verstärkt sind, werden von der Brust der Mutter auf den Penis des Vaters übertragen. Genitale Wünsche der Mädchen und Jungen fließen mit oralen Wünschen zusammen, und deshalb entsteht eine orale wie eine genitale Beziehung auch auf die Mutter. Die Wünsche des Kindes nach dem väterlichen Penis sind mit Eifersucht auf die Mutter verbunden, weil das Kind fühlt, daß sie dieses ersehnte Objekt bekommt« (a. a. O., S. 210).

In einer weniger konkretistischen Sprache ausgedrückt ist hier ein allgemeiner Befund über die Entwicklung der Symbolisierungsfähigkeit getätigt. Ob wir wollen oder nicht, wir sind in der frühen Entwicklung mit Abwesenheiten konfrontiert. Es gibt keine durchgängige, permanente Stillung unserer Bedürfnisse. Wir sind Schwankungen von Lust und Unlust, Befriedigung und Frustration unterworfen und wir sind auch damit konfrontiert, dass sich unsere frühen Bezugspersonen *relativ* von uns entfernen und es *relative* Trennungen gibt. Die Frustrationserfahrungen in der frühen Entwicklung bedeuten eine psychosomatische Erschütterung für das Kleinkind – es ergeben sich Fantasien über das fehlende Objekt als ein schädigendes, anwesendes Objekt.

Eine Variante dieser psychologischen Erklärung dafür, dass es Mangel, Abwesenheit oder Trennung gibt, besteht in der Vorstellung, die Mutter sei abwesend oder nicht verfügbar, weil sie beim Vater, auf diesen bezogen oder zu diesem zugehörig ist. Dass es den Vater gibt, verleiht der Abwesenheit der Mutter und damit auch der spürbaren Frustration eine erste Bedeutung, es können sich Vorstellungen über den Platz der Mutter ergeben, der woanders als in der konkreten, relationalen Anwesenheit ist. Das bedeutet Symbolisierung – beschreiben lässt sich dies auch als eine Negativität in der Wahrnehmung, die Mutter ist nicht da, die aber im nächsten Schritt ihrerseits negiert wird: Die in der Wahrnehmung abwesende Mutter wird in der Vorstellung anwesend gemacht, aber nun als ein inneres Objekt. Frühe ödipale und triangulierende Prozesse liefern hierzu eine Grundlage, hinzu tritt der Aspekt, dass auf diese Weise in der Frage, was Mutter und Vater miteinander zu tun haben, zum einen eine Auseinandersetzung mit Ausgeschlossensein auftaucht, zum anderen aber auch die Funktion des Vaters (als »Drittem«) zur Regulierung der Nähe zur Mutter auftaucht. Man muss hinzufügen, dass »Mutter« und »Vater« hier so etwas wie Positionen benennen (ähnlich bei Lang, 2011): Es geht um die »erste« Bezugsperson und eine »zweite«, weitere Bezugsperson, die eine Alternative zur ersten bereitstellt und auf die erste Bezugsperson ihrerseits bezogen ist. Dass beide Positionen meist von der Mutter und dem Vater als konkrete Personen eingenommen werden, ist unbenommen – aber grundsätzlich ist eine Struktur beschrieben, die sich auch für Kinder realisiert, die mit Eltern aufwachsen, die in einer gleichgeschlechtlichen Partnerschaft leben, oder auch für Kinder, die mit einem alleinerziehenden Elternteil groß werden, denn auch dieses wird auf eine weitere Person bezogen sein.

Die Erfahrung relativer Ausgeschlossenheit ist ein Entwicklungsmotor, und zwar dafür, dass wir mit etwas auf andere Weise umgehen können als mit Wahrnehmungen, sondern mit Vorstellungen und Fantasien.

3.4 Ödipus heute

In Episode 7 der *Star Wars* Saga (*Das Erwachen der Macht* [The force awakens], J.J. Abrams, USA, 2015) gibt es eine Sequenz, in der welcher Han Solo, einer der Helden der originalen Trilogie aus den 1970er- und 1980er-Jahren, seinem »abtrünnigen« Sohn Ben gegenüber tritt, der die Maske Darth Vaders trägt. Han sagt seinem Sohn, er solle die Maske abnehmen, woraufhin dieser ihn fragt, was er zu sehen glaube, wenn er dies täte. Han antwortet: »Das Gesicht meines Sohnes.« Ben nimmt die Maske ab und sagt: »Dein Sohn ist tot. Er war schwach und dumm, wie sein Vater, also habe ich ihn zerstört.« Han versucht, seinen Sohn davon zu überzeugen, dass er am Leben sei, und benutzt werde und wenn er für andere nicht mehr von Nutzen sei, zerquetscht werden würde. Ben scheinen Zweifel zu kommen, aber er äußert: »Es ist zu spät.« Und etwas später: »Ich werde entzweigerissen. Ich möchte frei von diesen Schmerzen sein. Ich weiß, was ich tun muss, aber ich bin nicht sicher, ob ich stark genug bin. Hilfst du mir dabei?« Sein Vater antwortet: »Ja, was es auch sei.« Ben lässt die Maske, Symbol der dunklen Seite der Macht, fallen und schickt sich an, seinem Vater sein de-aktiviertes Laserschwert in die Hände zu legen. Plötzlich verändert sich die Stimmung – und Ben durchbohrt den Rumpf seines Vaters mit dem Schwert. Er sagt »Danke«, bevor Han, mit der Hand das Gesicht seines Sohnes berührend, in einen Abgrund stürzt und stirbt.

3 Die Theorie des ödipalen Konflikts

Es ist deutlich geworden, an welche Grenzen eine konkretistische Lesart der psychoanalytischen Konzepte stößt. Im Filmausschnitt geht es zwar um einen konkreten Vatermord, jedoch irritiert die Dankbarkeit Bens dafür, dass sein Vater sich töten lässt. Meiner Auffassung nach finden wir hier eine Bebilderung dessen, was in der Psychoanalyse als »symbolischer Vatermord« bezeichnet wird. Einen eigenen Entwicklungsweg zu finden, bedeutet, Vater und Mutter als gesetzgebende Instanzen beiseite zu schieben. In der manifesten Erzählung der erwähnten Szene geht es darum, dass Ben Solo mit Konflikten in sich ringt, was die helle oder die dunkle Seite der Macht angeht, dann gewinnt die dunkle Seite in ihm das Übergewicht und er tötet den Vater. Aber als er ihm in dem Moment in die Augen blickt, ihm das Lichtschwert in den Bauch gestoßen hat und »Danke« sagt, ist das Thema einer entwicklungsförderlichen Wirkung des Vatermords berührt. Losgelöst von der manifesten Erzählung geht es hier um den Weg jenseits des väterlichen. Die Alternative dazu wäre, in einer Abhängigkeit von einer moralischen oder bewertenden Instanz zu verbleiben. Sich eine eigene Maßgabe zu schaffen, einen eigenen Entwicklungsweg zu nehmen (der von Wertschätzung und Dankbarkeit für den Vater geprägt ist, diesen aber nichtsdestoweniger – symbolisch – in den Abgrund stößt), das ist mit dem symbolischen Vatermord gemeint.

Mit Kristeva (1999) könnte man dem noch die Figur eines symbolischen *Mutter*mordes zur Seite stellen, verstanden im Sinne eines Aufbrechens der frühen Dyade und der Aufgabe, die Mutter innerlich »aus dem Weg räumen« zu können, um Raum für Symbolisierungsprozesse zu haben statt dass der gesamte innere psychische Raum von der Mutter als primärem Objekt okkupiert wird. Dies begegnet der Lacanschen (1969/70, S. 129) Titulierung: »Ein riesiges Krokodil, in dessen Mund Sie sind – das ist die Mutter«.

Zeitgenössische Theorien des ödipalen Konflikts (vgl. a. Wellendorf & Werner, 2005; Perelberg, 2015) halten an ihm als zentraler Entwicklungsaufgabe und Strukturprinzip des Psychischen fest. Dabei geht es nicht nur um die Verbindung von (sexuellen) Nähewünschen und Rivalitätsstrebungen oder verinnerlichte Verbote in Form der Aufrichtung einer Gewissensinstanz, sondern auch um die ödipale Entwicklung in frühen Stadien, in denen sich die Aufgaben von Näheregulation, Umgang mit Trennung und Ausgeschlossenheit oder Symbolisierung zeigen. Ferner bleibt die sich im Ödipuskonflikt zeigende Auseinandersetzung mit dem Geschlechter- und dem Generationsunterschied relevant, weshalb Green (1990, S. 40) von ihm als »Komplex der doppelten Unterscheidung« spricht: »[E]r vereinigt in seinen Wirkungen die Schicksale des Geschlechtsunterschieds mit denen des Generationenunterschieds«. Ödipale Konflikte drehen sich ferner darum, Beziehungen zwischen mehreren Personen zu erleben, und zu erleben, dass die Personen, zu denen man selbst in Beziehung steht, auch untereinander in Beziehung stehen können – was die Erfahrung relativer Ausgeschlossenheit mit sich bringt.

Oben war in der Auseinandersetzung mit Freuds Konzeption der Kastration die Kritik daran deutlich geworden, diese in erster Linie konkret auf den Penis als anatomisches Organ zu beziehen. Mit Thematisierung einer symbolischen Kastration (vgl. Green, 1990) wird die Unterscheidung zwischen Penis und Phallus wichtiger, die bei Freud bereits angelegt ist, wenn er etwa formuliert, »daß man die Bedeutung des Kastrationskomplexes erst richtig würdigen kann, wenn man seine Entstehung in der Phase des Phallusprimats mitberücksichtigt« (Freud, 1923c, S. 296; Hervorh. aufgeh. TS). Nun nämlich geht es nicht so sehr um die Frage, wann eine reale Kastration erfolgt (auch wenn es gute Gründe dafür gibt, sie zu fürchten!), sondern um eine symbolische Kastration bzw. das (symbolische) Kastriertsein als eine Anerkennung des Beschnittenseins in der eigenen Potenz. »Phallus« ist hier so etwas wie die psychische Repräsentation dessen, wofür der Penis in der Fantasie stehen kann. In der phallischen Phase geht es um ein psychisches Prinzip von Potenz und Wirkmacht und deren Grenzen, viel stärker als um die erektile Funktion. Bei Freud ist die Kastration nicht ganz so symbolisch gemeint, aber bei Autoren nach ihm (in erster Linie Lacan, 1958). Symbolische Kastration bedeutet anzuerkennen, dass wir insofern »kastriert« sind, als wir nicht alles erreichen und bewirken können, wir haben unsere Grenzen.

Schließlich sind noch Bemerkungen zu zwei aktuelleren Re-Lektüren des Ödipusdramas in Richtung auf die Psychoanalyse zu machen. Le Soldat (1994) orientiert sich am Hinweis, dass es einer psychoanalytischen Interpretation um *latente* Strukturen geht: Ödipus aber ermordet bereits auf der manifesten Ebene seinen Vater und heiratet seine Mutter (latent ist allerdings, dass das seine Antriebe/Wünsche sind, statt bloße Schicksalsmächte). Die latenten Strukturen, die eine psychoanalytische Lesart aufdecken könnte, müssten also in einem anderen Bereich liegen. Außerdem stellt sie die Frage, weshalb Ödipus als Säugling die Füße durchstoßen werden, als er im Wald ausgesetzt wird – laufen könnte er ja nicht. Das nimmt sie ebenso als einen Hinweis auf mögliche latente Strukturen wie die Tatsache, dass zwischen Vatermord und Mutterheirat die Figur der Sphinx auftaucht. Auf diese Weise gelangt sie zu einer Akzentuierung von Raubmord und Verrat als Motive des Ödipus im Sophoklesschen Drama (vgl. den Kommentar von Fäh, 2018).

Auch Zepf et al. (2014) betonen die Lesart einer elterlichen Schuld im Ödipus-Drama: Laios setzt seinen Sohn aus (und Iocaste lässt es zu), später sind es Laios und seine Begleiter, die Ödipus angreifen, und schließlich lassen sich auch Hinweise auf Iocaste als Verführerin finden. Der Ödipuskonflikt entstammt in dieser Lesart den (unbewussten) aggressiven und inzestuösen Fantasien der Eltern.

3.5 Fallbeispiel Jakob

Das Fallbeispiel stammt aus einer Arbeit von Krejci (2009), die den Titel »Die Vertiefung in die Oberfläche« trägt. In diesem Titel liegt m.E. einer der wichtigsten Hinweise zur zeitgenössischen Psychoanalyse. Der Gedanke, psychoanalytische Arbeit bestehe in einer Vertiefung in die Oberfläche macht deutlich, dass es um keine Tiefenpsychologie in dem Sinne geht, dass psychoanalytisch so tief gegraben würde wie es nur geht, sondern es geht darum, sich das Hier-und-Jetzt, die aktuelle Affektivität, die aktuellen Wünsche und Verbote anzuschauen. Mit »Vertiefung in die Oberfläche« ist gemeint, dass das berücksichtigt wird, was in der analytischen Beziehung spürbar wird, und dies in aller Flächigkeit und Oberflächendifferenzierung. Krejci geht es in der Arbeit um den Umgang mit »Patienten mit einer narzisstischen Struktur, einer harten Schale von Abwehr bei Mangel an Binnendifferenzierung – eine ungenügenden Subjekt-/Objektausbildung«, in deren Behandlung das Ziel »eine klarere Trennung der Subjekt- und Objektrepräsentationen und die Transformation in eine dreidimensionale, ödipal strukturierte Welt mit einer gestärkten Fähigkeit zu symbolisieren« (2009, S. 67) ist. Bei einer fehlenden psychischen Binnendifferenzierung oder Unterscheidung von Selbst und Anderen ist eine ödipale Entwicklung nicht gut voran geschritten. Das Ziel der Arbeit besteht darin, das zu ermöglichen. Symbolisierungsfähigkeit oder »ödipal strukturierte Welt« verweisen hier auf eine Art des inneren Erlebens von Beziehungen, die nicht eindimensional ist.

Die Autorin schildert die Behandlung mit ihrem Patienten Jakob, 37 Jahre alt, über etwas mehr als 300 Stunden analytischer Psychotherapie. Jakob kommt in die ambulante Behandlung nach fünfmonatiger stationärer Therapie, im Anschluss an eine Dekompensation, nachdem seine Ehefrau von Zuhause ausgezogen sei, zusammen mit den beiden gemeinsamen Kindern und dies in Folge dessen, dass Jakob eine berufsbegleitende Ausbildung begonnen habe, die das Familien- und auch das Paargefüge offenbar sehr erschüttert hat. Vor dieser berufsbegleitenden Ausbildung, die die erste berufliche Qualifikation gewesen wäre, die er im Leben erreicht, habe er als »ungelernte Kraft« gearbeitet, zuvor ein Studium abgebrochen. Offenbar hätte die Ehe in einer »hochidealisierte[n] Form von Zweieinheit« bestanden, einer Ungetrenntheit mit »bewussten Phantasien von Ungetrenntheit bis zum Tod« (a.a.O., S. 80), bei gleichzeitiger Verleugnung, aggressiver Regung auf Seiten Jakobs und dominanter Wünsche. Zu Beginn der analytischen Behandlung sagt er, er habe keine Erinnerung an die Zeit vor dem achten Lebensjahr, da habe es einen Unfall gegeben mit Gehirnerschütterung. Der Analytikerin erscheint die Erinnerungslosigkeit als »Teil einer narzisstischen Abwehrformation« (a.a.O.), vermutlich als eine Art Schutz gegen das Erinnern und die Auseinandersetzung mit problematischen Gefühlen aus der frühen Zeit. Aus der Biografie wird deutlich, dass Jakob im Alter von zehn Jahren an einer Magersucht erkrankt sei, und zwar, nachdem sein Bruder geboren sei. Er beschreibt sein Spiegelbild als fremd. Aus der Adoleszenz berichtet er, er habe manchmal »stundenlang die Zeit angehalten« (a. a. O., S. 81), eine Idee von Entwicklungslosigkeit.

Er ist eine Zeit lang in Behandlung und im Verlauf kehren einige Erinnerungen an die frühe Zeit wieder, in erster Linie die Überzeugung: »Meine Mutter kennt mich. Sie weiß, was gut für mich ist« (a. a. O.). Es scheint, als wisse sie das auch immer schon, ohne dass er es ihr sagen muss oder es irgendeinen Zweifel daran gäbe. Während der Therapie kauft die Mutter dem Patienten ein Hemd in Größe M, Jakob sagt: »Das ist zu klein, ich trage doch L«, aber als die Mutter erwidert, er habe immer M getragen, verunsichert ihn das so sehr, dass er denkt, sie müsse wohl recht haben, denn sie wisse ja, wie es bei ihm sei. Er findet in der Analyse dafür das Bild, dass er sich gegenüber seiner Mutter in einer »Duldungsstarre« befinde, ein Begriff, der für Häsinnen während der Kopulation gebraucht wird. Ein auffälliges Bild und die Analytikerin interpretiert es als eine »weiblich sexuelle Konnotation einer inzestuösen Phantasie« (a. a. O.), eine Fantasie über das Stillhalten, während die Mutter mit ihm macht, was sie will und sich an ihm befriedigt. Als Kind habe er gleichzeitig »tun und lassen können«, was er gewollt habe. Die Mutter habe ihn immer geschützt, »ohne Rücksicht auf realistische Gesichtspunkte«. Es habe keinen Appell an die Vernunft, kein Verbot gegeben und bei all dem hätte die Mutter immer entschuldigend gesagt: »Du bist eben so wie ich!«. Ein Einschreiten des Vaters habe sie unterbunden. Nach einiger Zeit der analytischen Behandlung und des Wiederkehrens von Erinnerungen berichtet Jakob seiner Analytikerin in Form einer »besorgten Bitte«, die Behandlung dürfe nicht gegen die Mutter gerichtet sein, die analytische Arbeit solle nicht das Verhältnis zu ihr zerstören (a. a. O., S. 82). Das ist eine Fantasie des Patienten: Eine voranschreitende Therapie könnte die Beziehung zur Mutter beeinträchtigen. Die Analytikerin interpretiert das als eine Projektion eigener Wünsche nach Auflehnung. Wenn der Patient ihr zu verstehen gibt, sie solle die Beziehung zu seiner Mutter nicht kaputt machen, hört sie das als sorgenvolle Fantasie darüber, dass *er* etwas an der Beziehung zerstören (wollen) könnte. In der Analyse wird zum Gegenstand der Bearbeitung, wann die Beziehung zur Mutter und die Beziehung zur Ehefrau einander im Hinblick auf die Ungetrenntheit bis zum Tod, die er zur Ehe beschrieben hat, gleichen oder im Hinblick auf die Vorstellung, das Gegenüber wisse immer schon, was gut für ihn sei – beides Formen einer Beziehungskonstellation von Ungetrenntheit. Etwas davon zeigt sich auch in der Übertragungsbeziehung, nämlich als ein Wunsch von Vermeidung und »Verleugnung aller Differenzen« (a. a. O.) zwischen Jakob und seiner Analytikerin. Auch sie soll immer schon wissen, wie er etwas sieht, und es genauso sehen. Im Zuge der Auseinandersetzung damit, dass es solch eine Gleichheit nicht gibt und man in einen, womöglich konflikthaften, Prozess des Anerkennens von Unterschiedlichkeit kommen könnte, sowie einer Ahnung davon, was sich in ihm verändert, sagt Jakob: »Ich kann nicht zwischen Konflikt und Gewalt unterscheiden« (a. a. O.). Das ist als eine Bemerkung zur Verunsicherung darüber zu lesen, wann Aggression und Loslösung konstruktiv sein können und wann destruktiv. Wenn Auseinandersetzung das Gleiche ist wie Gewalt, dann muss jede Art von Aggression immer als eine Verletzung des Gegenübers erlebt werden und die Möglichkeiten der Selbstbehauptung oder Loslösung bleiben gehemmt. Krisenhaft wird deutlich, dass Jakob während der Zeit einer stationären Behandlung, die der ambulanten voran gegangen war, einmalig gegenüber seiner Frau tätlich aggressiv geworden ist und in der Folge ein eingeschränktes Umgangsrecht gegenüber seinen Kindern hat. Das wird ebenso zum Gegenstand der analytischen Arbeit wie ein Vorwurf seitens seiner Frau, er habe die gemeinsame Tochter sexuell missbraucht, was sich als unhaltbar oder ungerechtfertigt herausstellt. Im weiteren Verlauf wird deutlich, dass seine Frau schwer alkoholabhängig ist.

Im Verlauf der Behandlung verbessert sich die Beziehung zu seinen Kindern und gegen Ende tritt die Beziehung zu seinem Vater in den Mittelpunkt, etwa in Form der Frage, wann er dem Vater ähnlich ist, der zuvor nur ganz wenig greifbar war. Am Ende der Behandlung sagt der Patient: »Das Vakuum, das durch die Distanzierung von meiner Mutter entstanden ist, ist durch mich selbst ausgefüllt worden. Ich hätte eher erwartet, dass es durch Sie ausgefüllt wird. In gewisser Weise stimmt das auch. Aber Sie sind an einem anderen Platz als meine Mutter.« (a. a. O., S. 84). Das ist zu hören als eine Bemerkung zur Öffnung eines inneren Raumes, über triangulierende Prozesse. Es wird nicht einfach die Mutter »rausgeworfen« oder ein Mutterersatz dafür eingesetzt, sondern er findet einen inneren Raum für sich und die Analytikerin ist wichtig darin, aber nicht so raumgreifend wie die Mutter. Für Krejci ist ein Denken in komplexeren Beziehungsstrukturen, in Beziehungsgeflechten für das Aufrichten eines inneren Raumes wichtig, Symbolisierungen sind möglich. Es kann etwas innerlich gedacht und durchgespielt werden, Abwesenheit kann ertragen werden.

Es geht in meinem Blick auf das Fallbeispiel hier nun nicht so sehr darum zu sagen, dass bei Behandlungsbeginn deshalb ein »ödipales Problem« vorgelegen habe, weil der Patient eigentlich in seine Mutter verliebt wäre, sondern in meinen Augen liegt ein argumentativ überzeugenderer Standpunkt darin, zu sagen, dass bei Behandlungsbeginn deshalb ein »ödipales Problem« vorgelegen hat, weil es im Erleben des Patienten keine Unterschiede geben darf. Immer wieder tauchen Momente von Unterschiedslosigkeit auf, in denen es keinen Dritten gibt – der Vater darf nicht einschreiten – und auch keine Entwicklung. Das ödipale Problem zu Beginn der Behandlung besteht darin, dass es keinen inneren und äußeren Spielraum gibt, dass die Beziehung des Patienten zu seiner Mutter einen so großen Raum einnimmt, dass ihm das im Weg steht in der Beziehung zu seinen Kindern, wahrscheinlich auch in der Ehe, und in der inneren Auseinandersetzung mit dem Vater. Eine moderierende Position hat gefehlt und konnte durch die analytische Arbeit aufgerichtet werden.

4 Der unbewusste Konflikt

Der Ödipuskonflikt kann als Strukturprinzip des Psychischen gelten – darin ist die Entwicklung der Symbolisierungsfähigkeit gefasst, die Aufrichtung innerer Objekte und psychischer Instanzen. Es zeigt sich, dass sich die Theorie des ödipalen Konflikts auch darauf bezieht, wie sich Strukturen von Verbot und Gebot als *innere* bilden. All das ist eingebettet in ein psychisches Konfliktgeschehen (zum Beispiel, in den aggressiven Wünschen dem Vater gegenüber, auch die Liebe zu ihm zu entdecken), das nun genauer beleuchtet werden soll, in erster Linie im Hinblick auf die psychoanalytische Annahme, dass Konflikte grundlegender Bestandteil des Psychischen sind. Darin ist auch eine Folgerung angeknüpft, die sich in Auseinandersetzung mit dem Triebbegriff und der psychoanalytischen Motivationstheorie ergeben hat: An deren Basis liegt der unbewusste Konflikt.

Als Folgerungen zum Triebkonzept hatte sich neben dessen psychosomatischem Charakter und seiner sozialisatorischen Genese auch ergeben, dass Lust und Erregung als Gegenspieler begriffen werden müssen – in Freuds Sicht erleben wir Lust, wenn das Erregungsniveau sinkt. Das Absinken eines Reizes produziert Lust bzw. Befriedigung. Erregung hingegen »will« mehr von etwas, erzeugt aber Unlust. Ferner hat gezeigt, dass für Freud die Triebe dualistisch organisiert sind: Es gibt Gegensatzpaare des Triebes (bzw. verschiedene Triebarten): Sexualtrieb und Selbsterhaltungs- zw. Ichtrieb, Eros und Todestrieb. Es gibt gleichwohl Argumente für die Annahme einer monistischen Triebtheorie, d. h. für die Annahme *eines* Triebes, der zunächst nicht qualitativ bestimmt ist, sondern eine Art von unqualifizierter Erregungsgröße, die erst auf der Ebene der psychischen Repräsentation mit Qualitäten versehen wird. Schließlich kann angenommen werden, dass aus Sicht der

Psychoanalyse die motivationalen Strukturen weniger (unmittelbar) auf der Ebene des Triebes, sondern auf der des unbewussten Konflikts zu sehen sind (Storck, 2018a).

Bisher ist ferner erörtert worden, dass im Sinne der psychosexuellen Entwicklungsphasen zwei Aspekte des Triebes eine vertiefte Betrachtung verdienen: zum einen das antagonistische Verhältnis von Erregung und Lust, zum anderen der Umstand, dass es in der frühen Entwicklung leiblich bestimmte Interaktionen mit den ersten Bezugspersonen gibt, die zugleich beruhigend und stimulierend sind.

Im Disney-Film *Frozen* (dtsch. Die Eiskönigin – Völlig unverfroren) (Chris Buck & Jennifer Lee, USA, 2013) geht es um die beiden Schwestern Anna und Elsa. Anna hat magische Kräfte (sie kann Eis und Frost erzeugen), steht dieser Macht aber angstvoll gegenüber, weil sie befürchtet, jemandem damit zu schaden, besonders ihrer drei Jahre jüngeren Schwester Anna (deren Herz von Kälte in besonderer Weise bedroht ist), von der sie sich zunehmend entfremdet. Nachdem die Eltern der beiden bei einem Schiffsunglück ums Leben gekommen sind (die Mädchen sind 18 und 15 Jahre alt), soll Elsa zur Königin gekrönt werden. Bei der Krönungszeremonie kommt es zum Streit, nachdem Anna um die Einwilligung ihrer Schwester in ihre Heirat gebeten hat. Elsa will das Schloss verlassen, wird aber von Anna bedrängt, die wissen möchte, warum ihre Schwester so abweisend zu ihr ist. Elsas Wut manifestiert sich in Eisblitzen, die sie unwillkürlich in Richtung der anderen schleudert. Im Schlosshof, auf den Elsa stürmt, wartet das Volk und sie fühlt sich weiter bedrängt: »Haltet euch einfach von mir fern, kommt mir nicht zu nahe«, ruft sie und alles, was sie berührt, wird zu Eis, mit jeder ihrer Gesten schleudert sie weitere Eisblitze. Sie flieht weiter, auch über Wasser, das unter ihren Schritten ebenfalls zu Eis wird.

Im Rückzug in schneebedeckte Wälder singt Elsa den Titelsong »Let it go«: »Der Schnee glänzt weiß auf dem Bergen heut Nacht, keine Spuren sind zu sehen. Ein einsames Königreich, und ich bin die Königin. Der Wind, er heult so wie der Sturm ganz tief in mir. Mich zu kontrollieren, ich hab' es versucht. Lass sie nicht rein!

Lass sie nicht sehen wie du bist. Nein! Das darf niemals geschehen. Du darfst nichts fühlen, zeig ihnen nicht dein wahres ich!« Dann wechselt die Stimmung des Liedes und Elsa beginnt, mit den Eisblitzen aus ihren Händen gestaltend umzugehen (bis dahin, ein Eisschloss zu formen): »Ich lass los, lass jetzt los. Die Kraft sie ist grenzenlos. Ich lass los, lass jetzt los. Und ich schlag die Türen zu. Es ist Zeit, nun bin ich bereit...« Es bleibt ein Spannungsfeld zwischen dem sozialen Rückzug angesichts von Aggression und Autonomie auf der einen und der gestalterischen Kraft auf der anderen.

Eine mögliche Lesart dieser Szene ist, dass es um die Fantasien eigener Destruktivität (und Autonomie) geht. In Konfliktsituationen herrscht die Fantasie vor, wenn man seinen Affekten freien Lauf ließe, dann würde alles zu Eis erstarren (und das Herz geliebter Personen gefrieren), so dass die emotionale Wärme verbindender Gefühle verloren zu gehen droht und etwas Destruktiv-Aggressives vorherrscht. Eine Lösung des Konflikts aus Trennungsaggression und Beziehungswünschen muss erst noch gefunden werden.

Die Psychoanalyse liefert eine Theorie der allgemeinen menschlichen Konflikthaftigkeit. Es geht beim unbewussten Konflikt nicht ausschließlich um ein Element einer Störungstheorie, sondern darum, dass es allgemeine menschliche Themen sind, mit Aggression oder Sexualität einen Umgang zu finden. Freud begründet das unmittelbar im Rahmen seiner Triebtheorie: »[W]ir haben erfahren, daß sich jeder Trieb durch die Belebung der zu seinen Zielen passenden Vorstellungen zur Geltung zu bringen sucht. Diese Triebe vertragen sich nicht immer miteinander; sie geraten häufig in einen Konflikt der Interessen; die Gegensätze der Vorstellungen sind nur der Ausdruck der Kämpfe zwischen den einzelnen Trieben.« (1910, S. 97) Darin wird deutlich, dass für Freud das Konflikthafte am Menschen direkt mit der Vorstellung vom Triebdualismus verbunden ist: Es gibt Gegensatzpaare von Trieben, die unterschiedliche Ziele haben können und sich in unterschiedlichen Vorstellungen fortsetzen. Es gibt beispielsweise Ziele aus dem Bereich der Sexualität und der Selbsterhaltung und manchmal liegen die nicht auf der gleichen Linie, sondern geraten einander in die Quere – es resultiert ein psychischer Konflikt. Das lässt sich über den Gegensatz von Sexualität und Selbsterhaltung beschreiben, ebenso wie über den zwischen Eros und Todestrieb, also einmal ein Motiv von Verbindung im Eros und ein Motiv des Lösens von Verbindung, durch das, was Freud als Todestrieb bezeichnet.

Konflikte entstehen durch Triebabkömmlinge, die miteinander in Spannung geraten. Das birgt allerdings eine Gefahr in sich, nämlich die einer Naturalisierung der menschlichen Konflikthaftigkeit. Man könnte nämlich sagen: Naja, es liegt nun einmal im Menschen, Sexualität und Selbsterhaltung anzustreben, es ist Teil der Anlage, und das kann zu einem Konflikt führen. Ich möchte allerdings dafür argumentieren, dass diese Konflikthaftigkeit des Menschen sich über die Sozialisation und die frühe Entwicklung und die Interaktionserfahrung begründen lässt. Ich versuche dem anhand zweier Bereiche nachzugehen, zum einen dem Ineinander von Beruhigung und Stimulierung und zum anderen dem Zusammentreffen von Liebe und Hass.

4.1 Entwicklungspsychologische Grundlagen allgemeiner psychischer Konflikte

4.1.1 Beruhigung und Stimulierung im Kontext der Triebtheorie

Im Zusammenhang von Beruhigung und Stimulierung wird die Unterscheidung bedeutsam, die Freud zwischen Lust und Erregung vornimmt. »Lustempfindung« hat mit einer »Herabsetzung des Reizes« zu tun, Unlust mit dessen Steigerung (Freud, 1915a, S. 214ff.) und das »Ziel eines Triebes ist allemal die Befriedigung, die nur durch Aufhebung des Reizzustandes an der Triebquelle erreicht werden kann«. Das Ziel des Triebes ist nicht Erregung, sondern Lust (wir wollen gerade nicht immer weiter erregt sein, sondern befriedigt), und Lust zu erlangen bedeutet eine »Herabsetzung des Reizes«. Bleibt Erregung be-

4.1 Entwicklungspsychologische Grundlagen allgemeiner psychischer Konflikte

stehen oder steigert sie sich, dann erleben wir Unlust. Natürlich gibt es Ausnahmen, die Freud aber vor allem im Zusammenhang perverser Dynamiken beschreibt.

Der Gedanke eines Zusammentreffens von Beruhigung und Stimulierung in derselben (leiblichen) Interaktion hat bereits eine Rolle gespielt: Auch und gerade in angemessenen zärtlich-liebevollen und einfühlsamen frühen Beziehungen und Interaktionen mit den Bezugspersonen vermittelt sich etwas Rätselhaftes. Wie erwähnt ist dies Dreh- und Angelpunkt von Laplanches (1988) »Allgemeiner Verführungstheorie«, in welcher er Überlegungen dazu vorlegt, dass sich in den frühen Interaktionen mit Säugling oder Kleinkind sogenannte rätselhafte Botschaften vermitteln, also etwas, was die Vorstellungs- und Bewältigungsmöglichkeiten des kleinen Kindes übersteigt, bevor es aktiv Sprache verwenden kann. Es geschieht etwas, das mit Lust und Unlust zu tun, und es ist irgendwie mehr als das, wovon man sich Bilder machen kann. In Laplanches Theorie haben die sich derart vermittelnden rätselhaften Botschaften mit dem (infantil-sexuellen) Unbewussten der Eltern zu tun. Dabei ist jedoch mit »Allgemeiner Verführung« keine sexuelle Übergriffigkeit im Sinne schädigender Grenzverletzungen gemeint, sondern es geht darum, dass auch in angemessenen Interaktionen etwas enthalten ist, das intrusiv ist, sich nicht begreifen lässt und von Mutter oder Vater unbewusst übermittelt wird.

Beispielsweise im Stillvorgang – aber nicht nur dort, sondern auch in anderen Arten der Interaktion – zeigt sich das Zusammenspiel (oder besser: Gegeneinanderwirken) von Lust und Erregung und auch, wie es in eine Konflikthaftigkeit führen kann. Gestillt zu werden, ist einerseits mit Bedarfsstillung verbunden. In der frühen Freud'schen dualistischen Triebtheorie beschrieben wäre das die Befriedigung des Selbsterhaltungstriebs. Der Stillvorgang hat mit primärer Versorgung zu tun und auch mit einem *Streben* danach, versorgt zu sein, und insofern ist es die Entlastung von einem Spannungszustand, der dann später, wenn er als solcher verstanden werden kann, Hunger heißen würde. Der Stillvorgang ist mit dem Absinken eines Reizzustandes verbunden, mit dem Vorgang, den Freud als Befriedigung beschreibt. Gleichzeitig handelt es sich dabei natürlich nicht bloß um einen mechanistischen Vorgang, sondern um eine *Beziehungsszene*, eine Interaktionsszene, die sinnlich eingebettet ist in Körperkontakt, die Stimme und den Geruch der Mutter, Augenkontakt und einiges mehr. Es handelt sich nicht allein um die Stillung eines physiologischen Bedarfs, sondern um eine sinnliche Interaktion, die stimulierend und erregend wirkt. Es stoßen also zwei Dinge aufeinander: Ein und dieselbe Interaktionsszene führt auf der einen Seite zu Lust/Befriedigung und auf der anderen zu »neuer« (wenn auch anderer) Erregung. Erregung und Lust kommen zusammen. Hinzu kommt ein weiteres Merkmal, dass Freud dem Trieb zuschreibt, nämlich dass er ihn als »konstante Kraft« (1915a, S. 212f.) begreift. D. h.: Selbst dann, wenn Lust und Befriedigung sich einstellen und ein Triebreiz abgesenkt wird, drängt der Trieb weiter – es wird aber deutlich, dass dies auch damit zu tun hat, dass, insofern Triebbefriedigung (im Unterschied zur halluzinatorischen Wunscherfüllung) mit Körperlichkeit zu tun hat, in vielen Fällen gerade durch das Erlangen des Triebzieles neue Stimulierung erfolgt. Das unterscheidet für Freud ja die Triebtheorie von einer Instinkttheorie oder bloßen Reiz-Reaktion-Verschaltung. Für ihn drängt der Trieb als konstante Kraft, nicht als momentane Stoßkraft.

Erregung und Lust treten so als Antagonisten auf. Im Sinne der späten Freud'schen Triebtheorie ließe sich auch als das Verhältnis von Eros und Todestrieb beschreiben. In solchen Überlegungen stünde dann der Drang nach der Aufhebung von Spannung, also nach Lust und Befriedigung im Verhältnis zu einem Drang nach immer mehr Erregung, sozusagen ein Hinauszögern des Momentes von Befriedigtsein.

Als das konzeptlogisch wichtigere Argument erscheint m.E. aber der Zusammenhang zwischen Selbsterhaltung und Sexualität. Freud beschreibt ihn über das Konzept der Anlehnung (s. o.). Wenn davon die Rede ist, dass sich die Sexualtriebe in der frühen Entwicklung an die Selbsterhaltungstriebe anlehnen (vgl. 1905, S. 123ff.), dann meint Freud damit, dass es frühe Interaktionen gibt, die sinnvoll sind für unser Überleben oder für unseren Bedarf – satt, warm, sauber zu sein –, und zwar physisch und emotional, und zugleich über die Bedarfsstillung hinausgehen und auch so erfahren werden: Was mich entspannt oder beruhigt, das fühlt sich auch noch gut an. Gestillt zu werden befriedigt den Selbsterhaltungstrieb, für den Sexualtrieb führt es aber zu einer Erhöhung der Reizintensität. Mehr davon zu wollen, kann dann nicht nur heißen, beim nächsten Mal wieder Milch zu trinken, sondern beim nächsten Mal auch wieder den Körper der Mutter zu spüren etc.

Das so Erörterte lässt sich mit einer Konzeption verbinden, die in der Psychoanalyse als »Urverdrängung« auftaucht. Im vorangegangenen Kapitel (im Zusammenhang des Mordes am Ur-Vater) ist es bereits um die Skepsis gegangen, die man gegenüber Freuds phylogenetischer Argumentation äußern kann. Mit Laplanche und Pontalis (1985) lassen sich Bemerkungen zur Urverdrängung jedoch gerade nicht als ein phylogenetischer Vorgang begreifen, nichts aus der Urzeit des Menschen, sondern als ein Vorgang in der frühen, individuellen Entwicklung, also als ein ontogenetisches Element.

In der Argumentation Laplanches und Pontalis' ist Urverdrängung in der individuellen Entwicklung so etwas wie die ursprüngliche Verdrängung, die erste Verdrängung, die überhaupt die Unterscheidung zwischen bewusst und unbewusst erschafft. Diese kommt zustande, weil in den sinnlichen, stimulierenden frühen Interaktionen etwas vermittelt wird, das die Möglichkeiten einer Repräsentation übersteigt und verdrängt wird (aber auf besondere Weise, da erst durch diesen Vorgang Unbewusstes entsteht). Der Gedanke ist gerade nicht, dass es vor dieser Urverdrängung nur Bewusstes gab. Sie schafft zugleich immer auch einen psychischen Binnenraum und eine Unterscheidung zwischen bewusst und unbewusst. Laplanche formuliert es so, dass auf diese Weise etwas von den rätselhaften Botschaften, die in der frühen Entwicklung die Möglichkeiten der Repräsentation übersteigen, in psychisches Erleben übersetzt wird, aber dabei immer ein Rest bleibt bzw. dass diese Übersetzung immer partiell scheitert. Wir führen uns mit den ersten psychischen Repräsentationen nicht einfach Ereignisse genauso vor Augen, wie sie in der Interaktion gewesen sind, sondern etwas bleibt draußen, jenseits der Übersetzung – und das sind die frühen Formen des psychoanalytischen Unbewussten (vgl. Storck, 2018c).

Eine erste Konsequenz dieser Annahmen zum Zusammenspiel von Selbsterhaltung und Sexualität, von Beruhigung und Stimulierung, von Befriedigung und Erregung ist, dass die Konflikte, um der es der Psychoanalyse geht, *unbewusste* Konflikte sind. Etwas an ihnen ist verdrängt und dem bewussten Erleben nicht zugänglich.

4.1.2 Liebe und Hass

Eine zweite Linie von Konflikthaftigkeit besteht zwischen Liebe und Hass. Auch hier gibt es Bezüge zu Freuds Triebtheorie, insbesondere der späten, in der es um die Triebmischung aus Eros und Todestrieb geht bzw. von deren Vertretern Liebe und Hass. Im »gesunden« psychischen Funktionieren sind Liebe und Hass miteinander verbunden und die Liebe schützt vor einer Zügellosigkeit von Hass oder Destruktivität, also vor einer Triebentmischung. Der Eros, so würde Freud es ausdrücken (vgl. zur Begriffsgeschichte des Eros z. B. Pechriggl, 2009), bindet die Destruktivität in uns. Zu einer Triebentmischung kann es in Form von destruktiv-aggressiven Durchbrüchen kommen.

Ein weiterer Bezugspunkt besteht in der Anbindung an die ödipalen Entwicklungskonflikte. Wie oben dargestellt beschreibt Freud die positive Form des Ödipus-Konflikts beim Jungen als Konflikt aus sexuellen Wünsche gegenüber der Mutter, also als Wünsche nach intimer körperlicher Nähe, und Beseitigungswünschen bzw. Rivalitätswünschen gegenüber dem Vater. Wichtiger als eine bloß äußerliche Ebene dieses Konflikts ist für die Psychoanalyse, dass es zu einer innerpsychischen Verarbeitung dieses Konfliktes im Sinne der psychischen Strukturbildung kommt, nämlich deshalb, weil der Vater nicht nur gehasst wird und verschwinden soll, sondern weil er auch geliebt wird und es ihm gegenüber ebenso Nähewünsche, frühe sexuelle Wünsche, gibt. Das ist die innerpsychische Dimension des Konfliktes. Der ödipale Konflikt ist nicht bloß deshalb ein Konflikt, weil der Vater stärker ist, sondern weil er geliebt und gehasst wird. Das gilt natürlich für den Jungen und das Verhältnis zur Mutter genauso und auch für das Verhältnis des Mädchens zu beiden Elternteilen, wenn auch die Frage der Integration von Liebe und Hass sich für die erste Bezugsperson, also meist die Mutter, noch in anderer Weise stellt. Hier kann zum Beispiel mit Melanie Klein davon ausgegangen werden, dass es zunächst um Zustände einer Spaltung zwischen Liebe und Hass geht und die Entwicklungsaufgabe darin besteht, beides in Repräsentationen von Selbst und Objekt zusammenzubringen.

Für Kleins Vorstellungen zur Integration von Liebe und Hass ist die Annahme wichtig, dass wir in den ersten Stufen der psychischen Entwicklung verschiedene Aspekte des Erlebens von uns selbst noch nicht integriert haben in eine Vorstellung von Identität, in der wir sagen könnten: Das alles gehört zu mir und das alles nicht. Statt dessen herrschen Zustände eines Gespaltenseins zwischen »gut« und »schlecht« (und zwischen verschiedenen Anteilen vom Selbst und vom Anderen) vor. Es ist dabei für Klein nicht selbstverständlich, dass ich von Beginn an erleben kann, wie sich mein Arm anfühlt, wenn er berührt wird, oder wie sich mein Bauch anfühlt, wenn ich hungrig bin, und dass es beides Teile von mir und meinem Körper sind, sondern zunächst sind es unverbundene Sinneserfahrungen. Die Aufgabe der psychischen Entwicklung besteht darin, das integrieren zu können und eine Repräsentation der eigenen Körperlichkeit und des eigenen Selbst zu haben, sowie vom Anderen und von der Grenze zwischen beiden. In Kleins Sprache ist dies die paranoid-schizoide Phase in der allgemeinen psychischen Entwicklung. Damit sind keine psychopathologischen Begriffe gemeint, hinsichtlich paranoider oder schizoider Züge. Vielmehr liegt es Klein daran zu beschreiben, wie ihrer Auffassung nach die psychische Welt zu dieser Zeit strukturiert ist. Paranoid nennt sie es, weil unangenehme Empfindungen, Gefühle und Vorstellungen als von außen kommend erlebt werden. Was uns verunsichert oder überwältigt, das fantasieren wir in der frühen Entwicklung als außerhalb von uns. Hunger zum Beispiel wird nicht als das Fehlen von etwas, als eine Abwesenheit, erlebt, sondern als ein Angriff durch etwas Anwesendes. Damit ist eine Objektvorstellung gebildet: Ich habe ein Bild dafür, wie ich mich gerade fühle, und paranoid wird es genannt, weil es das Bild von etwas ist, das außerhalb des Selbst liegt. Schizoid nennt Klein es, weil es gespalten und noch nicht integriert ist. Das ist in der Entwicklung ein Durchgangsstadium. In der wünschenswerten Entwicklung gelingt eine Integration: Wir müssen nicht mehr das Schlechte als von außen kommend erleben und auch nicht die psychischen Elemente gespalten lassen, sondern wir können es integrieren, als zu uns gehörig erleben. Diese Stufe einer Integration dieser zuvor unverbundenen Gefühlszustände und Fantasien nennt Klein depressive Position. Auch das ist kein psychopathologischer Begriff, sondern depressiv nennt sie es, weil damit die Fähigkeit entsteht, einen Verlust zu betrauern. In diesem Entwicklungsstadium (um dessen Verfügbarkeit in der psychischen Entwicklung immer wieder gerungen werden muss) kann auf eine Vorstellung des Selbst als »ganz« und einheitlich zurückgegriffen werden, ebenso wie auf solche der Objekte. So können liebevolle und aggressive Gefühle oder Aspekte des Selbst, die als positiv, und solche, die als negativ oder gefährlich erlebt werden, zusammenkommen. Damit verbunden sind die Entwicklungsaufgaben hinsichtlich des Vermögens, »ganze« Selbst- und Objektrepräsentationen zu bilden, (reife) Schuldgefühle und Wiedergutmachungsstrebungen zu spüren.

Vor diesem Hintergrund wird deutlich, was es heißt, wenn Liebe und Hass, oder Wünsche nach Nähe und Wünsche nach Loslösung, nicht integriert sind bzw. miteinander ins Verhältnis gebracht werden können. Wenn wir nicht nur im Alter von zwei oder drei Jahren, sondern auch in der weiteren Entwicklung die Welt in Gut und Schlecht oder Schwarz und Weiß unterteilen müssen, dann ist alles Gute in einigen Beziehungen und alles Schlechte, Aggressive oder Trennende in anderen Beziehungen untergebracht. Diese Dynamik spielt eine zentrale Rolle in der Psychodynamik der emotional-instabilen Persönlichkeitsstörung, so dass der Eindruck entsteht, das, was in einer Beziehung gut ist, ganz getrennt gehalten werden muss von dem, was eine Beziehung auch infrage stellen könnte, negative oder trennende Gefühle, Fantasien von Destruktivität. Liebe und Hass oder Zärtlichkeit und Aggression sind unintegriert. Für widerstreitende Wünsche und Gefühle in Beziehungen und den Konflikt, der daraus erwächst, wird kein gut gelingender Umgang gefunden.

4.1.3 Die Unbewusstheit psychischer Konflikte

Im Freud'schen Sinn lässt sich die Entstehung und das Wirken psychischer Konflikte auch beschreiben als ein Konflikt zwischen den Forderungen des Lustprinzips und denen des Realitätsprinzips. Es gibt Strebungen, die eine unmittelbare Durchsetzung unserer Triebziele wollen, ob es nun sexuelle oder aggressive sind, und da wäre das Lustprinzip die Ausrichtung der inneren Kompassnadel. Das kann mit den Forderungen des Realitätsprinzips in Konflikt geraten: Die Erfüllung des Triebziels kann auch unlustvolle Folgen haben, sozial wie intrapsychisch. Es kann noch andere Wünsche in Beziehungen geben, andere Motive für das Selbst. Auf einer anderen Ebene gesprochen geht es um Konflikte zwischen Mechanismen des Primär- und des Sekundärprozess.

Die Bemerkungen zur Entwicklungstheorie bei Klein sind auch wichtig im Hinblick auf Internalisierungsprozesse als Grundlage der Bildungen psychischer Repräsentanzen. Eine differenzierte Vorstellung von uns selbst und von anderen und von unseren Gefühlen in Beziehungen fächert die psychische Welt auf. Das erfolgt in einem Zusammenspiel und einem potenziellen Konflikt zwischen Psyche und sozialer Umwelt, der unausweichlich ist und mit dem wir einen Umgang finden müssen. Es wird also deutlich, wie sowohl intrapsychische als auch interpersonelle Aspekte die Grundlage für psychische Konflikthaftigkeit liefern. Psychische Konflikte sind sozialisatorisch begründet.

Die psychische Welt bildet sich aus Interaktionserfahrungen, die sich in Beziehungsvorstellungen niederschlagen. Diese äußern sich auch als Erwartung dahingehend, was zwischen uns und anderen in Beziehungen passiert und das färbt alle weiteren Interaktionen. Beziehungshaftes ist die Grundlage der Aufrichtung unserer psychischen Struktur. Allerdings ist das kein bloßer harmonischer Reifungsvorgang, sondern es kommen unausweichlich Konflikte hinzu (Beruhigung und Stimulierung, Liebe und Hass, Individuum und Soziales), die an jeder psychischen Strukturbildung beteiligt sind.

Das führt zur zweiten Konsequenz, nachdem die erste gewesen war, dass es um *unbewusste* Konflikte geht, die mit Verdrängungsvorgängen zu tun haben. Mit Laplanche und Pontalis war davon die Rede gewesen, dass eine Urverdrängung die Unterscheidung zwischen bewusst und unbewusst etabliert. Jetzt haben wir ein Argument dafür, warum es *psychische* Konflikte sind und nicht biologisch verankerte oder äußere Konflikte, sondern es geht um die Internalisierung von etwas, das in ein Spannungsverhältnis zwischen unseren Triebbestrebungen und unseren sozialen Bedürfnissen führt. Wir können die beiden Merkmale der Konflikttheorie der Psychoanalyse sehen: Konflikte sind psychisch unbewusst.

Einige knappe Hinweis müssen hier zum Konzept des Unbewussten in der Psychoanalyse gemacht werden (ausführlich in Storck, 2018c).

4 Der unbewusste Konflikt

Der Psychoanalyse geht es meist um das Verständnis eines *dynamisch* Unbewussten, das im Zusammenhang steht mit Konflikt, Abwehr und Widerstand. Das Unbewusste als dynamisch Unbewusstes taucht bei Freud besonders darin auf, was das topische Modell des Psychischen genannt wird, manchmal wird es auch als die erste Topik bezeichnet (etwa ab 1897, ab 1923 kommt die sogenannte zweite Topik bzw. das Struktur- oder Instanzenmodell des Psychischen hinzu). Darin stellt Freud sich das Psychische als drei Systeme vor: Bewusstes, Vorbewusste und Unbewusstes (System *Bw, Vbw, Ubw*). Das Vorbewusste (als System *Vbw*) ist, so Freud, im *deskriptiven* Sinne unbewusst, es ist aktuell nicht mit Aufmerksamkeit besetzt, aber prinzipiell bewusstseinsfähig. Anders das (dynamisch) Unbewusste als System *Ubw*: Es ist nicht bewusstseinsfähig, wir können es uns nicht mit gedanklicher Anstrengung bewusst machen, denn es wird zu Zwecken der Unlustvermeidung durch psychische Abwehrmechanismen vom Bewusstsein ferngehalten, vor allem die Verdrängung, aber auch andere, etwa die Rationalisierung oder die Spaltung. Es handelt sich um psychische Mechanismen, die in uns unbewusst wirken und dazu führen, dass ein Teil unserer psychischen Welt unzugänglich ist und allenfalls verzerrt oder entstellt ins Erleben gelangt. Diese Entstellungen sollen uns in psychoökonomischer Hinsicht vor unangenehmen Affekten schützen, in erster Linie Angst, aber auch vor Schuldgefühlen oder Scham. Abwehrmechanismen wirken, d. h. etwas wird unbewusst und bleibt unbewusst. Die Verdrängung ist ein Vorgang, der nicht nur einmalig geschieht und damit erfolgreich in der Bändigung abzuweisender Regungen wäre, sondern diese werden vom Bewusstsein ferngehalten, drängen jedoch weiter darauf – denn neben drohender Unlust bei Bewusstwerdung geht es ja immerhin um Triebabkömmlinge, die auch mit Befriedigung verbunden sind. Das Abgewehrte drängt wieder ins Bewusstsein, deshalb ist die Rede von einem dynamisch Unbewussten, es geht um innerpsychische Kräftekonflikte zwischen Lustgewinn und Unlustvermeidung. Die Abwehrmechanismen schaffen dem gegenüber kompromisshafte psychische Ersatzbildungen. Es wird also nicht einfach nur verdrängt, sondern auch etwas psychisch umgearbeitet (zum Beispiel durch Verschiebung), damit unsere unbewussten (Trieb-)Wünsche bewusstseinsfähig werden, etwas an der Unlust wird gemindert

4.1 Entwicklungspsychologische Grundlagen allgemeiner psychischer Konflikte

um den Preis, das auch etwas an der potenziellen Lust gemindert wird und für das bewusste Erleben eine Entstellung erfolgt. Das beschreibt Freud als den topischen Gesichtspunkt seiner Metapsychologie, also als einen Teil dessen, wie er sich die Arbeitsweise des Psychischen vorstellt: als ein Kräftespiel aus drängenden (unbewussten Triebwünschen) und verdrängenden Kräften (den Abwehrmechanismen) mit dem Resultat psychischer Kompromissbildung. Dabei ist das Unbewusste keine psychische Örtlichkeit oder ein anderweitig schlicht abgetrennter Bereich, sondern unbewusst ist etwas am Psychischen, an den Verhältnissen der Vorstellungen zueinander.

Das wirft auch ein Licht auf die Frage nach der Allgemeinheit unbewusster psychischer Konflikte des Menschen. Für Bewusstseinsfähigkeit braucht es also Kompromissbildung und zunächst einmal ist das die Kompromissbildung aus Wunsch und Abwehr[6]. All das bewegt sich im Bereich der allgemeinen menschlichen Konflikthaftigkeit, es ist noch nicht Teil einer pathologischen Entwicklung oder Struktur (immerhin sind es die allgemeinen Entwicklungsaufgaben, die unweigerlich in Konflikte führen). Gesundheit und Krankheit in der Psychoanalyse bemessen sich aber trotzdem daran, wie und welche Kompromissbildungen für unbewusste Konflikte gefunden werden. Natürlich ist ein Merkmal von psychischer Erkrankung der Leidensdruck. Gleichzeitig geht es um die Frage: Wie sehr schränken die Kompromissbildungen, die wir finden, unser Erleben oder Handeln ein? Psychopathologische Symptome haben immer einen kompromisshaften oder funktionalen Anteil, zum Beispiel die Angstminderung. Zugleich wird unser Erleben

---

6 Freud formuliert für sein Modell, dass der Konflikt »durch eine Versagung heraufbeschworen« werde, »indem die ihrer Befriedigung verlustige Libido nun darauf angewiesen ist, sich andere Objekte und Wege zu suchen.« (1916/17, S. 362f.) (Üblicherweise wird hiervon als dem Modell einer Versuchungs-/Versagungssituation gesprochen: etwas weckt die Triebwünsche, aber dem steht eine Versagung entgegen.) Weiter heißt es: »Die abgewiesenen libidinösen Strebungen bringen es zustande, sich auf gewissen Umwegen doch durchzusetzen, allerdings nicht ohne dem Einspruch durch gewisse Entstellungen und Milderungen Rechnung zu tragen.« Im Ergebnis sind die Symptome »die neue oder Ersatzbefriedigung, die durch die Tatsache der Versagung notwendig geworden ist.«

dadurch wesentlich einschränkt, zum Beispiel bei einer sozialen Phobie. Krankheit bemisst sich am Leidensdruck und an der Dysfunktionalität oder schädigenden Folgen von Kompromissbildungen. Dass Abwehrmechanismen wirken und es zu psychischen Kompromissbildungen kommt, hat also damit zu tun, dass Wunsch und (intrapsychisches) Verbot aufeinanderprallen oder widerstreitende Wünsche (etwa solche von Selbsterhaltung und solche von Sexualität, oder zwischen sexuellen und narzisstischen Motiven). Der unbewusste Wunsch in der Psychoanalyse lässt sich in etwa so beschreiben: Freud konzipiert in der frühsten Entwicklung ein sogenanntes (initiales) »Befriedigungserlebnis« (z. B. Freud, 1900, S. 571). In seiner Auffassung kann man sich das als eine Einheit von Bedarf und Bedarfsstillung vorstellen, es gibt keine Verzögerung zwischen beiden, es fällt zusammen. Zunächst einmal, so jedenfalls die Annahme hier, kommt der Säugling gar nicht dazu, sich etwas zu wünschen, weil das, was er braucht, immer schon im selben Moment, in dem es gebraucht wird, gegeben ist. Man kann hier durchaus skeptisch sein, ob es so einen Zustand überhaupt geben kann und falls ja, ob man davon als einem »Erlebnis« sprechen kann. Gemeint ist natürlich nicht ein gedankliches Erleben im Sinne von: »Wow, alle meine Bedürfnisse sind immer schon erfüllt«. Die Auffassung eines initialen Befriedigungserlebnis bezieht sich darauf, dass das, was wir brauchen, immer schon da ist. Für Freud ist es deshalb »initial«, weil in der weiteren Entwicklung seine Bedingungen wiederholt werden sollen. Wir wollen zurück dahin (zu einem Zustand, der illusionär ist!), wo unsere (Trieb-)Bedürfnisse immer schon erfüllt waren. Salopp gesagt: Das kann nicht klappen, so sehr wir es uns auch wünschen. Das bedeutet aber zugleich, dass die Konzeption des (unbewussten) Wunsches in der Psychoanalyse damit zu tun hat, Bedingungen herzustellen, die so nicht wieder zu holen sind. Wir kommen nicht wieder in den Zustand des Immer-schon-Befriedigtseins zurück. Wir können nur etwas davon *wiederholen*, aber dann ist es eine Neuauflage unter anderen Bedingungen. Wenn man das weiterdenkt – das ist kein unmittelbarer Freud'scher Gedanke, aber eine Konsequenz daraus –, dann suchen wir in allen unseren Wünschen der *Form, nicht dem Inhalt nach* die verlorene Brust oder den verlorenen Zustand, wo Bedarf und Bedarfsstillung zusammenfielen. Paradoxerweise können wir einen solchen Zustand erst »denken«, wenn er unerreichbar geworden ist – erst die Erfahrung, dass Bedarf und Bedarfsstillung nicht zusammenfallen, macht vorstellbar, wie es vermeintlich gewesen ist, auf diese Differenz nicht zu stoßen. Das ist die Struktur des Wunsches.

Eine Weiterführung dieses Gedanken findet sich bei Bion. Für ihn ist es nicht das initiale Befriedigungserlebnis, das die Richtung für die Weiterentwicklung vorgibt, sondern die erste Abweichung von einem Zustand, wo Bedarf und Bedarfsstillung zusammenfallen. Wir können überhaupt erst erleben, dass ein Bedürfnis befriedigt und ein Bedarf gestillt wurden, wenn es die erste Erfahrung eines Mangels oder einer Frustration gibt. Erst wenn uns das fehlt, was unseren Bedarf stillt, können wir anfangen, es zu denken, als etwas, das fehlt. In dieser Konzeption, ähnliches findet man bei Lacan, ist der unbewusste Wunsch die Beantwortung eines Mangels. Der Mangel führt dazu, dass wir überhaupt etwas davon erleben können, was wir brauchen, weil wir es wiedererlangen wollen. Erst wenn wir es nicht mehr haben, können wir denken, dass es das war. Der unbewusste Wunsch ist die Repräsentation eines Triebzieles.

Soweit ging es im Wesentlichen um die Darstellung des unbewussten Konflikts in Freuds erster Topik, als Teil eines Kräftespiels. Konflikte lassen sich psychoanalytisch noch in einem anderen Modell beschreiben, in der zweiten Topik, dem Struktur- oder Instanzen-Modell aus Ich, Es und Über-Ich. Das Ich ist an der Realität orientiert und an unserem bewussten Erleben, an ihm zerren zugleich unsere Triebwünsche und unsere moralischen Werte. In der Psychoanalyse werden Konflikte einerseits als Konflikte zwischen Wunsch und Verbot oder widerstreitenden Wünschen beschrieben oder als Konflikte zwischen den psychischen Instanzen, also zum Beispiel ein Konflikt zwischen Über-Ich und Es, zwischen Moralvorstellungen und Triebhaftigkeit. Bei Freud heißt es: »Die Entstehungsgeschichte des Über-Ichs macht es verständlich, daß frühe Konflikte des Ichs mit den Objektbesetzungen des Es sich in Konflikte mit deren Erben, dem Über-Ich, fortsetzen können.« (Freud, 1923b, S. 267) Damit ist gemeint, dass wir etwas von Moral und Verboten verinnerlicht haben und uns selbst innerlich dafür strafen, welche verbotenen Wünsche wir haben.

4.1.4 Trieb, Konflikt und motivationale Strukturen

Was bedeutet das nun im Hinblick auf motivationale Strukturen? Gerade wenn man einen Blick in allgemeinpsychologische Lehrbücher wirft, wirkt es selbstverständlich: Die motivationale Struktur in der Psychoanalyse ist der Trieb; was uns antreibt, ist der Sexualtrieb, der Selbsterhaltungstrieb usw. Wenn man aber hinzuzieht, dass der Triebbegriff dazu dient, die Vermittlungsfunktion zwischen Soma und Psyche konzeptuell fassbar zu machen, dann kann man sagen, unser Trieb bestimmt das Psychische der Form, aber nicht den Inhalten nach. Unser Psychisches ist nicht organisiert als Sammelsurium sexueller und aggressiver Triebabkömmlinge, sondern unser Psychisches verdankt sich überhaupt erst dem (sexuellen und aggressiven) Triebgeschehen, nämlich der Tatsache, dass wir auf körperliche Empfindungen (endogen wie exogen) psychisch antworten müssen.

Das soll heißen, dass der Trieb eine motivationale Struktur in ganz allgemeiner Hinsicht ist. Unsere Triebhaftigkeit motiviert unsere Welt der psychischen Repräsentation überhaupt, nicht punktuell in einzelnen Inhalten, sondern unser Vermögen zur psychischen Repräsentation hat mit dem Wirken des Triebes zu tun. Man kann sagen: *Der Trieb ist die allgemeine Motivationsstruktur*. Er ist Bildner des Psychischen. Aber die Motivationsstruktur im engeren Sinn, die sich auch leichter in Relation setzen lässt zu anderen psychologischen Motivationstheorien, ist der unbewusste Konflikt. Konflikte zwischen verschiedenen Triebregungen bzw. deren Abkömmlingen sind das, was uns in unserem Handeln und unserem Erlebens antreibt. Wir haben also zwei Antworten auf die Frage nach den motivationalen Strukturen. Der Trieb treibt *allgemein* an, dass wir überhaupt psychisch erleben, und die unbewussten Konflikte sind die *speziellen* Motivationsstrukturen.

4.2 Neurotische Konflikte

> Im Spielfilm *Aviator* (Martin Scorsese, USA, 2004) geht es um die Lebensgeschichte von Howard Hughes, dem US-amerikanischen Unternehmer und Flugfahrtpionier. In einer Szene besucht er zusammen mit seiner Partnerin, Katharine Hepburn, eine große Party und ist irritiert durch Hepburns expressiv-flirtende Art der Konversation mit anderen Gästen. Er zieht sich in den Toilettenbereich zurück und beginnt mit einem umständlichen Händewasch-Ritual, das wir im Film bereits zuvor kennengelernt haben. Hughes muss feststellen, dass ein weiterer Partygast dort ist, ein Mann auf zwei Krücken, der sich mühsam von einer der Toilettenkabinen zu den Waschbecken bewegt. Beide stehen nebeneinander an getrennten Waschbecken, aber direkt neben Hughes steht ein Tisch mit Handtüchern. Der Mann auf Krücken bittet ihn, ihm eines zu reichen, was Hughes mit den Worten, es tue ihm leid, er könne das nicht tun, beantwortet: Sein Waschritual kann nicht unterbrochen werden und hat eine höhere Priorität gegenüber der Hilfsbereitschaft. Hughes ist sichtlich in einem moralischen Konflikt – auch dann, als der in seiner Beweglichkeit eingeschränkte Mann mühsam um Hughes herum geht und sich mit wütender Miene selbst eines der Handtücher nimmt und die Toiletten verlässt.

Die Figur Howard Hughes, wie sie uns im Film präsentiert wird, ist wohl eher weit davon entfernt, als »neurotisch« bezeichnet zu werden, seine Symptome sind gravierender dargestellt und könnten am ehesten mit einer Persönlichkeitsstörung mit narzisstischen, anankastischen und paranoiden Anteilen in Verbindung gebracht werden. Es ist auch als ein Beispiel dafür zu nehmen, wie in manchen Fällen Zwangssymptome die Funktion haben können, eine psychotische Dekompensation zu verhindern.

Für sich genommen kann aber anhand der Sequenz einiges am neurotischen Konflikt diskutiert werden. Etwas an der vorangegangenen Szene auf der Party vorher hat Hughes in einen Spannungszustand gebracht (eine Kränkung, möglicherweiseeine Verlustangst, vielleicht auch Enttäuschungswut) und die Symptomhandlung des Händewaschen nach sich gezogen, die u. U. verstehbar wird als Kompromissbildung aus aggressiven Wünschen (gegenüber der ihm »untreu« gewordenen Frau) und deren Abwehr, so dass er sich von der fantasierten Schuld einer aggressiven Fantasie reinwaschen zu müssen meint. Als zwanghafte Symptomhandlung kann das Händewaschen nicht unterbrochen werden und der Konflikt-Druck, der sie produziert, überwiegt das Wissen um soziale Konventionen und das Bedürfnis, jemandem zu helfen, der in Not ist. Was ist daran jetzt symptomatisch oder pathologisch? Freud schreibt: »Sie wissen, daß unser seelisches Leben unaufhörlich von Konflikten bewegt wird, deren Entscheidung wir zu treffen haben. Es müssen also wohl besondere Bedingungen erfüllt sein, wenn ein solcher Konflikt pathogen werden soll.« (Freud, 1916/17, S. 362) Um das zu erörtern, ist ein Blick in Freuds Neurosentheorie erforderlich.

Freud versteht im Grunde drei Störungen als Psycho- bzw. Übertragungsneurosen: die Hysterie, die Zwangsneurose und die Phobie, die sich in gewissen Punkten unterscheiden, für Freud jedoch gemeinsam haben, dass bei allen dreien eine infantil-psychosexuelle Genese angenommen wird, also eine Fixierung in bestimmten Phasen der Entwicklung, in denen phasentypische Entwicklungskonflikte nicht gut bewältigt worden sind. Insbesondere spielt der Ödipus-Komplex eine Rolle, den Freud als »Kernkomplex der Neurose« bezeichnet. Dabei hat die (infantile Psycho-)Sexualität eine wichtige Bedeutung für die Symptombildung (in geringerem Maß auch die Aggression) und das bedeutet auch, dass seine Theorie der Entstehung psychischer Erkrankungen triebtheoretisch begründet ist, in einem Verständnis von Symptomen als dysfunktionaler Kompromissbildungen angesichts von Konflikten zwischen Wunsch und Verbot. Für die verschiedenen Neurosenarten lässt sich das unterschiedlich beschreiben. Für Hysterie sieht Freud die Sexualität im Mittelpunkt, bei der Zwangsneurose geht es stärker um aggressive Aspekte. Die Phobie hat mit der Umsetzung von Triebenergie in Angst zu tun und in der Perversion ist von einem Überwiegen partialtriebhafter Wünsche gegenüber der Abwehr auszugehen.

Was am neurotischen Konflikt neurotisch ist, kann man sich in Auseinandersetzung mit einer der großen Fallgeschichten Freuds vor

Augen führen, die vom »Rattenmann« (Freud, 1909). Das ist ein Patient, den Freud als zwangsneurotisch betrachtet, und der zu ihm in Behandlung kommt, da er seit seinem vierten Lebensjahr an Zwangsvorstellungen leidet: »Hauptinhalt seines Leidens seien Befürchtungen, daß zwei Personen, die er sehr liebe, etwas geschehen werde, dem Vater und eine Dame, die er verehre. Außerdem verspüre er Zwangsimpulse, wie z. b. sich mit einem Rasiermesser den Hals abzuschneiden, und produziere Verbote, die sich auf gleichgültige Dinge beziehen« (a. a. O., S. 384).

Freud macht ein paar Bemerkungen zur sexuellen Entwicklung des Mannes, der mit Mitte 20 bei ihm in Behandlung ist. Es habe erregende Szenen mit Kindermädchen gegeben, frühe Erektionen, frühe Masturbation und die Vorstellung, »die Eltern wüßten meine Gedanken, was ich mir so erklärte, daß ich sie ausgesprochen, ohne es aber selbst zu hören« (a. a. O., S. 387). Durch die Kindheit und Jugend setzt sich fort, dass der Patient beschreibt, es habe Mädchen gegeben, »die mir sehr gefielen, und die ich mir dringendst nackt zu sehen wünschte. Ich hatte aber bei diesen Wünschen ein unheimliches Gefühl, als müßte etwas geschehen, wenn ich das dächte, und ich müßte allerlei tun, um es zu verhindern.« (a. a. O., S. 387) (z. B. dass der Vater früh sterben werde) Hier geht es um einen voyeuristischen Wunsch: »Wir sehen das Kind unter der Herrschaft einer sexuellen Triebkomponente, der Schaulust, deren Ergebnis der mit großer Intensität immer wieder von neuem auftretende Wunsch ist, weibliche Personen, die ihm gefallen, nackt zu sehen. Diese Wunsch entspricht der späteren Zwangsidee«. Es zeigt sich ein Verbot bzw. eine Straferwartung: »Ein Konflikt ist offenbar in dem Seelenleben des kleinen Lüsternen vorhanden; neben dem Zwangswunsch steht eine Zwangsbefürchtung innig an den Wunsch geknüpft: so oft er so etwas denkt, muß er fürchten, es werde etwas Schlimmes geschehen.« (a. a. O., S. 388) Freud benennt als »Zwangsbefürchtung« seines Analysanden: »Wenn ich den Wunsch habe, eine Frau nackt zu sehen, muß mein Vater sterben.« (a. a. O., S. 389) Es gibt einen Wunsch und ein Verbot, dessen Übertretung eine Konsequenz hat (dann stirbt der Vater), und diese Vorstellungen sind miteinander verbunden. Bereits der Wunsch ist verbots- und strafbehaftet. Neurotisch ist das nicht zuletzt insofern, als die Straferwartung, der Vater könne sterben, beim Rattenmann auch in der aktuellen Zeit weiterbesteht – nachdem der Vater gestorben ist.

Der Analysand kommt aus einem aktuellen Anlass in die Behandlung, er berichtet, bei einer Waffenübung auf einem militärischen Marsch sei ihm sein Zwicker verloren gegangen und er habe sich im Anschluss telegrafisch einen neuen bestellt. Am selben Abend habe ein Hauptmann, den der Patient als sehr grausam erlebe, ihm von einer orientalischen Strafe erzählt – der sogenannten Rattenstrafe. Das benennt der Patient und äußert Freud gegenüber: Bitte erlassen Sie es mir, dass ich Ihnen die Details schildere. Er möchte nicht genau erzählen, worum es bei der Rattenstrafe geht. Freuds Antwort ist: »Ebensogut könne er mich bitten, ihm zwei Kometen zu schenken« (a. a. O., S. 391), womit er sagt, er kann es ihm nicht ersparen, auszusprechen, woran er denkt. Der Analysand erzählt, dass die Rattenstrafe darin bestehe, dass jemandem zur Strafe ein mit Ratten gefüllter Eimer ans Gesäß gebunden werde, mit der Folge, dass die Ratten zu beißen beginnen. Die Vorstellung von dieser Strafe, die er da hört, verbindet sich mit der Zwangsbefürchtung, dass dies mit seinem Vater (zur Erinnerung: dieser ist bereits tot!) oder der Geliebten passiere.

Um das Paket mit dem neuen Zwicker abzuholen, muss der Rattenmann sich Geld von jemandem auslegen lassen, in der Folge entwickelt er den Zwangsgedanken: »Nicht das Geld zurückgeben, sonst geschieht das« (der Vollzug der Rattenstrafe an Vater oder Geliebten). Dem steht aber ein zweiter Zwangsgedanke entgegen: »Du mußt dem Oberleutnant A. die Kronen 3'80 zurückgeben« (das Geld, das er sich geliehen habe). Er entwickelt umständliche Konstruktionen, wie er dem entsprechen kann, im Verlauf zeigt sich als weitere Komplikation, dass das »Postfräulein« das Geld ausgelegt hat.

Freuds Interpretation geht in Richtung zugrundeliegender ödipaler Konflikte und damit zusammenhängender Gefühlsambivalenzen dem Vater gegenüber. Ein Hingezogensein zum »Postfräulein« wird dabei als Aktualisierung verstanden, das innere Kreisen um die Rattenstrafe bezeichnet Freud als »Knotenpunkt«, von Assoziationen zu »Ratten« gelangen beide in der analytischen Arbeit zum Vater des Analysanden als »Spielratte« mit Spielschulden, »Raten«, in denen diese zurückzuzahlen sind, oder dem »heiraten«.

Das ist an dieser Stelle nicht genauer darstellbar, aber es kann darauf hingewiesen werden, was für Freud bei der Darstellung der Zwangsneurose entscheidend ist: Es prallen libidinöse Wünsche auf aggressive Wünsche und Verbote. Das heißt, einerseits haben wir die infantilensexuellen Wünsche des Patienten, die stoßen auf das Verbot und die Straferwartung, aber treten auch in Konflikt mit aggressiven Wünschen, denn immerhin ist der Rattenmann auch so etwas wie der Regisseur der aggressiven Fantasien. Weil verschiedene Strebungen und Affekte in der psychischen Entwicklung nicht gut integriert werden konnten und auch keine funktionaleren Ersatzbildungen für diese Konflikte verfügbar sind, entwickelt der Patient eine schwere Zwangserkrankung, als deren Merkmale hier die rigide und strafende Gewissensinstanz auftauchen, oder das Ungeschehen-Machen als ein wichtiger Abwehrmechanismus, auch das magische Denken vieler zwangsneurotischer Patienten zeigt sich – etwa in den kreisenden Annahmen, welches Unheil durch eigene Handlungen vermeintlich hervorgerufen oder abgewendet werden kann. Die entscheidende Dynamik der Zwangsneurose ist, dass das Symptom keine Entlastung schafft, denn darin zeigen sich immer das Abgewehrte (der unbewusste Wunsch) und die Abwehr (die Entstellungen und Kompromissbildungen, die damit zu tun haben). Das neurotische Symptom ist partiell eine Wunscherfüllung, wenn auch in entstellter Form. Wenn das Symptom die Funktion hat, etwas von den verbotenen Wünschen ungeschehen zu machen, es aber gleichzeitig genau diese Wünsche auch partiell erfüllt, werden immer weitere Wiederholungen und Intensivierungen der Symptomhandlung erforderlich. Was im Symptom kompromisshaft erfüllt wird, muss immer wieder neu abgewehrt werden.

4.2.1 Konflikte in der Operationalisierten Psychodynamischen Diagnostik

Neurotische Konflikte können als allgemeine menschliche Konflikte betrachtet werden, es sind die *dysfunktionalen* Kompromissbildungen, welche die Konflikte unbewältigt bleiben lassen, die symptomatischen Charakter haben. In einer zeitgenössischen, forschungsorientierten Form tauchen einige der Gedanken zu konfligierenden Wünschen in der Operationalisierten Psychodynamischen Diagnostik auf (Arbeitskreis OPD, 2006). Diese ist erstens eine Form der Diagnostik, zweitens ist sie psychodynamisch und drittens operationalisiert. Das bedeutet, es handelt sich um ein standardisiertes Vorgehen der Diagnostik von Konflikten. Die OPD ist ein multiaxiales diagnostisches System, in dem verschiedene Achsen auftauchen, u. a. die Achse Konflikt, in der im Rahmen einer Diagnostik psychischer Erkrankungen und psychischer Struktur geprüft wird, welches ein leitender und ungut verarbeiteter Konflikt ist.

Die Konfliktdefinition auf dieser Achse liest sich Freudianisch: »Unbewusste intrapsychische Konflikte sind unbewusste innerseelische Zusammenstöße entgegengerichteter Motivbündel, z. B. etwa der basale Wunsch nach Versorgung und der basale Wunsch, autark zu sein. [...] Der zeitlich überdauernde, psychodynamische Konflikt ist [...] gekennzeichnet durch festgelegte Erlebnismuster eines Menschen, die in entsprechenden Situationen immer wieder zu ähnlichen Verhaltensmustern führen, ohne dass dies dem Menschen bewusst wäre und ohne dass er sich aus eigener Willensanstrengung überwinden könnte« (Arbeitskreis OPD 2006, S. 96; zit. n. Benecke, 2014, S. 133). Es werden sieben Konfliktformen unterschieden, die jeweils polar aufgebaut sind, d. h. sich jeweils zum einen der beiden Pole, als aktive oder passive Form der Bearbeitung, beschreiben lassen: Abhängigkeit vs. Individuation, Unterwerfung vs. Kontrolle, Versorgung vs. Autarkie, Selbstwertkonflikt, Schuldkonflikt, Ödipaler Konflikt, Identitätskonflikt. Das akzentuiert eine wichtige Annahme, nämlich die Tatsache, dass es sich um allgemeine, menschliche Themen dreht. Wir haben mit Abhängigkeitswünschen zu tun und mit Individuationswünschen und mit der Aufgabe, zwischen beiden eine gute Balance zu finden. Es gibt darin jeweils etwas allgemein-menschlich Konflikthaftes, das symptomatisch dysreguliert sein kann.

4.3 Andere Konflikte und das Verhältnis zur psychischen Struktur

> Zu Beginn der vierten Staffel der TV-Serie *Mad Men* (vgl. Storck, 2017c) sehen wir den Protagonisten Don Draper, dessen Ehe zum Ende der vorangegangenen Staffel, nicht zuletzt wegen seiner außerehelichen Affären (aber auch wegen seines Vorspielens einer falschen Identität), zerbrochen ist, in einer Montage: Er sitzt an einem kleinen Tisch in seiner kleinen Wohnung beim Versuch, seine Gedanken in einem Tagebuch festzuhalten – verbunden damit sehen wir Bilder davon, wie er in einem Schwimmbad Bahnen schwimmt, dabei aber einen Hustenanfall bekommt, vor lauter zurückliegendem Alkohol- und Zigarettenkonsum. Wenig später steht er vor dem New York Athletics Club, mit Sonnenbrille und Zigarette und untermalt vom Song der Rolling Stones »(I can't get no) satisfaction« blickt er Frauen an, die an ihm vorbeigehen. Er kommentiert: »Da war es wieder. Parfüm.« (»The summer man«, 2010).

Eine solche Szene, die unterlegt ist mit »I can't get no satisfaction«, bietet sich für eine Diskussion von Triebtheorie und Befriedigung an. Ein Nachdenken über psychische Konflikte erweist sich nicht nur im Blick auf neurotische Störungen als hilfreich. Don Draper hat ein Alkoholproblem und einige psychische, sagen wir, Unausgeglichenheiten mehr: Er ringt sieben Staffeln lang mit sich. Aber es findet sich, jenseits der Sucht, keine so eng umgrenzte Symptomhandlung wie z. B. bei einer Zwangsstörung. Draper ist kein neurotischer Mensch. Aber er hat in seiner Persönlichkeitsstruktur und der Art, Beziehungen zu führen oder mit seinen Gefühlen umzugehen, etwas, das einen in psychopathologischer Hinsicht aufmerken lässt: Er geht selbstzerstörerisch mit sich um, destruktiv mit Beziehungen, entzieht sich emotional den Anderen, führt in der Mehrheit narzisstisch-missbräuchliche Beziehungen.

Lässt sich so ein Persönlichkeitsproblem, eine Schwierigkeit psychischer Funktionen, auch konflikttheoretisch beschreiben? Freud differenziert zwischen Psychoneurosen/Übertragungsneurosen (Zwang, Hysterie, Phobie), Aktualneurosen (Neurasthenie, Hypochondrie, Angstneurose) und narzisstischen Neurosen (psychotischen Erkrankungen), nur wenige Bemerkungen gibt es zu Charakterpathologien bzw- neurosen (so etwa zum Zwangscharakter). Selbst zur Psychose entwickelt er einen konfliktbezogenen Zugang, auch wenn er sich gegenüber der psychoanalytischen Behandelbarkeit skeptisch äußert. Im Wesentlichen haben sich solche Überlegungen zur Frage hin fortgesetzt, ob die Symptome einer psychischen Erkrankung (und ihre Genese) als Resultat eines *Konfliktgeschehens* oder als eine *Strukturdefizit* des Psychischen begreifen lassen.

Der Begriff der psychischen Struktur steht im Zentrum zeitgenössischer psychodynamischer Ansätze. Er hat seine Wurzeln in einem Konzept wie Charakterneurose, wurde aufgenommen von Rudolf (2004) in der »strukturbezogenen Psychotherapie« und ist in dieser Denklinie in die Operationalisierte Psychodynamische Diagnostik eingegangen, in die dortige Struktur-Achse. Im alternativen Modell zur Diagnostik von Persönlichkeitsstörung im DSM-5 findet sich eine vergleichbare Konzeption von »personality functioning« im Sinne struktureller psychischer Fähigkeiten (Zimmermann, Brakemeier & Benecke, 2015). Gemäß der OPD ist damit etwas gemeint wie die Fähigkeit, sich an innere und äußere Objekte binden zu können, die emotionale Kommunikation nach Innen und Außen, und einige andere. Eine Schwierigkeit besteht darin, dass es in einigen Darstellungen (nicht in der OPD selbst!) so scheint, als wäre eine Nichtverfügbarkeit über (einige) strukturelle Fähigkeiten das bloße Resultat eines Entwicklungsdefizits. Wenn jemand zum Beispiel Schwierigkeiten damit hat, seine Affekte zu regulieren, dann droht eine Erklärung wie: Er hat in der Entwicklung diese psychische Fähigkeit nicht ausgebildet (aufgrund fehlender Entwicklungsbedingungen). Das ist zwar plausibel: Wenn jemand es mit frühen Bezugspersonen zu tun hat, die nicht darin unterstützen, die Affekte wahrzunehmen, zu regulieren und zu differenzieren, dann wird es schwierig mit dieser strukturellen Fähigkeit. Man hat zunächst einmal gute Gründe dafür, die Frage zu stellen, wie plausibel denn eine konflikttheoretische Konzeption ist, wenn jemand in der frühen Entwicklung massive Übergriffe oder massive Vernachlässigung erlitten hat.

4.3 Andere Konflikte und das Verhältnis zur psychischen Struktur

Kann man dann annehmen, mögliche spätere psychopathologische Symptome sind das Resultat eines Konfliktgeschehens, wenn eigentlich viel überzeugender ist, dass etwas in der Entwicklung der psychischen Struktur früh massiv beeinträchtigt oder zerstört worden ist? Und doch erscheint es als falsche Alternative, zwischen Konfliktgeschehen und Strukturdefizit eine so scharfe Trennlinie zu ziehen, denn man kann sehr wohl auch Aspekte einer beeinträchtigten psychischen Struktur funktional und konfliktbezogen beschreiben.

Wenn wir eines der gravierendsten psychischen Symptome, nämlich ein Wahnsystem nehmen, in dem jemand beispielsweise der festen Überzeugung ist, permanent sitze ihm Napoleon auf der Schulter und kommentiere alles was er tut, und dies auch in dieser Weise perzipiert, dann ist das kein leichtes Symptom. Trotzdem kann ich den Blick darauf einnehmen, dass es gegenüber irgendetwas anderem so etwas ist wie das kleinere Übel. Das Symptom gibt der Welt eine bedeutungshafte Struktur. Wenn alles von Napoleon gemacht ist und alles von Napoleon kommentiert wird, dann habe ich ein Ordnungssystem in meiner Welt. Und so unangenehm und ängstigend es ist, ist es vielleicht nichtsdestoweniger das kleinere Übel gegenüber der größeren Angst einer völligen psychischen Strukturlosigkeit, Fragmentierung und Haltlosigkeit. Selbst im schwersten psychotischen Symptom lässt sich ein funktionaler und konfliktbezogener Anteil beschreiben.

In der OPD wird die strikte Gegenüberstellung zwischen konfliktbezogenen Störungen und strukturbezogenen Störungen aufgehoben. Es werden auch beim desintegrierten Strukturniveau Konflikte bestimmt. Auch wenn jemand hinsichtlich der strukturellen Fähigkeiten bzw. der Integration psychischer Struktur massive Einschränkung aufweist, ist trotzdem ein leitender Konflikt beschreibbar, wenn auch schwerer erkennbar. Das wird kein Konflikt sein wie in der Zwangsneurose, einer zwischen Wunsch und Verbot, sondern eher einer zwischen ganz basalen Figuren des Aufnehmens von Beziehung zu Anderen, etwa ein Konflikt aus Nähesehnsüchten und Verschmelzungsängsten. Unklare Selbst-Objekt-Differenzierungen führen in andere Formen von Konflikten oder andere »Konfliktschemata«.

Zwar wird noch in der OPD-2 bei »desintegriertem Strukturniveau […] ein weitgehendes Fehlen von eindeutig erkennbaren Konflikten registriert« (Arbeitskreis OPD 2006, S. 255), jedoch wird in der der bald veröffentlichten OPD-3 das Erfordernis formuliert, die Konflikte unabhängig vom Strukturniveau zu ermitteln.

4.4 Fallbeispiel Frau E.

Es handelt sich um die Behandlung mit einer Patienten, die nicht neurotisch ist, sondern als eher schwerer krank einzuschätzen ist (vgl. Storck, 2016, S. 332ff.). Frau E. ist 52 Jahre alt und in tagesklinischer Behandlung in einer psychosomatischen Klinik. Sie kommt in die Behandlung und klagt über »Ganzkörper-Schmerzen«, die durch ihren Körper »wandern« und besonders in ihren Handgelenken einen Ausdruck finden. Sie leidet an Migräne, einer schweren chronischen Lungenerkrankung, die dazu führt, dass sie häufig Luftnot hat und physisch nicht gut belastbar ist. Sie erlebt häufig allergische Reaktionen, hat Schlafstörungen und das Gefühl, nicht »abschalten« zu können. Die Biografie ist desolat: Sie beschreibt, wie ihre Eltern sich getrennt hätten, als sie zwei Jahre alt gewesen sei. Ein Jahr später habe ihr leiblicher Vater sich suizidiert. Der Stiefvater habe sie und die Mutter geschlagen und im Verlauf der Behandlung schildert sie sexuelle Missbrauchserlebnisse ab dem Alter von drei Jahren durch mindestens zwei unterschiedliche Männer, einer davon sei Großvater mütterlicherseits gewesen, in deren Obhut die Mutter sie während der Beerdigung des Vaters gegeben habe. Weiter beschreibt sie, dass sie ab dem Alter von fünfzehn Jahren ganz auf sich allein gestellt gewesen sei. Sie habe keine Berufsausbildung abgeschlossen und als Prostituierte, Streetworkerin, Raumpflegerin und Haushaltshilfe gearbeitet. Sie nimmt die Behandlung auf, weil sie mit vielen Verlusten während der vorangegangenen Jahre zu tun gehabt habe: der Tod des Stiefvaters im selben Jahr, der Tod ihres Partners einige Jahre davor, eine schwere Krankheit der Mutter. Das auslösende Moment für ihre aktuellen Schmerzen habe darin gelegen, so schildert sie, dass sie als Haushaltshilfe eine Klientin in deren Wohnung aufgefunden habe, die einen Schlaganfall erlitten habe, an dessen Folgen diese wenig später gestorben sei.

In ihrem Leben spielt die Beziehung zur Mutter eine große Rolle. Bis heute schildert Frau E., sie sei »wie eine Mutter« für ihre Mutter. Die Mutter lebe in derselben Stadt und sie werde von der inzwischen betagten Mutter oft eingespannt, wenn etwas in deren Wohnung zu machen sei. Sie könne der Mutter nur absagen, indem sie auf ihre Schmerzen verweise. Es wird eine sehr starke Unabgegrenztheit gegenüber der Mutter deutlich, auch viel Wut und Hilflosigkeit. Die Mutter wiegelt die Missbrauchserfahrungen, mit denen Frau E. sie im Laufe der Behandlung konfrontiert mit den Worten ab: »Das ist doch schon so lange her...«.

Es ist nicht einfach nur viel Unabgegrenztheit zwischen Frau E. und der Mutter zu erkennen, sondern es ist eine bestimmte Struktur der Beziehungsaufnahme bei der Patientin, die mit Nähe und Abstand eigenartig oder auf besondere Weise umgeht – was sich auch in die Behandlungsbeziehungen vermittelt (vgl. dazu allgemein Storck, 2017d). Frau E. spricht mit rauchiger Stimme und gibt sich sehr raumgreifend, mit ausladenden Gesten, grellrot geschminkten Lippen, die Behandelnden entgegen mehrmaligen Hinweisen immer wieder duzend. Sie hält wenig körperlichen Abstand und ist insgesamt im Ton jovial, macht sexualisierte Witze und im Behandlungsteam ist der Eindruck überpräsent, dass diese Frau einmal als Prostituierte gearbeitet hat, obwohl das schon über 20 Jahre zurückliegt. Aber in der Szene vermittelt sich etwas davon: Irgendwie nutzt sie scheinbare intime Nähe, um Beziehungen aufzunehmen oder unter Kontrolle zu behalten. Sie scheint alles dafür zu tun, um Szenen herzustellen, in denen die anderen (auch Mitpatienten) etwas von ihr brauchen und nicht sie es ist, die etwas braucht oder wünscht und so abgewiesen werden könnte.

Nach einigen Wochen der Behandlung geht Frau E. an einem Wochenende in einem Badesee schwimmen und beschreibt, so lange sie im Wasser gewesen sei, seien ihre Schmerzen weg gewesen. Als sie jedoch wieder hinausgestiegen sei, seien ihre Schmerzen wiedergekommen. Solange sie, so könnte man hier interpretieren, ganz umschlossen ist, hier vom Wasser, solange kann sie auf die Schmerzen verzichten – als wäre es eine Fantasie von ganz uneingeschränktem Gehaltenwerden und ein

Nachholen, dass es doch eine Beziehung gibt, wo sie und ihre Grenzen nicht verletzt werden,. Das lässt sich als eine Beziehungsfantasie begreifen: Die Schmerzen verschwinden (vorübergehend), wenn es die – durch sinnliche Erfahrung ihres vom Wasser umschlossenen Körpers gestützte – Fantasie einer Beziehung gibt, die sie vollkommen hält und ihre Körpergrenzen zu konturieren hilft. Diese Konturierungsfunktion somatoformer Schmerzen beschreibt Egle (1998, S. 94) als »psychoprothetische« Funktion.

Zusammenfassend kann man über die Beziehungsaufnahme der Patientin sagen, dass sie offenbar nur wenige Möglichkeiten hat, etwas innerlich zu halten. Es muss viel in Handlung umgesetzt werden – in dramatische Szenen bei einem eingeschränkten Vermögen zur Symbolisierung. Es fällt ihr ganz schwer, psychisch, auf der Ebene der Repräsentation, mit ihren Gefühlen umzugehen. Es muss alles in Handlung kommen und es herrscht eine überschäumende Affektivität vor.

Abschließend kann das Dargestellte im Hinblick auf psychische Konflikte betrachtet werden, auch solche einer nicht-neurotischen Form. Frau E. sagt im Verlauf der Behandlung: »Ich kann mich an alles erinnern, als ich eins war.« Damit meint sie manifest: »… als ich ein Jahr alt war«. Das ist entwicklungspsychologisch unwahrscheinlich bis unmöglich, aber vielleicht ist es vor allem eine Aussage über eine Sehnsucht nach einer Beziehungsform von Ungetrenntheit: nicht *ein Jahr alt* zu sein, sondern *eins mit dem anderen* zu sein. Die Szene im Wasser greift so etwas Ähnliches auf, nämlich dass die Sehnsüchte und die Ängste von Frau E. mit Nähe in Beziehungen zu tun haben. Ihre Wünsche nach einer sehr nahen Beziehung sind sehr groß, aber auch ihre Ängste davor, was dann passiert, wie sie sich selbst vom anderen unterscheidet, ob man sich selbst noch wiederfinden kann. In dieser Linie lassen sich die Schmerzsyndrome als etwas begreifen, das zunächst die Grenzerfahrung einer Berührung durch den anderen ersetzt durch eine Konturierung eigener Grenzen durch das, was physisch weh tut.

Man hat gute Argumente dafür, hier ein Konfliktmodell mit einem Modell eingeschränkter struktureller Fähigkeiten zu verbinden. Frau E. ist in einigen strukturellen Fähigkeiten eingeschränkt, dort etwa, wo es um die Abgrenzung zwischen Selbst und Objekt geht oder um die Affektregulierung, das Symbolisierungsvermögen und einiges mehr. Möglicherweise liegt ihr Strukturniveau im »gering integrierten« Bereich (das wäre natürlich diagnostisch zu erfassen statt bloß abzuschätzen). Trotzdem gibt es viele Anhaltspunkte dafür, zugleich auch eine konfliktbezogene Sicht einzunehmen – nämlich im Hinblick auf einen Konflikt zwischen den Strebungen, dem Anderen grenzenlos nah zu sein, und der Angst genau davor. Man kann nicht von eng umgrenzten, »reifen« Konflikten sprechen, aber von einem Widerstreit verschiedener Tendenzen, sich in Beziehung zu begeben: Verschmelzungssehnsüchte und Näheängste oder Loslösungsstrebungen und Ängste vor Isolation treten miteinander in Konflikt. Menschen mit eingeschränkten strukturellen Fähigkeiten haben mit Konflikten im Umfeld von Formen der Kontaktaufnahme und der Nähe-Distanz-Regulierung zu tun. Im Extremfall sind es Beziehungsmodi wie: »Ich muss dem Anderen grenzenlos nah sein, sonst bin ich isoliert«. Behandlungen können dann an diesem Konflikt oder Widerstreit ansetzen und in der Arbeit daran bestehen, sich Beziehung vorstellen zu können, die *relative* Getrenntheit zulassen.

5 Sexualitäten in der Psychoanalyse

Freuds Sexualtheorie changiert zwischen progressiven und normativen Elementen. Dabei muss man berücksichtigen, dass Freud seine Vorstellungen zur menschlichen Sexualität um die Jahrhundertwende des 19. zum 20. Jahrhundert formuliert hat und dass dabei viele seiner Gedanken vor dem Hintergrund dessen zu betrachten sind, dass die Sexualwissenschaften, wie wir sie heute kennen, am Beginn einer Entwicklung standen und der gesellschaftliche Stellenwert von Sexualität damit ein anderer war. Dann erscheint das Freud'sche Denken als sehr progressiv, etwa im Hinblick auf Entwicklungskonflikte in ihrem Einfluss auf die Ausbildung von sexuellem Verlangen, von Partnerwahl und von praktizierter Sexualität, dazu gehört auch die Annahme einer psychischen Bisexualität. Aber daneben stehen die normativen Elemente seiner Sexualtheorie und auch die Theorie weiblicher Sexualität, die im Freud'schen Denken schnell an ihre Grenzen stößt. Das zentrale normative Element liegt darin, dass Freud in der Rede vom »Genitalprimat« davon ausgeht, dass es die »richtige« erwachsene, gesunde Sexualität, im Sinne von Geschlechtsverkehr zwischen heterosexuellen Partnern gibt, die das Vorgesehene in der richtigen Reihenfolge und mit dem richtigen Ergebnis tun.

Als Ausgangspunkt kann der Hinweis wiederholt werden, dass es in der Psychoanalyse um einen erweiterten Begriff von Sexualität geht, der wesentlich in der Beachtung von nicht auf den genitalen Bereich eingeschränkte Formen und Erlebnisweisen von Lust (und Unlust) besteht und darin die infantile (Psycho-)Sexualität akzentuiert. Damit im Zusammenhang steht auch Freuds Konzeption von Partialtrieben (oder besser: dem Partialtriebhaften; vgl. Storck, 2018a) und die Titulierung der kindlichen Sexualität als »polymorph-pervers« (= partialtriebhaft und an partialtriebhafter Lust ausgerichtet). Das wiederum mündet in die Theorie der psychosexuellen Entwicklungsphasen (▶ Kap. 2). Für das Folgende werden auch die Überlegungen zum Ödipus-Konflikt eine Rolle spielen, nun auch dezidierter in der Erörterung der Bedeutung der weiblichen Sexualentwicklung.

Also: Freuds Theorie der weiblichen Entwicklung und in großen Teilen auch seine Auffassung zur Homosexualität sind (aus heutiger Sicht) eher dürftig. Gleichwohl soll es um eine argumentative Prüfung des konzeptuellen Rüstzeugs Freuds und der Psychoanalyse gehen und um ein Weiterdenken in diesen Themenbereichen. Man kann, so die Sexualwissenschaftlerin Sophinette Becker (2005, S. 67), »immer mit Freud gegen Freud argumentieren«.

5.1 Psychoanalytische Theorien zur weiblichen Sexualität

Ein weiterer Ausschnitt aus der TV-Serie *Masters of Sex* zeigt die Protagonistin Virginia Johnson beim Sex mit Ethan Haas, einem Kollegen, den sie erst seit kurzem kennt (»Pilot«, 2013). Johnson weist ihren Sexualpartner darauf hin, dass sie eine »Abmachung« hätten. Sie fragt ihn, ob das, was sie gemacht habe, sich für ihn denn nicht gut angefühlt habe. Er bejaht und sie fährt fort: Dann solle er dasselbe nun bei ihr machen. Verwundert sagt Haas: »Aber du hast keinen Penis...« Johnson lacht und fragt, ob es das sei, was ihm in der Mediziner-Ausbildung beigebracht werde...

5.1.1 Weibliche Sexualität bei Freud

Augenscheinlich ist es für einen Mann Ende der 1950er-Jahre eher irritierend, dass oraler Sex wechselseitig sein kann. Freud stand rund 60 Jahre davor ebenfalls vor einem Rätsel angesichts der weiblichen Sexualität. Er schreibt: »Vom Geschlechtsleben des kleinen Mädchens wissen wir weniger als von dem des Knaben. Wir brauchen uns dieser Differenz nicht zu schämen; ist doch auch das Geschlechtsleben des erwachsenen Weibes ein *dark continent* für die Psychologie.« (Freud, 1926, S. 241) Freud vergleicht hier die weibliche Sexualität mit dem Kontinent Afrika, bezeichnet sie aber im Wesentlichen auch als (ihm) unbekannt. Durch viele der Freud'schen Arbeiten zu weiblicher Sexualität zieht sich ein ähnlicher Gestus. Nichtsdestoweniger hat er versucht, Antworten darauf zu geben, wie man sich weibliche Sexualität vorstellen kann (vgl. für einen Überblick Chasseguet-Smirgel, 1964a).

1933 sind Vorlesungen Freuds erschienen, von denen eine den Titel »Die Weiblichkeit« trägt. Darin heißt es: »Männlich oder weiblich ist die erste Unterscheidung, die Sie machen, wenn Sie mit einem anderen menschlichen Wesen zusammentreffen, und Sie sind gewöhnt, diese Unterscheidung mit unbedenklicher Sicherheit zu machen.« (Freud, 1933, S. 120f.) Freud meint, es zeige sich bereits auf der biologischen Ebene, »daß das Verhältnis, nach dem sich Männliches und Weibliches im Einzelwesen vermengt, ganz erheblichen Schwankungen unterliegt« (a. a. O.). Hier ist die Figur beschrieben, dass es »Männlichkeit« bei Frauen und »Weiblichkeit« bei Männern gibt – und damit gesagt, dass es Freud (auch) um so etwas wie »psychische« Geschlechtlichkeit geht. Freud bringt Männlichkeit und Weiblichkeit (NICHT zwangsläufig Mann und Frau!) mit Aktivität und Passivität in Zusammenhang: »Wenn Sie männlich sagen, meinen Sie in der Regel ›aktiv‹, und wenn Sie weiblich sagen, ›passiv‹.« (a. a. O., S. 122) Zugleich bezeichnet er diese Zuordnung als »unzweckmäßig« (a. a. O., S. 123) und prüft die Annahme, dass Weiblichkeit sich über »passive [Sexual-; TS] *Ziele*« bestimme (a. a. O., Hervorh. TS). Ziele sind natürlich zunächst etwas Aktives, es geht ihm hier um den aktiven Wunsch nach einer passiven, empfangenen Position. Er verbindet das mit der (geminderten) Aggression: »Das kleine Mädchen ist in der Regel weniger aggressiv, trotzig und selbstgenügsam, es scheint mehr Bedürfnis nach Zärtlichkeit zu haben, die man ihm erweisen soll, darum abhängiger und gefügiger zu sein [...] Man empfängt auch den Eindruck, daß das kleine Mädchen intelligenter, lebhafter ist als der gleichaltrige Knabe, es kommt der Außenwelt mehr entgegen« (a. a. O., S. 125). Es ist im genannten Text frappierend, dass Freud wiederholt Thesen aufstellt, prüft und dann selbst als ungenügend verwirft (die Zuordnung von Aktivität und Passivität, die Frage nach passiven Zielen, die Bedeutung der Aggression).

Freud geht davon aus, dass Jungen und Mädchen die »frühen Phasen der Libidoentwicklung« (a. a. O., S. 125) gemeinsam durchlaufen (inkl. aggressiver Impulse), womit gesagt ist, dass es keine eigene, geschlechtsspezifische Entwicklungstheorie gibt, trotz einiger Unterschiede (am ehesten dahingehend, ob die erste Bezugsperson gegen- oder gleichgeschlechtlich ist). Und »mit dem Eintritt in die phallische Phase treten die Unterschiede der Geschlechter vollends gegen die Übereinstimmungen zurück. Wir müssen nun anerkennen, das kleine Mädchen sei ein kleiner Mann.« (a. a. O., S. 125f.) Hier zeigen sich die Probleme von Freuds Annahme, es reiche eine Entwicklungstheorie aus: Das stimmt zwar grundlegend, aber sie reicht nicht aus, wenn es eine Theorie der Entwicklung des Jungen ist, von der aus in negativer Abgrenzung die Entwicklung des Mädchens betrachtet wird. Freud benennt für das Mädchen zwar zwei Spezifika: 1. Die klitorale Masturbation (verstanden im Kontext eines »Penisäquivalent[s]«; »Die Klitoris des Mädchens benimmt sich zunächst ganz wie ein Penis«; 1924d, S. 400) und der Wechsel von der Klitoris zur Vagina als leitender erogener Zone (der Gedanke ist hier die positive Besetzung des weiblichen Genitals, unter Anerkennung der eigenen Penislosigkeit); 2. Der Umstand, dass die Mutter das erste Liebesobjekt ist und es diesbezüglich in der ödipalen Situation zu einem Wechsel kommt. Der Junge setzt sich in seinem ödipalen Wünschen weiter mit dem ersten Liebesobjekt, der Mutter, auseinander – das Mädchen wendet sich in der Hinwendung zum Vater in der ödipalen Phase notwendigerweise vom ersten Liebesobjekt ab, hat also auch hier mehr Trauerarbeit zu leisten). Freud folgert: »Das Mädchen soll also im Wandel der Zeiten erogene Zone und Objekt tauschen, die beide der Knabe beibehält.« (1933, S. 127) Der

»Knabe« muss sich nicht mit einem Wechsel der erogenen Zonen auseinandersetzen und behält in der erwachsenen Sexualität eine weibliche Figur als Liebesobjekt. Freud unterstellt dem Mädchen eine problematische Loslösung von der Mutter, die geprägt ist von Aggression: »Die Abwendung von der Mutter geschieht im Zeichen der Feindseligkeit, die Mutterbindung geht in Haß aus.« (a. a. O., S. 129) Für ihn liegt darin ein Verlust, der nicht betrauert werden kann: Der »Verlust der Mutterbrust [wird] niemals verschmerzt« (a. a. O., S. 130), insbesondere wenn es jüngere Geschwister gibt, die um ihre Nähe zur Mutter beneidet werden (a. a. O., S. 131). Diese Überlegungen münden bei Freud in die Konzeption des weiblichen Kastrationskomplexes, denn aus Freuds Sicht macht das Mädchen die Mutter »für seinen Penismangel« verantwortlich (a. a. O., S. 133). Die Mutter hat ihm ihn, so die (unbewusste) Fantasie, genommen.

Beim Jungen führt die Kastrationsdrohung des Vaters zur Kastrationsangst, in einem Fantasie-Komplex, der sich an das Erkennen des Geschlechtsunterschieds anheftet. Der Junge erkennt das weibliche Genital und fantasiert (wie der Kleine Hans) darüber, dass dort etwas fehlt, nicht mehr da ist, weil es als eine Strafe weggenommen wurde. Diese Strafe droht nun vermeintlich auch ihm und dies setzt Versuche der Bewältigung des ödipalen Konflikts in Gang (samt aller Internalisierung von Geboten und Verboten, die folgen, d. h. die Bildung reifer Strukturen von Über-Ich oder Ich-Ideal).

Das Mädchen, so Freuds Konzeption, erkennt im Geschlechtsunterschied einen phantasmatisch erlittenen Verlust des einst innegehabten Penis und fühlt sich »schwer beeinträchtigt«, es betrachtet das Genital des Jungen mit dem sogenannten Penisneid (a. a. O., S. 134). Hier tritt zugleich das zentrale Problem der Freud'schen Konzeption hervor: Er hat keine positiv bestimmte, affirmative Auffassung des weiblichen Genitals als »etwas« statt bloß als das *Fehlen* von etwas. In seiner Konzeption ist Kastration bzw. das eigene Kastriertsein für das Mädchen nicht bloße Drohung, sondern bereits eingetretene Strafe. Es wird deutlich, wie konkret die Konzeption bei Freud bleibt, anders als in der oben nahegelegten Konzeption einer symbolischen Kastration oder dem Phallus als einem psychischen Prinzip, das im Zusammenhang mit Wirkmacht und »Potenz« steht.

5.1 Psychoanalytische Theorien zur weiblichen Sexualität

Für Freud ergeben sich aus diesem (phallisch-ödipalen) »Wendepunkt in der Entwicklung des Mädchens« drei »Entwicklungsrichtungen«: Es kann erstens infolge einer Sexualhemmung (die mehr schuldhaft als straferwartend ist) eine neurotische Entwicklung nehmen, es kann zweitens einen »Männlichkeitskomplex« entwickeln (und die Penislosigkeit verleugnen, bzw. eher: sich betont phallisch-narzisstisch geben, die Kastration nicht anerkennen und die klitorale Masturbation nicht aufgeben, was für Freud in die Entwicklung weiblicher Homosexualität führt) oder es kann drittens eine »normale Weiblichkeit« entwickeln (deren Wesen und Bedeutung bei Freud aber denkbar unklar bleibt, besonders in ihrer Unterscheidung zu einer neurotischen, sexualgehemmten Entwicklung). Freud formuliert: »Durch den Vergleich mit dem so viel besser ausgestatteten Knaben in seiner Selbstliebe gekränkt, verzichtet es [das Mädchen; TS] auf die masturbatorische Befriedigung an der Klitoris, verwirft seine Liebe zur Mutter und verdrängt dabei nicht selten ein gutes Stück seiner Sexualstrebungen überhaupt. [...D]as Mädchen hält seine Kastration zuerst für ein individuelles Unglück, erst allmählich dehnt sie dieselbe auf andere weibliche Wesen, endlich auch auf die Mutter aus. Ihre [sic!] Liebe hatte der phallischen Mutter gegolten; mit der Entdeckung, daß die Mutter kastriert ist, wird es möglich, sie als Liebesobjekt fallen zu lassen, so daß die lange angesammelten Motive zur Feindseligkeit die Oberhand gewinnen.« (a. a. O., S. 135f.) Die Fantasie des Mädchens betreffen also einerseits Wut darauf, dass die Mutter ihm den Penis genommen hat, dann aber auch die Enttäuschung, bei der Mutter den Penis/Phallus nicht zu finden – der Mutter ähnlich zu sein, bedeutet, penislos zu sein.

Freud versucht, eine Antwort darauf zu finden, wie die Aneignung des weiblichen Geschlechts(-organs) geschieht. Weil er dies aber nur als Auseinandersetzung mit einem fantasierten Verlust des männlichen Geschlechtsorgans denken kann, bleibt seine Theorie beschränkt. Seine Annahme lautet, dass Mädchen und Frauen »phallische Aktivität« verdrängen müssen, weil sie keinen Penis haben; eine »normale« Entwicklung wird beschritten, »wenn nicht zuviel zur Verdrängung verloren geht« (a. a. O., S. 137).

Ein Bestandteil der Freud'schen Überlegungen ist auch die Frage danach, ob das Mädchen/die Frau einen Ersatz für die eigene Penislosigkeit finden kann (vgl. zu Penisneid und weiblichem Ödipuskonflikt auch Zepf & Seel, 2015). Am Grund dieses Arguments steht die Annahme einer durch deren Penislosigkeit hervorgerufene Enttäuschung des Mädchens an der Mutter und eine folgende Hinwendung an den Vater: »Der Wunsch, mit dem sich das Mädchen an den Vater wendet, ist wohl ursprünglich der Wunsch nach dem Penis, den ihr die Mutter versagt hat und den sie nun vom Vater erwartet. Die weibliche Situation ist aber erst hergestellt, wenn sich der Wunsch nach dem Penis durch den nach dem Kind ersetzt, das Kind also nach alter symbolischer Äquivalenz an die Stelle des Penis tritt.« (a. a. O., S. 137) Diese Auffassung zählt zweifellos nicht zu den argumentativen Ruhmesblättern Freud'scher Konzeption. Er benötigt diese Brücke an der Stelle, weil er über die »Situation des Ödipuskomplexes« (a. a. O., S. 138) schreibt, und für ihn ist das Mädchen mit der »Übertragung des Kind-Penis-Wunsches auf den Vater« darin eingetreten. Dabei ist für Freud der »Ödipuskomplex des Mädchens […] weit eindeutiger als der des kleinen Penisträgers, er geht nach meiner Erfahrung nur selten über die Substituierung der Mutter und die feminine Einstellung zum Vater hinaus.« (1924d, S. 401) Das hat nicht nur einen problematischen Ausgangspunkt (Mädchen suchen den Penis, den sie selbst nicht haben, beim Vater; Frauen verschieben ihren Penisneid auf den Kinderwunsch), sondern auch problematische konzeptuelle Folgen. Freuds Folgerungen lauten zunächst: »Der Kastrationskomplex bereitet den Ödipuskomplex vor anstatt ihn zu zerstören, durch den Einfluß des Penisneides wird das Mädchen aus der Mutterbindung vertrieben und läuft in die Ödipussituation wie in einen Hafen ein. Mit dem Wegfall der Kastrationsangst entfällt das Hauptmotiv, das den Knaben gedrängt hatte, den Ödipuskomplex zu überwinden. Das Mädchen verbleibt in ihm unbestimmt lange, baut ihn nur spät und dann unvollkommen ab.« (1933, S. 138) In der Logik seiner eigenen Theoriebildung aber taucht die Frage auf, wie man sich dann die Bildung des Über-Ichs beim Mädchen denken soll. Für den Jungen war ja entscheidend, dass angesichts der Kastrationsdrohung Verbote und Gebote internalisiert werden, dass angesichts der (partiell) aufgegebenen libidinösen Objektbeziehung zur Mutter eine Identifizierung mit dem Vater erfolgt. Wenn nun aber für das Mädchen die »Kastrationsangst«, in dem das »Hauptmotiv« zur Überwindung des Ödipuskonflikts besteht (mit dem Ergebnis der Bildung einer reifen psychischen Gewissensinstanz), entfällt, dann bleibt eine Leerstelle.

Zwar ist aus Sicht Freuds erst mit der Pubertät eine »scharfe Sonderung des männlichen und des weiblichen Charakters« möglich, deren Anlagen seien aber andererseits auch vorher »gut kenntlich«: eine frühzeitigere »Sexualhemmung[en]« (Scham, Ekel) beim Mädchen, eine höhere Neigung zur Sexualverdrängung und eine passivere Form der Partialtriebe (1905, S. 120). Im Kern seiner Auffassung steht die Annahme: »[D]ie Sexualität [hat] durchaus männlichen Charakter« und die Libido habe »regelmäßig und gesetzmäßig männlicher Natur, ob sie nun beim Manne oder beim Weibe vorkomme« (a. a. O.), die von vielen Seiten als »sexueller Monismus« bezeichnet worden ist (Becker, 2005, S. 67). Das akzentuiert, dass Freud weibliche Sexualität als Abweichung bzw. negative Form der männlichen betrachtet, ob nun konkret als Sexualität von Frauen oder als weibliche Elemente der Psychosexualität, die bei Männern und Frauen vorkommt. Problematisch ist dies, weil eine Bestimmung weiblicher Genitalität als »positive« ebenso fehlt wie ein Gedanke eines aktiv empfangenden Elements von Sexualität (das nicht nur das Gegenstück eines penetrierenden ist).

Eingangs habe ich das Changieren Freuds zwischen Normativität (oder Phallozentrismus) auf der einen und Progressivität auf der anderen Seite erwähnt. Als progressiv kann gelten, dass Freud eine implizite Unterscheidung zwischen (biologischem) Geschlecht und Gender vorbereitet. So schreibt er etwa in einer 1915 hinzugefügten Fußnote in den *Drei Abhandlungen zur Sexualtheorie* davon, dass »männlich« und »weiblich« nach »mindestens drei Richtungen zu zerlegen« seien: im Sinne von Aktivität und Passivität (Libido als männlich, Trieb als aktiv), biologisch und soziologisch. Beim Menschen werde »weder im psychologischen noch im biologischen Sinne eine reine Männlichkeit oder Weiblichkeit gefunden«: »Jede Einzelperson weist vielmehr eine Vermengung ihres biologischen Geschlechtscharakters mit biologischen Zügen des anderen Geschlechts und eine Vereinigung von Aktivität und Passivität auf, sowohl insofern diese psychischen Charakterzüge von den biologischen abhängen als auch insoweit sie unabhängig von ihnen sind.« (1905, S. 121)

Diese Überlegungen stehen mit einem anderen progressiven Teil der Freud'schen Sexualtheorie im Zusammenhang, nämlich der Annahme einer konstitutionellen Bisexualität. Freud betrachtet dies zunächst auf biologischer Ebene, wenn er schreibt: »[B]ei keinem normal gebildeten männlichen oder weiblichen Individuum werden die Spuren vom Apparat des anderen Geschlechtes vermißt« (1905, S. 40). Er diskutiert daraufhin weiter, ob die von ihm als Inversion bezeichnete Homosexualität als Ausdruck eines »psychischen Hermaphroditismus« verstanden werden könne. Er kommt dabei nicht recht weiter und verliert sich etwas in Überlegungen zu den »Charakteren eines ›weiblichen Gehirns‹« (a. a. O., S. 42), was m.E. als Umkreisen der Frage nach psychischer Geschlechtlichkeit betrachtet werden kann. Erst in einer Fußnote zum Text von 1915 findet sich die oft zitierte Stelle, in der Freud unterstreicht, dass (neben der gegengeschlechtlichen) »alle Menschen der gleichgeschlechtlichen Objektwahl fähig sind und dieselbe auch im Unbewußten vollzogen haben«; für die Psychoanalyse sei die »freie Verfügung über männliche und weibliche Objekte […] das Ursprüngliche, aus dem sich durch Einschränkung nach der einen oder der anderen Seite der normale wie der Inversionstypus entwickeln« (a. a. O.). Homo- wie Heterosexualität, so kann man weiterführen, bedeuten eine Einschränkung der bisexuellen Anlage des Menschen, insofern beides einen Verzicht bedeutet.

Eine Zusammenfassung der Freud'schen Konzeption der weiblichen Sexualität kann als eine Prüfung des argumentativen Gehalts fungieren. Den Beginn nimmt diese in der Erörterung von (infantiler) Sexualität als Motor psychischer Entwicklung bzw. von Lust und Unlust als Strukturprinzipien des Psychischen. Für das Mädchen ergibt sich von Beginn an ein Unterschied gegenüber dem Jungen, nämlich insofern, als das erste Liebesobjekt, die Mutter, gleichgeschlechtlich ist (bei aller erforderlichen Einklammerung einer dichotomen Sicht auf Geschlechtlichkeit und auf traditionelle Familienformen und Rollen). Es tauchen in Freuds Denken einige wenig ausgereifte Annahmen über die Passivität weiblicher Sexualität oder zumindest von deren Zielen auf, ebenso wie die Frage der Aggressionshemmung beim Mädchen. Greifbarer wird Freuds Konzeption im Zusammenhang des Ödipuskonflikts. Im Zusammenhang des Erkennens des Geschlechtsunterschieds gibt es beim Mädchen eine Enttäuschung angesichts der eigenen Penislosigkeit (= Unvollständigkeit, Versehrtheit) und angesichts dessen, dass die Mutter nicht allumfassend befriedigend ist und ihrerseits keinen Penis (und keinen Phallus) hat. Die Gefühlseinstellung zur Mutter ist ambivalent (sie ist dem Mädchen ähnlich und ein identifikatorisches Vorbild, aber auch mangelbehaftet und enttäuschend). Das Mädchen wirft der Mutter die eigene und deren Penislosigkeit vor und wendet sich von ihr und der klitoralen Masturbation (als Ersatz des Penis) ab, hin zum Vater und einer vaginalen Sexualität. Für Freud ist hier der Kastrationskomplex nicht der *Weg*, auf dem der Ödipuskomplex bewältigt wird, sondern jener steht an dessen *Ausgangspunkt*: Das Mädchen muss sich mit (der Fantasie) der erfolgten Kastration auseinandersetzen, diesen Verlust betrauern und dies ist der Motor der Entwicklung. Für Freud besteht die psychische Antwort darauf im Finden eines Ersatzes, im Begehren des Penis des Mannes, der aufgenommen wird, und im Wunsch danach, vom Mann als Ersatz für den fehlenden Penis ein Kind zu bekommen.

Argumentativ überzeugend sind diese Überlegungen, wenn man sie nicht-konkretistisch versteht. Die Auseinandersetzung mit Gleich- und Gegengeschlechtlichkeit in der Entwicklung, die Bewältigung der narzisstischen Kränkung, keinen phallischen Zauberstab zu haben, mittels dessen für Befriedigung der Wünsche gesorgt werden kann, sind wichtige Elemente psychischer Entwicklung. Neben solchen allgemeinen, geschlechterinvarianten Themen ergeben sich Spezifika angesichts der Frage, wem von den frühen Bezugspersonen man sich anatomisch und psychisch ähnlich fühlt, wessen Nähe gewünscht wird und welche Antworten und Zuschreibungen erfolgen. Um dies diskutieren zu können, bedarf es aber eines weiteren Wegs durch die psychoanalytischen Sexualitätstheorien (vgl. unter dem doppeldeutigen Titel *On Freud's »Femininity«* Glocer Fiorini & Abelin-Sas Rose, 2010, oder auch die Überblicke bei Chasseguet-Smirgel, 1964a; Quindeau, 2008; Rohde-Dachser, 2013). Freud liefert dafür das Werkzeug, aber nicht in seinen Bemerkungen zur Sexualität des Mädchens, sondern in seiner allgemeinen Metapsychologie.

5.1.2 Psychoanalyse und Weiblichkeit im Anschluss an Freud

Jacques Lacan: DIE Frau gibt es nicht

Eine weitere Reibungsfigur der Auseinandersetzung soziologischer Geschlechtertheorie bzw. der Sexualwissenschaft mit der Psychoanalyse ist Jacques Lacan. Dessen Theorie hier ausführlicher darzustellen, ist nicht möglich; ich beschränkte mich auf die Erläuterung seines aphoristisch anmutenden Satzes *La femme n'existe pas*, DIE Frau gibt es nicht (Lacan, 1972/73). Damit meint Lacan nicht, dass es keine Frauen (was sollte das auch heißen?), sondern dass es keine Aussagen über Frauen als allgemeine gäbe: Ich kann etwas nur über eine Frau sagen, dann über die nächste, usw., aber nicht über DIE Frau als allgemeine. Im Deutschen wird m.E. das »la femme« am besten über einen Plural ohne bestimmten oder unbestimmten Artikel wiedergeben: »Frauen«.

Es gibt also »Frauen« nicht als eine Gruppe, über die etwas gesagt werden kann, was für alle gilt. Lacans konzeptuelle Ansatzpunkte sind zum einen seine Lesart des von Freud herangezogenen Mythos vom Mord am Urvater (▶ Kap. 3), zum anderen seine darauf gründenden »Sexuierungsformeln« (Lacan, 1971/72) und die darin vertretene Logik der konstitutiven Ausnahme (vgl. dazu Bergande, 2012). Kurz gefasst ist Lacans Argument, dass der Mythos vom Mord am Ur-Vater durch die Brüderhorde zwei männliche Positionen darstellt: Zum einen die des Ur-Vaters, der alle Frauen »genießt«, d. h. nicht durch das Inzestverbot eingeschränkt wird (da es von niemandem vertreten wird), zum anderen die Gruppe der Söhne/Brüder, die durch ihn reglementiert werden. Im kollektiven Mord an ihm etablieren die Brüder eine neue Ordnung. Statt dass einer von ihnen den frei gewordenen Platz einnimmt und angesichts dessen, dass sie den Vater totemistisch verzehren und so internalisieren, gibt es ein Gesetz: das Inzestverbot bzw. weiter gefasst: eine internalisierte Moralität. In Lacans strukturaler Lesart gibt es hier einen, für den das Gesetz nicht gilt: den Ur-Vater. Er hat darin eine konstitutive Funktion für das Gesetz. Weil die Position dessen denkbar ist, für den das Gesetz bzw. Verbot nicht gilt, kann es formuliert werden. Die Ausnahme bestätigt hier aus Lacans

Sicht nicht einfach die Regel, sondern sie *konstituiert* sie. Auf diese Weise kann gesagt werden, was für alle Männer gilt – gerade deshalb, weil es den einen gibt, für den es nicht gilt. Eine solche strukturale Lesart der Konstitution von Weiblichkeit ist ungleich schwerer: Es wird keine Ur-Mutter beschrieben und keine Schwesternhorde. Was für alle Frauen gälte, hat keine Referenz einer Ausnahme oder einer Position außerhalb der Regel. Aus diesem Grund schreibt Lacan, »DIE« Frau gebe es nicht, es gebe Frauen nur »eine-um-die-andere«. Salopp gesagt: Der Satz »Männer sind starrköpfig« wäre für Lacan artikulierbar und bedeutungsvoll, der Satz »Frauen können nicht einparken« wäre es nicht – und dies nicht wegen des Inhalts, sondern wegen der Form im Hinblick auf Allgemeingültigkeit für alle Männer bzw. alle Frauen.

Karen Horney, Ernest Jones, Robert Stoller

Wenn man sich die Entwicklung psychoanalytischer Theorien über weibliche Sexualität anschaut, lassen sich zum einigen diejenigen Positionen bestimmen, in denen im Rahmen der Freud'schen Überlegungen weitergedacht wird (im Wesentlichen in Form des phallischen Monismus), zum anderen diejenigen, die Freud'schen Annahmen widersprechen (vgl. Chasseguet-Smirgel, 1964b,c). In dieser zweiten Linie lassen sich zwei zeitliche Phasen differenzieren. In einer ersten zwischen ca. 1925 und 1935 finden sich Fragen nach einer spezifisch weiblichen Libido diskutiert. Horney (z. B. 1933) hebt die Bedeutung der Vagina in der frühen Entwicklung hervor und betont, dass es nicht um ein Gefühl von Minderwertigkeit geht, aber um einen Neid auf die Möglichkeiten des Jungen, seine Partialtriebe zu befriedigen (insbes. exhibitionistische Strebungen). Es ist ein Neid auf die Externalität des männlichen Genitals. Als Problem taucht in diesem Ansatz gleichwohl auf, dass gegengeschlechtliche Identifizierungen als Abwehr aufgefasst werden (vgl. Quindeau, 2008, S. 103f.) und dass biologistische Vorannahmen über eine »primäre Weiblichkeit« enthalten sind. Einflussreich sind außerdem die Arbeiten von Jones (z. B. 1932) gewesen, in denen er die Bedeutung der phallischen Phase für das Mädchen zurückweist – im Lichte des Anliegens einer eigenständigen weiblichen Sexualentwicklung begreift er die Kastrationsangst im Kern als eine Aphanisis (Jones, 1927), das bedeutet, als die Angst vor dem Verlust des Sexuellen überhaupt, also dem Verlust, sexuelle Lust und Befriedigung zu erleben (die im Verlust des Penis für den Jungen nur eine spezifische Bebilderung erfährt).

Als eine zweite Phase der Weiterentwicklung kann die Zeit ab den 1960er-Jahren genommen werden. Hier erfolgen weitere Schritte zur Formulierung einer Theorie der eigenständigen weiblichen Sexualität, in erster Linie durch den vertieften Austausch mit Soziologie und soziologischer Gendertheorie (zum Beispiel mit Simone de Beauvoirs Buch *Das andere Geschlecht*), später auch mit den Gender Studies. Ein wichtiger Aspekt in dann entwickelten Modellen folgt der Annahme der Psycho-Sexualität. Es finden sich Überlegungen zur »inneren Genitalität« (die auch einschließen, dass Geschlechtsorgane nicht nur im äußerlich Sichtbaren bestehen) und deren Repräsentation (statt dass in der weiblichen Sexualität und Körperrepräsentation bloß ein Fehlen von etwas leitend ist) (vgl. für einen Überblick Quindeau, 2014, S. 63ff.). Hervorzuheben sind die Arbeiten von Stoller (1968) zur Unterscheidung zwischen der geschlechtlichen Kernidentität (Geschlechtsidentität) und Geschlechtsrollenidentität (s. u.).

Françoise Dolto

Eine wichtige Autorin dieser zweiten Phase ist Françoise Dolto (insbes. 1982; die dortige Publikation geht auf einen Vortrag von 1960 zurück). Sie setzt in den Mittelpunkt, wie Libido weiblich gedacht werden kann. Gibt es eine spezifisch weibliche Libido (und was würde das heißen?), gibt es eine spezifische weibliche Entwicklung der Libido? Dabei zeichnet sie weibliche Entwicklung von Beginn des Lebens an systematisch nach und bringt ein wichtiges Argument ein, das bei Freud implizit enthalten ist, aber wenig reflektiert wird, nämlich dass Geschlechtlichkeit mit den Zuschreibungen der Eltern zu tun hat, mit bewussten und unbewussten Fantasien über das Kind und sein Geschlecht, und dies bereits vor der Geburt. Dolto zentriert die Überlegung auf das Verhältnis der Mutter zur Tochter, jedoch ohne Auslassen des Vaters: »Da die Rolle der Mutter während langer Zeit in der

Entwicklung des Mädchens absolut dominant ist, hat man nicht genug betont, daß diese Rolle nur von einer Mutter voll und ganz übernommen wird, die physisch und symbolisch die besondere Wertschätzung des Vaters besitzt.« (Dolto, 1982, S. 79) Auch hier taucht die Figur des elterlichen Paares auf, die in psychoanalytischen Entwicklungstheorien wichtig ist (die Argumentation lässt sich auch jenseits der Heteronormativität oder klassischer Familienstrukturen aufrechterhalten). Es wird viel über die Mutter konzeptualisiert, aber immer in deren Relation zum Vater. Das Hauptargument Doltos besteht darin, dass das weibliche Geschlecht des Mädchens durch die Mutter vermittelt wird, durch deren Vorbild und in Form von Zuschreibungen, in Form einer libidinösen Besetzung des weiblichen Körpers durch die Mutter.

Aktuelle Themen

Sophinette Becker benennt noch 2005, dass es »nach wie vor keine stringente, allgemein akzeptierte Theorie der weiblichen sexuellen Entwicklung« gebe (Becker, 2005, S. 71). Das hat vermutlich damit zu tun, dass die interdisziplinären Anschlüsse der Psychoanalyse an die soziologische Geschlechterforschung (vgl. für eine Ausnahme Quindeau & Sigusch, 2005), die Gender Studies (Bidwell-Steiner & Babka, 2014) oder Queer Theory (Hutfless & Zach, 2017) nur vereinzelt gesucht werden, welche die Bezüge zwischen Anatomie, Repräsentation und Zuschreibung erhellen könnten. Aus der Sicht Beckers sind zwei leitende Schwierigkeiten die »desexualisierende Idealisierung der Mutterschaft« und »Ausklammerung des Triebhaft-Sexuellen aus der frühen Mutter-Tochter-Beziehung« (Becker, 2005, a. a. O.). Sie kritisiert dabei auch den »Mythos vom Objektwechsel des Mädchens« (a. a. O., S. 73) in der Entwicklung weiblicher Sexualität und Geschlechts(rollen)identität. Für sie ist vielmehr das Folgende entscheidend: »Für die sexuelle Entwicklung des Mädchens ist sowohl die unbewusste Einstellung der Mutter zu ihrer eigenen Weiblichkeit von großer Bedeutung als auch damit zusammenhängend die Frage, ob die Mutter das Mädchen als Gleiche und als Andere begehren und von ihr begehrt werden kann.« (a. a. O., S. 72) Damit ist gemeint, dass die Mutter dem Mädchen vermittelt: Wir sind einander ähnlich, aber wir sind nicht gleich, also wir sind voneinander getrennte Personen, teilen aber etwas, das mit Weiblichkeit zu tun hat. Hier stellt eine »desexualisierende Idealisierung von Mutterschaft« eine Gefahr dar: Herrscht die (unbewusste) Zuschreibung vor, eine Frau sei nach der Geburt eines Kindes immer nur entweder (sexuell begehrende, beruflich engagierte, sozial eingebundene) Frau oder liebevolle Mutter, aber in keinem Moment beides zugleich, setzt sich eine solche Spaltung auch in der Beziehung zum Kind fort. Fain (1971) beschreibt das für die Entwicklung psychosomatischer Erkrankungen als eine Spaltung in die »beruhigende« und die »befriedigende« Mutter, deren Sexualität (im Sinne von Lust und Befriedigung) aus der Interaktion mit dem Kind herausgehalten soll, sich aber gerade dadurch, aber unverstehbar, vermittelt (hier gibt es Berührungspunkte zu den Überlegungen Laplanches). Dies schließt die Frage der lustvollen Besetzung weiblicher Körper durch die Mutter ein (sowohl des eigenen als auch desjenigen der Tochter) sowie die nach lustvoller Weiblichkeit.

Eine *Psychoanalyse des Mädchens* legt Seiffge-Krenke (2017) vor (vgl. zur *Psychoanalyse des Jungen*, Hopf, 2017). Sie untersucht die Unterschiedlichkeiten in den Entwicklungswegen von Jungen und Mädchen, z. B. im Hinblick auf die Mutter (bzw. die erste frühe Bezugsperson) als gleich- oder gegengeschlechtliche Person, auf unterschiedliche elterliche Zuschreibungen von Geschlechtlichkeit an Söhne und Töchter oder auch die Frage nach einem biologischen »Entwicklungsvorsprung« von Mädchen und dessen Bedeutung für die psychische Strukturbildung. Auch hier taucht die Figur der »Innergenitalität« auf sowie die damit verbundenen Fantasien über das innere das weiblichen Körpers, nicht zuletzt im Hinblick auf Schwangerschaft und Gebärfähigkeit.

Weiblichkeit in der heutigen Psychoanalyse muss über ein symbolisches Verständnis von Phallus oder Kastration verstanden werden. Phallus ist nicht das gleiche wie Penis und wenn Psychoanalytiker vom Phallus sprechen, dann ist in der Regel kein Geschlechtsorgan gemeint. Eine entscheidende Entwicklungsaufgabe liegt in der Bewältigung der symbolischen Kastration/Kastriertheit; die Bewältigung ödipaler Konflikte (▶ Kap. 3) hat mit Triangulierungsprozessen zu tun, mit der Anerkennung und Bewältigung von Geschlechts- und Generationsunterschieden und -grenzen, mit relativer Ausgeschlossenheit aus Beziehungen, die sich als ein Geflecht darstellen statt als etwas, das ausschließlich von einem selbst den Ausgang nimmt. Man kann nun, wie oben vorgeschlagen, sagen, mit dieser symbolischen Kastration muss sich auch das Mädchen auseinandersetzen, genauso wie der Junge. Beide müssen sich damit auseinandersetzen, nicht omnipotent zu sein. Nichtsdestoweniger hat es sich durchgesetzt, weiterhin von symbolischer Kastration zu sprechen. Man kann Kastration differenzierter betrachten und herausstellen, dass es in der Konzeption nicht um Penisse geht, sondern um psychisches Wirkvermögen, aber es wird (symbolische) Kastration genannt, statt dass von »Fruchtbarkeitsverlust« o. ä. die Rede ist; es heißt phallische Phase und nicht vaginale Phase. Gleichzeitig gibt es Autoren, die herausstellen, dass es genauso plausibel sei, einen menschlichen Vaginalneid anzunehmen, wie es plausibel ist, einen Penisneid anzunehmen (vgl. z. B. den Kolposwunsch des Jungen, von dem Le Soldat, 2015, ausgeht; Fäh, 2018). In beiden ginge es um die Auseinandersetzung damit, etwas nicht zu haben, was ich an jemand anderem sehe, ein Geschlechtsteil, das jemand hat und das mir fehlt. Warum sollte der Junge weniger neidisch auf das Geschlechtsteil des Mädchens sein als umgekehrt? Wichtig bleibt das Argument, dass Identifizierungen eine Rolle spielen, die Zuschreibungen durch die Eltern (die das Kind *identifizieren*), aber auch die Eltern als eine Art von (auch geschlechtlichem) Vorbild (mit dem das Kind *sich identifiziert*). Welche Identifizierungen und Gegenidentifizierungen den Weg aus der Dyade öffnen, weist den Weg für die weitere Entwicklung.

In einigen Aspekten kann Freuds Theorie als reduktionistisch betrachtet werden, jedoch nicht in allen und auch nicht grundlegend. Sie liefert eine Möglichkeit des Weiterdenkens. Folgt man der Annahme, dass zu den Themen auch moderner Sexualwissenschaft die Fragen von Geschlechterdifferenz, Identifizierung, Repräsentation von Körperlichkeit u. a. gehören, dann kann man sich die Frage nach den Folgen stellen, die sich ergeben, wenn man die Freud'schen Konzeptionen von Trieb, infantiler Psychosexualität oder ödipalem Konflikt versucht, »auf einen modernen Stand« zu bringen bzw. auf ihren argumentativen Wert im Licht gegenwärtiger Prozesse zu befragen, etwa im Hinblick auf Gender-Identität, Familienstrukturen oder Elternschaft. Natürlich wäre dabei die Unterscheidung zwischen *sex* und *gender* ebenso zu beachten wie die zwischen Geschlechtsidentität und Sexualpräferenz.

Und wie versteht man dabei Freuds Position Freud (1924, S. 400): »[D]er morphologische Unterschied muß sich in Verschiedenheiten der psychischen Entwicklung äußern. Die Anatomie ist das Schicksal.«? Dabei handelt es sich um ein abgewandeltes Zitat von Napoleon und dessen Ausspruch »Geografie ist Schicksal.« Aber wofür ist die Anatomie das Schicksal? Letztlich zunächst dafür, eine Auseinandersetzung zu finden, etwas mit der Vermittlung von Physiologie ins Erleben »anzustellen«.

5.2 Psychoanalytische Theorien zur Homosexualität

Freuds Bemerkungen zur Homosexualität stoßen zum Teil auf ähnliche Schwierigkeiten, haben aber ebenso Weiterentwicklungen erfahren. Ein Beispiel für die Schwierigkeiten hatte sich bereits in einer der drei von Freud erwähnten Entwicklungswege weiblicher Sexualität gezeigt, nämlich dem vom ihm sogenannten »Männlichkeitskomplex«, in dem die klitorale Masturbation nicht aufgegeben, die Penislosigkeit nicht anerkannt und eine weibliche Homosexualität entwickelt wird. Dabei wird in Freuds Konzeption an einer Identifizierung mit der »phallischen« Mutter festgehalten. Hier haben die gegengeschlechtlichen Identifizierungen Abwehrcharakter: Männliches in sich und der Mutter zu finden, erscheint als problematisch. Wenn das Mädchen sich mit dem Vater identifiziert, hat das in klassischer Freud'scher Auffassung Abwehrcharakter. Es ist eine Flucht vor der Mutter statt eine positiv konnotierte Zuwendung zum Vater. Nicht zuletzt scheinen darin auch eine Normativität und das Verharren in einer dichotomen Theorie der Geschlechter auf.

> In der Folge »Trapped in the Closet« (2005) der Animations-TV-Serie *South Park* gibt es eine Sequenz, in der einer der vier kindlichen Protagonisten, Stan Marsh, Besuch vom Schauspieler Tom Cruise erhält. Cruise hält den Jungen für die Reinkarnation des Scientology-Gründers L. Ron Hubbard und drängt darauf, zu hören, was er von ihm als Schauspieler halte. Stan antwortet, er finde Cruise okay, aber z. B. Leonardo DiCaprio besser. Daraufhin schließt sich der gekränkte Cruise im Kleiderschrank des Jungen ein. In den folgenden Minuten werden wiederholt Wortspiele in Richtung »Tom Cruise won't come out of the closet« oder »Mr. Cruise, please come out of the closet« eingebracht, die Stan, seine Eltern oder die hinzugezogene Feuerwehr äußern – womit die Formulierung gebraucht wird, die im Englischen für das »Outing« einer homosexuellen Person gebräuchlich ist...

In der Psychoanalyse hat es eine Weile gebraucht, bis eine differenzierte Homosexualitätstheorie entwickelt worden ist. Ich zeichne im Folgenden auch hier zunächst die Freud'schen Überlegungen nach. Diese sind im Zeitkontext zu sehen, auch dahingehend, dass selbst in der Bundesrepublik Deutschland bis 1969 homosexuelle Handlungen strafbar waren.

5.2.1 Freuds Blick auf Homosexualität

Eine wichtige Zäsur ist 1897 die Gründung des sogenannten »wissenschaftlich-humanitären Komitees« gewesen, unter anderem durch Magnus Hirschfeld, einen der wichtigsten Sexualitätsforscher der Zeit. Darin ist der Versuch zu sehen, darüber nachzudenken, was Homosexualität mit der individuellen Entwicklung zu tun hat, und sie nicht bloß unter der Perspektive von Strafbarkeit und/oder Degeneration zu sehen. Ferner hat zu Freuds Zeit das Buch von Otto Weininger *Geschlecht und Charakter* (1903) hohe Wellen geschlagen, es gab in den ersten 29 Jahren nach Erscheinen 39 Auflagen des Buches. Darin findet sich die These der menschlichen Bisexualität, neben hasserfüllten homophoben, frauenfeindlichen oder antisemitischen Bemerkungen. Kurz nach Erscheinen suizidierte sich Weininger 23-jährig.

Für Freuds Bemerkungen zur Homosexualität ist das Buch aus zwei Gründen von Bedeutung. Erstens aufgrund des zeitgeschichtlichen Bildes, in das es sich einfügt, und zweitens im Kontext von Freuds eigener These der menschlichen Bisexualität. Soweit man es heute rekonstruieren kann, übernahm er den Gedanken von seinem Freund Wilhelm Fließ, einem Berliner Arzt[7]. Fließ erwähnte diese Idee in einem Brief an Freud und dieser äußerte sie gegenüber seinem Patienten Hermann Swoboda, der mit Weininger befreundet war. Schließlich publizierte Weininger die Annahme und es kam zu einem Plagiatsstreit zwischen Freud und Fließ, der zum Bruch führte.

Freud diskutiert konstitutionelle Bisexualität und Homosexualität vor allem 1905 in den *Drei Abhandlungen zur Sexualtheorie*. Dort findet sich auch die Bemerkung zur konstitutionellen Bisexualität. Es gebe, so Freud, Hinweise darauf, »daß alle Menschen der gleichgeschlechtlichen Objektwahl fähig sind und dieselbe auch im Unbewußten vollzogen haben […] Der Psychoanalyse erscheint […] die Unabhängigkeit der Objektwahl vom Geschlecht des Objektes […] als das Ursprüngliche […] Im Sinne der Psychoanalyse ist also auch das ausschließliche sexuelle Interesse des Mannes für das Weib ein der Aufklärung bedürftiges Phänomen und keine Selbstverständlichkeit« (1905, S. 44). Dass wir nur Männer oder nur Frauen lieben und begehren, erscheint doch merkwürdig, so das Argument, denn beide Wege in die Heterosexualität (oder Homosexualität) stellen eine erklärungsbedürftige Einschränkung unserer Wahl der Sexualobjekte dar.

Einer der drei *Abhandlungen* gibt Freud die Überschrift »Die sexuellen Abirrungen«, darunter finden sich seine Annahmen zu Homosexuellen als »Konträrsexuale« oder »Invertierte« (bezogen auf die

---

[7] Freud entwickelte einige seiner wichtigsten Überlegungen in Briefwechseln mit Fließ (etwa zwischen 1887 und 1904), so Grundzüge seiner *Traumdeutung* bzw. seiner frühen Modelle des Psychischen. Fließ selbst publizierte auch, so etwa 1897 ein Buch mit dem Titel *Die Beziehungen zwischen Nase und weiblichen Geschlechtsorganen. In ihrer biologischen Bedeutung dargestellt*.

Wahl des Sexualpartners). Freud unterscheidet absolut, amphigen und okkasionell Invertierte, also diejenigen, die »immer« homosexuell leben, diejenigen, die eine zweifache Präferenz des Sexualpartners haben, und diejenigen, die okkasionell homosexuelle Sexualität praktizieren, d. h. »unter gewissen äußeren Bedingungen«. Er diskutiert die damals gängigen Thesen, nämlich zum einen das Angeborensein von Homosexualität, zum anderen das Verständnis von Homosexualität als Ergebnis eines »degenerativen« Prozesses. Nachdem er Überlegungen zur biologischen Bisexualität (in Anlage und anatomischem Phänotyp) genannt hat, diskutiert er die Frage nach einem »psychischen Hermaphroditismus«, äußert Zweifel, folgt aber auch einer eher stereotypen Vorstellung weiblicher wie männlicher Homosexualität auf der Ebene des Psychischen: »[E]ine solche Charakterinversion darf man mit einiger Regelmäßigkeit bei den invertierten Frauen erwarten, bei den Männern ist die vollste seelische Männlichkeit mit der Inversion vereinbar.« (a. a. O., S. 41) Freud gelangt so zu zwei Annahmen: 1. »daß auch für die Inversion eine bisexuelle Veranlagung in Betracht kommt, nur daß wir nicht wissen, worin diese Anlage über die anatomische Gestaltung hinaus besteht« und 2. »daß es sich um Störungen handelt, welche den Geschlechtstrieb in seiner Entwicklung betreffen« (a. a. O., S. 42). Bei aller Progressivität und wissenschaftlicher Offenheit gegenüber der Homosexualität, d. h. darüber im Hinblick auf Entwicklungskonflikte nachzudenken, taucht sie als »Störung« auf – nicht unbedingt als Krankheit, aber als eine Störung der Entwicklung des Geschlechtstriebes.

Freud schreibt über die Feststellung, »daß die später Invertierten in den ersten Jahren ihrer Kindheit eine Phase sehr intensiver, aber kurzlebiger Fixierung an das Weib (meist an die Mutter) durchmachen, nach deren Überwindung sie sich mit dem Weib identifizieren und sich selbst zum Sexualobjekt nehmen, das heißt vom Narzißmus ausgehend jugendliche und der eigenen Person ähnliche Männer aufsuchen, die sie so lieben wollen, wie die Mutter sie geliebt hat. [...] Ihr zwanghaftes Streben nach dem Manne erwies sich als bedingt durch ihre ruhelose Flucht vor dem Weibe« (a. a. O., S. 44).

Er setzt seine Überlegungen also unter die Überschrift der »sexuellen Abirrungen« und die Homosexualität taucht in Abschnitten auf mit Titeln wie »Abweichungen in Bezug auf das Sexualobjekt« oder »Abweichungen in Bezug auf das Sexualziel«. Diesen zweiten Punkt gilt es, etwas genauer zu betrachten. Freud denkt hier an die Fixierung an vorläufige Sexualziele. Im Kontext von Freuds Konzeption der Partialtriebe ist die homosexuelle Lust das Ziel partialtriebhafter Strebungen. Homosexualität ist also Teil jedes Menschen und seiner (Psycho-) Sexualität, aber als ein Teil des Weges zur heterosexuellen genitalen Sexualität. Wie auch anale, orale oder exhibitionistische Lust ist die homosexuelle Teil eines »intermediären« Sexual- bzw. Triebziels und soll in der reifen Sexualität im Genitalprimat aufgehoben sein. Aus Freuds Perspektive, deshalb spricht er von Abweichungen im Hinblick auf das Sexualziel, ist jemand, der homosexuellen Geschlechtsverkehr praktiziert, bei vorläufigen Sexualzielen stehen geblieben; statt dass etwas vorübergehend auf dem Weg zur reifen Sexualität liegt, zum endgültigen Ziel, wird ein eigentlich intermediäres Ziel für das »Endziel« genommen und die Vereinigung der partialtriebhaften Lust unter dem Genitalprimat bleibt aus. Das ist das Argument für Freud, von Homosexualität in Richtung ungelöster Entwicklungskonflikte zu sprechen – ein Argument, das allerdings nur im Kontext der Annahme eines Genitalprimats (und darin einer Heteronormativität und reifen »Ganzheit« sexueller Wünsche) angeführt werden kann.

Paranoia und verdrängte Homosexualität

Ein weiterer Aspekt von Freuds Homosexualitätstheorie, der ebenfalls nicht wenig Kritik erfahren hat (wenn auch aus anderen Gründen), ist die Verbindung zur Paranoia, die er zumindest im Fall von Daniel Paul Schreber annimmt: Paranoia ist Ausdruck verdrängter Homosexualität, diese äußert sich als Verfolgungswahn. Er legt das in seiner Arbeit *Über einen autobiographisch beschriebenen Fall von Paranoia* (Freud, 1911b) vor, in welcher er das Buch von Schrebers (1903), *Denkwürdigkeiten eines Nervenkranken*, diskutiert. Schreber war schwer psychotisch krank und hat in diesem Buch sein Erleben beschrieben (im Wesentlichen seine Wahn-Logik). Freud kommentiert Schrebers Bemerkungen. Teil der Symptomatik war, dass Schreber überzeugt davon war, durch göttliche Strahlen »zum Weib« gemacht zu werden, um

Gott als Sexualpartner zu dienen. Freud folgert: »[I]n der nun bald ausbrechenden schweren Psychose setzte sich die feminine Phantasie unaufhaltsam durch, und man braucht die paranoische Unbestimmtheit der Schreberschen Ausdrucksweise nur um weniges zu korrigieren, um zu erraten, daß der Kranke einen sexuellen Mißbrauch von seiten des Arztes selbst befürchtete. Ein Vorstoß homosexueller Libido war also die Veranlassung dieser Erkrankung« (1911b, S. 278).

Freuds Argument lautet, dass die Paranoia die homosexuellen Wünsche Schrebers verschleiert (und zugleich entstellt zum Ausdruck bringt). Homosexuelle Wünsche sind psychisch inakzeptabel, unterliegen der Abwehr und erscheinen als verfolgende wieder (vgl. Freud, 1911b): Schreber fühlt sich von Männern bedrängt und gesteuert statt von seinen Wünschen Männern gegenüber (dem Vater oder seinem Psychiater). Das ist das Freud'sche Argument. Freud fasst die Psychose als eine »narzisstische Neurose« auf, in der es um die (libidinöse) Besetzung der eigenen Person geht bzw. um einen Rückzug der Besetzungen ins Ich. In der Symptombildung sind für ihn zwei Aspekte maßgeblich: Zum einen die Verwerfung, ein Mechanismus, der im Unterschied zur Verdrängung die Besetzungen löst und so eine Objektvorstellung nicht nur aus dem Bewussten, sondern aus dem Psychischen ausschließt (allerdings wäre kritisch zu diskutieren, ob das in dieser Radikalität angenommen werden kann). Eine so vorherrschende Besetzung der Wortvorstellungen bei verworfenen Sachvorstellungen (vgl. Freud, 1911b) ist die Grundlage für die Besonderheiten der Sprache im Zusammenhang psychotischer Erkrankungen. Durch die Verwerfung entsteht eine psychische Leere von Besetzung, Beziehung oder Bedeutung. Der Umgang damit erfolgt zum anderen durch den Vorgang der Projektion: Es werden statt der verworfenen neue Besetzungen geschaffen (und in letzter Konsequenz ein Wahnsystem), die jedoch auf Aspekten des Selbst fußen (deutlich etwa auch in Form der akustischen Halluzinationen).

Gerade an dieser Stelle ist Freuds Theorie prominent kritisiert worden, nicht allen wegen der inhaltlichen Verknüpfung zwischen Homosexualität und Paranoia, sondern wegen des (vermeintlichen) Kausalitätsverständnisses in seiner Theoriebildung (besonders von Grünbaum, 1984; vgl. als Entgegnung z. B. Kettner, 1998).

5.2.2 Aktuelle Themen

Freud beschreibt einen dritten Weg in den Überlegungen zur Ätiologie der Homosexualität. Jenseits der Thesen zum Angeborensein oder zur »Degeneration« thematisiert er Entwicklungskonflikte, also im Kern einen Ansatz der sozialisatorischen Genese der Sexualpräferenz. Als inhaltliche Elemente seiner Konzeption der Homosexualität können dabei gelten: die Annahme einer besonders starken Bindung an die Mutter und die narzisstische Objektwahl in der Liebe zum gleichgeschlechtlichen Partner. Dabei wird zum einen Freuds Changieren zwischen einer progressiven und einer normativen Vorstellung von (»reifer«) Sexualität deutlich und darin zum anderen die männlich ausgerichtete Perspektive. Bereits in den Grundzügen der Konzeptualisierung muss gefragt werden, ob die These verdrängter homosexueller Wünsche und deren Wiederkehr in paranoiden Ängsten denn auch für lesbische Sexualität gelten kann – geht es hier für eine Frau um Ängste bezogen auf die Wünsche an die Mutter wie es für einen Mann um Ängste bezogen auf die Wünsche an den Vater geht? Hinzu tritt, dass es insgesamt bei Freud noch keine Möglichkeit gibt, eine nicht-symptomatische Homosexualität zu denken. Zu beachten ist ferner auch die Unterscheidung zwischen latenter und manifester Homosexualität bzw. zwischen homosexuellen Wünschen bzw. Fantasien und homosexuellem Geschlechtsverkehr.

Im Weiteren kann ich nur knapp einige relevante Eckpfeiler einer weitergeführten psychoanalytischen Homosexualitätstheorie benennen. Die Begrifflichkeit von Stoller (1968), der zwischen »core gender identity« (Kerngeschlechtsidentität) und »gender role identity« (Geschlechtsrollenidentität; vgl. a. Person & Ovesey, 1983) unterscheidet, hat sich als Konsens ergeben. Man erkennt, dass nun die soziologische Geschlechtertheorie Einzug erhalten hat und sich in dieser Unterscheidung auf einer grundlegenden Ebene die Unterscheidung zwischen *sex* und *gender* bzw. zwischen anatomischem und sozialem Geschlecht abbildet. Bei Stoller ist das als ein Kern von Geschlechtsidentität gedacht, zu dem sich dann im Zuge der Entwicklung verschiedene Schichten herum legen. Quindeau (2008) wendet dieses Modell um und vertritt den Standpunkt, dass es nicht so sinnvoll sei, von einer *Kern*geschlechtsidentität zu sprechen, sondern von Geschlechtsidentität als *Hülle*, als Umgebung, die mit Fantasien und Erfahrung gefüllt wird.

Neben den Annahmen Stollers ist die Studie von Dannecker und Reiche *Der gewöhnliche Homosexuelle* (1974) einflussreich für die Entwicklung der psychoanalytischen Homosexualitätstheorie gewesen, weil dezidiert soziologische Überlegungen einbezogen und entwickelt werden, auch im Hinblick darauf, welches die Bedingungen der gesellschaftlichen Realität und von Zuschreibungen sind.

In psychoanalytischen Theorien finden sich zwei unterschiedliche Akzentsetzungen: So stellt zum Beispiel Morgenthaler (1984) die Liebe zur Mutter ins Zentrum, während etwa Isay (1989) die Liebe zum Vater als maßgeblich betrachtet. Differenzierungen finden sich ferner zwischen »gesunder« und »symptomatischer« Homosexualität, d. h. dazu, welche Entwicklungswege sich differenzieren lassen oder wann Homosexualität konflikthaft ist und wann sie eine Konflikt*bewältigung* darstellt (s. u.). Sexuelle Fantasien und Praktiken können Ausdruck unterschiedlicher psychischer Prozesse und Entwicklungen sein.

Reiche (2000, S. 292) bezieht dabei die Fragen nach Geschlechtsrollenidentität und Objektwahl aufeinander. Für die »Proto-Geschlechtsidentität« beschreibt er drei »Schichten«: das Körpergeschlecht (1), darum gebildet die Stollersche Kerngeschlechtsidentität (2) und darum schließlich die Gender-Rollen (3) der »sekundären Sozialisation«. In einer von ihm »gleichursprünglich« genannten Entwicklung ergeben sich aber auch drei Schichten der »Proto-Objektwahl«: im Kern die (urverdrängten) rätselhaften Botschaften aus der frühen Interaktion mit den ersten Bezugspersonen (1), darum »primäre Selbst-Objekt-Beziehungen« (2) und schließlich die »ödipale Textur« Freuds (3) und eventuell Schichtungen psychopathologischer Objektwahlen. Geschlechtsrollenidentität und Objektwahl korrespondieren dabei auf allen drei Ebenen oder Schichten miteinander.

Meist tappt man psychoanalytisch in der Nachfolge Freuds in die Falle, wieder nur über männliche Homosexualität zu sprechen. Die Frage nach einer eigenständigen psychoanalytischen Theorie weiblicher Homosexualität findet sich nur vereinzelt diskutiert, so aber beispielsweise bei McDougall (1995). Deren Buch heißt im deutschen Titel *Die Couch ist kein Prokrustesbett*, womit auf die antike Sagenfigur

Prokrustes (der »Ausstrecker«) verwiesen ist, der Reisende als Gäste bei sich aufnahm, sie aber in ihrer »Passform« auf sein Bett zurechtstutzte: Er zog sie in die Länge, wenn sie zu klein waren, und hackte ihre Beine zurecht, wenn sie zu lang waren. Der Hinweis, dass es in Psychoanalysen nicht um ein »Zurechtbiegen« des Analysanden geht, ist allgemein wichtig, und im Hinblick auf die Betrachtung der Sexualität von Analysanden erst recht. McDougall bezeichnet es als ein »Thema mit Variation« und fasst es als »unerläßlich« auf »von ›Homosexualitäten‹ im Plural zu sprechen, da sich bei ihnen wie bei den Heterosexualitäten eine Vielzahl von Varianten in bezug auf das sexuelle Handeln, die Objektwahl und die Persönlichkeitsstruktur findet« (a. a. O., S. 70). Es gibt keine einheitliche Theorie, dass Sexualität die alle Formen von gelebter, praktizierter, fantasierter Sexualität einheitsmäßig auf den Begriff bringt. Für die klinische Situation ergibt sich die Folgerung, man müsse »sehr genau den ›Theorien‹ zuhören, die diese Analysandinnen von sich selbst haben« (a. a. O.). Für sie gibt es bezüglich beruflicher oder sozialer Konflikte und dem Leiden keine Unterschiede zwischen hetero- und homosexuellen Analysandinnen, aber »im Hinblick auf die Ursachen sexueller Hemmungen und die Gründe, die zu einem Zusammenbruch zuvor stabiler Paarbeziehungen führen« (a. a. O., S. 71). Es gehe um »oft tiefe Ängste vor körperlicher Beschädigung, vor einem Verlust der Körpergrenzen oder der psychischen Distanz zu anderen sowie vor einem Zerfall des Selbstgefühls« (a. a. O.). Um dies richtig einzuordnen: Der Standpunkt ist nicht, dass es um sexuelle Hemmungen oder den Zusammenbruch von Paarbeziehungen gibt, wenn oder weil Frauen homosexuell sind, sondern dass es bei denjenigen homosexuellen Frauen, die sich in Analyse begeben, aus Sicht McDougalls um diese Themen geht. Beschrieben werden also keine »Ursachen« für Homosexualität, sondern Ursachen dafür, bezüglich der eigenen Homosexualität Hemmungen zu erleben. McDougall diskutiert dazu »herabsetzende oder bedrohliche Bemerkungen der Eltern über die Sexualität« bzw. die »der ›Weiblichkeit‹ zugemessene Bedeutung« (a. a. O., S. 72) oder eine »übertriebene Sorge« der Mutter bzgl. Schlafen, Essen, Ausscheidungen der Tochter mit der Folge, »daß das Kind ein geringschätziges Bild seines Körperselbst und seines sexuellen Selbst internalisiert« (a.a.O.).

Ebenfalls nur kursorisch kann ich auf den Ansatz von Le Soldat (2015) und ihre Position zum »Grund für Homosexualität« eingehen. Homosexualität kann die gelingende Konflikt*lösung* sein oder die *Ursache* von Entwicklungskonflikten. Es gibt verschiedene Referenzen für homosexuelle Wünsche. Le Soldat differenziert dabei zwischen Persönlichkeitsanteilen auf der einen und der »manifesten« Homosexualität als Konfliktlösungsversuch gegenüber Entwicklungsbelastungen (und nicht als die Entwicklungsbelastung selbst!).

Der Umgang mit Homosexualität in psychoanalytischen Institutionen

Ein letztes Element von Homosexualität in der Psychoanalyse ist ein eher unrühmliches, nämlich die Frage danach, wie psychoanalytische Fachgesellschaften mit homosexuellen Bewerbern umgegangen sind. Es ist erschreckend, dass erst 1991 »diagnostisch« Homosexualität von der amerikanischen psychiatrischen Gesellschaft entpathologisiert wurde und es erst in der Folge dessen überhaupt möglich war, als offen homosexueller Ausbildungskandidat an Instituten zugelassen zu werden. Zuvor wurde sie zwar nicht mehr als strafbar angesehen, aber als eine pathologische Abweichung. Erst 2002 gab es einen Antidiskriminierungsbeschluss der Internationalen Psychoanalytischen Vereinigung. Bis 2002 gab es auf Fachgesellschaftsebene unwidersprochene Einwände, auf deren Basis man sagen konnte, homosexuelle Menschen sollen nicht Psychoanalytiker werden, sie sollten und/oder könnten nicht Patienten behandeln; nicht so sehr, weil es Sorge um Übergriffe gegeben hätte, sondern weil die Annahme bestand, gelebte Homosexualität habe mit eigenen ungelösten Entwicklungskonflikten zu tun, die jemanden hinderten, Menschen zu helfen.

Es gab also eine Öffnung, aber eine aktuelle Arbeit von Ermann (2017, S. 101f.) stellt demgegenüber die Frage, aus welchen Motiven diese Öffnung und Liberalisierung psychoanalytischer Institute und Fachgesellschaften geschieht; er sieht eine »unklare Motivation dieser Praxis«. Handelt es sich um eine Pseudoliberalität oder ist es auch getragen von einer veränderten Überzeugung und Betrachtung? Vier klinische Fragen sind aus seiner Sicht darüber hinaus grundlegend für die

Arbeit mit homosexuellen Patienten: 1. Der »Informationsstand heterosexueller Analytikerinnen und Analytiker über die Praxis eines homosexuellen Lebens«; 2. Ein »Verständnis von Konflikten und Defiziten im Zusammenhang mit und als Folge der homosexuellen Identität«; 3. Eine Unterstützung der Entwicklung einer Übertragungsdynamik, die »nicht dem konventionellen heterosexuellen Muster entspricht«; 4. Die Frage nach regressiven/antiregressiven Prozessen.

Ferner möchte ich auf einen Text zu einer empirischen Befragung von niedergelassenen Psychoanalytikern in Deutschland hinweisen, die dazu befragt wurden, ob sie es für richtig halten, dass homosexuelle Menschen zu Psychoanalytikern ausgebildet werden (Richter & Brosig, 2017). Auch wenn sich darin zeigt, dass psychoanalytische Gesellschaften und ihre Mitglieder hinsichtlich dieser Frage während der vergangenen Jahrzehnte eine Entwicklung durchlaufen haben, ist es doch erschreckend zu lesen, dass von den Befragten ganze 28,7% der Aussage »Homosexualität ist Ausdruck einer unvollständigen Reifung oder Fixierung« und immerhin 1,9% der Aussage »Gute Therapie *muss* Homosexuellen helfen, heterosexuell zu werden« zustimmen (a. a. O., S. 87). Das ist nicht nur diskriminierend, sondern mit der psychoanalytischen Entwicklungstheorie und ihrer klinischen Veränderungstheorie (und Haltung) bei genauer Betrachtung gerade nicht vereinbar.

5.3 Psychoanalyse und Gender

In einer Folge der TV-Talkshow *Schulz und Böhmermann* vom 5.3.2017 waren vor einige Zeit neben den Moderatoren Olli Schulz und Jan Böhmermann folgende Gäste zum Thema Rollenbilder zu Gast: Schorsch Kamerun, der Hamburger Theaterregisseur und Sänger der Polit-Punk-Band Die Goldenen Zitronen; Ben Tewaag, der Sohn Uschi Glas', der in den Boulevard-Zeitungen mit Schlagzeilen über Gewalt gegen Frauen präsentiert worden war; Laura

Himmelreich, die Initiatorin der »Aufschrei«-Initiative gegen Sexismus; Rolf Pohl, Professor für Sozialpsychologie an der Universität Hannover, der durch seine Studie zur Männlichkeit mit dem Titel »Feindbild Frau« einen wichtigen Beitrag geleistet hat. Böhmermann fragt seine Gäste nach den Einschätzungen zu den »biologischen Unterschieden« zwischen Mann und Frau an, »allein schon hormonell«, und ob es daher so schwer sei, »auf einen gemeinsamen Nenner« zu kommen. Kamerun zweifelt an, ob das die Diskussion weiterbringe, er sehe die Gefahr, damit in »Fallen« zu landen – es seien »Affenkriterien«. Böhmermann meint zu Tewaag, er denke, keine Frau würde dessen Haltung einnehmen: Zuvor hatte Tewaag gesagt, er finde es attraktiv an Frauen, wenn diese erfolgreich seien. Kamerun meint, es sei für ihn »totaler Nonsens«, Frauen seien für ihn nicht attraktiver, nur weil sie erfolgreich seien, er verstehe nicht, wie diese Position in der Diskussion einfach so »durchrutsche«. Er meint, dass er selbst vermutlich auch archaisch denke und »einer Silhouette hinterherjage«. Er stellt die Frage in den Raum, ob er vielleicht einem Bild einer Partnerin hinterher laufe, die »gesund genug« sei – und thematisiert dabei die Frage nach Codes oder archaischen Mustern, die uns in unserem Rollendenken beeinflussen.

Es wird darin, so sehr die Diskussionsrunde letztlich die Schwierigkeiten einer Debatte über Rollenbilder eher vorführt als diese weiterzuführen, eine Problemstellung markiert: nämlich die Frage: Was ist die »Natur« des Menschen? Was ist Teil unserer anatomischen oder biogenetischen Ausstattung im Hinblick auf Sexualität?

An dieser Stelle kann Freuds Bemerkung zum »Genitalprimat« aufgenommen werden. Freud vertritt die Position: »Als normales Sexualziel gilt die Vereinigung der Genitalien in dem als Begattung bezeichneten Akte, der zur Lösung der sexuellen Spannung und zum zeitweiligen Erlöschen des Sexualtriebes führt« (1905, S. 48f.). Einfacher ausgedrückt: Reife Sexualität besteht darin, dass ein Mann und eine Frau mit einander genitalen Verkehr haben, der beide befriedigt. Dem gegenüber gelten partialtriebhafte Strebungen als »intermediäre Ziele«. Die erogenen Zonen jenseits der Genitalien, die in der polymorph-perversen infantilen Sexualität maßgeblich sind, werden in der Entwicklung, so Freud, »aufgelassen«. Lacan spricht in Antwort auf diese Konzeption Freuds von einer »absurde[n] Hymne auf die Harmonie des Genitalen« (1966, S. 606). Als absurd erscheint sie ihm, weil es wirkt, als würde sich erwachsene Sexualität daran bemessen, dass alle partialtriebhaften Puzzlestücke sich zum großen Ganzen des Genitalprimats zusammenfügen.

Zeitgenössische Sexualwissenschaften, aber auch zeitgenössische psychoanalytische Perspektiven werfen einen differenzierteren Blick darauf und versuchen, der Gefahr der Normativität oder auch der dichotomen Geschlechterrollen zu entgehen. Zwei davon werden im Folgenden kurz vorgestellt, aus eher psychoanalytischer Sicht der von Laplanche, aus eher sexualwissenschaftlicher Sicht der von Sigusch.

Im Weiteren beziehe ich mich auf eine Arbeit Laplanches (2003) mit dem Titel *Gender, Geschlecht, Sexual*. Er formuliert einen Dreischritt und setzt sich als Ziel, »das Primat vom Geschlechtlichen als Sockel infrage zu stellen« (a. a. O., S. 148). Als Grundlage seiner Überlegungen fungieren seine Konzeptionen zur anthropologischen Grundsituation und dem »übersetzerischen« Modell des Unbewussten, das durch die Verarbeitung der rätselhaften Botschaften der Erwachsenen gebildet wird. Für ihn ist das »Sexuale« die infantile Sexualität, als »der eigentliche Gegenstand der Psychoanalyse« (a. a. O., S. 154). Für Laplanche übersetzt bzw. symbolisiert »gender« dabei »Geschlecht« (a. a. O., S. 143) und doch komme »Gender [...] vor dem Geschlecht« (a. a. O., S. 150). Durch Zuschreibungen und die Übermittlung rätselhafter Botschaften gerät etwas vom »sozialen« Geschlecht früher ins Erleben des kleinen Kindes als etwas vom biologischen. Was er damit meint, wird deutlicher, wenn man die zugrundegelegte Unterscheidung zwischen Trieb und Instinkt hinzuzieht (vgl. Laplanche, 2000). Laplanche geht auch hier davon aus, dass Trieb »vor« dem Instinkt kommt – erst in der Pubertät wird die »instinkthafte« Sexualität zu einem aktiven Element des Erlebens, zuvor ist die triebhafte, infantile Sexualität leitend. Das lässt sich aus seiner Sicht nun auch für Gender und Geschlecht beschreiben: Die erste Konfrontation geschieht auf der Ebene dessen, was in den frühen Beziehungen an das Kind herangebracht wird, die Zuschreibungen eines sozialen Geschlechts oder Gender. Das Sexuale nun sei »der unbewusste Rückstand aus der Verdrängung-Symbolisierung des Genders [...]« (a. a. O., S. 137). Zuschreibungen seitens erwachsener Pflegepersonen (»Du bist ein Junge« kommt vor »Ich bin ein Junge«) setzen eine »Übersetzung« des »Genders«, also des sozialen Geschlechts als Zuschreibung, in das »Sexuale« in Gang. Es entsteht eine Art Übersetzungsreihe von jeweils Unfassbarem in eine Form, die dies zwar symbolisiert, aber verfehlt: Das (biologische) Geschlecht wird in Gestalt erwachsener Zuschreibungen und unbewusster Elemente der körperlichen Interaktion zum (sozialen) Gender übersetzt und dieses wiederum, insofern es als rätselhafte Botschaft ankommt, zum (unbewussten) Sexualen. Einen Zugang zur Anatomie bekommen wir über Fantasien, eigene und die der Bezugspersonen. Wir symbolisieren unsere Anatomie und ohne diese Symbolisierung wäre sie uns gar nicht zugänglich. Es bedarf einer Vermittlung von Anatomie ins Erleben und das bedeutet, dass die Dichotomie von Geschlechterrollen eine Dichotomie ist, die auf *Zuschreibungen* beruht. Es ist nichts Natürliches am psychischen Geschlecht oder an einer dichotomen psychischen Geschlechtervorstellung, eine Vorstellung, die auch in sexualwissenschaftlichen Bezügen eine Rolle spielt.

Ein vergleichbarer Ansatz von Seiten der Sexualwissenschaft stammt von Sigusch (2015), der mit William Masters, dem Protagonisten aus *Masters of Sex*, das erste sexualwissenschaftliche Institut der Welt gegründet hat. Auch Sigusch geht grundlegend davon aus, dass es keine einheitliche, einzelne Theorie der Sexualität gibt, deswegen spricht er von *Sexualitäten* und er schreibt auch kein Buch über eine »ganze«, sondern über eine fragmentierte Sexualtheorie. Er unterscheidet zwischen vier kategorialen Ebenen von Sexualität (a. a. O., S. 38): eine biologische, eine psychologische/erlebnismäßige, eine soziologische und eine philosophische. Er formuliert programmatisch: »Kritische Sexualwissenschaft will nicht an jeden Unsinn glauben, der umläuft. Sie will Selbstverständlichkeiten hinterfragen und falsche wissenschaftliche Sicherheiten aufdecken. Sie will Versachlichung und Verstofflichung denunzieren.« (a. a. O., S. 126) Sigusch ist schon in früheren Publikationen davon ausgegangen, dass die Zeit nach 1968 von einer anderen Art sexueller Befreiung gekennzeichnet ist, die er »neosexuelle Revolution« (a. a. O., S. 226) nennt. Diese hat drei Merkmale: die Dissoziation, also die Aufspaltung von Sexualität, die Dispersion, also die Zerstreuung, und die Diversifikation, also die Weiterentwicklung in unterschiedliche Richtungen.

Ich beschränke mich im Weiteren auf Siguschs Bezugnahme auf die Psychoanalyse. Über Freud formuliert er, dieser sei »ein überzeugter Essenzialist und zugleich ein überzeugender Konstruktivist« gewesen (a.a.O., S. 147). Freud vertritt bestimmte Vorstellungen über den »normalen« Verlauf der sexuellen und geschlechtlichen Entwicklung von Sexualität und gleichzeitig findet man bei ihm zumindest eine Ahnung davon, dass Sätze wie »Mädchen sind liebenswürdiger und aggressionsgehemmter« Aussagen darüber sind, was Mädchen (und Jungen) sozial zugeschrieben wird, dass sich also Männlichkeit und Weiblichkeit auch solchen (zeitspezifischen) Konstruktionen verdanken. Sigusch führt einige Freud'sche Annahmen weiter. So meint er zum Beispiel zur infantilen Sexualität, sie bestehe »überwiegend aus körperlichen Sensationen«, während »die adulte Sexualität [...] überwiegend aus Fantasien« bestehe: »Anders gesagt: Beim Erwachsenen besteht die Sexualität überwiegend aus nach außen gerichteten Imaginationen, beim Kind dagegen aus nach innen gerichteten Manifestationen.« (a.a.O., S. 157) Das greift ein zentrales Argument der Psychoanalyse auf, nämlich die Annahme, dass kindliche und erwachsene Sexualität in keiner unmittelbaren Entwicklungsreihe stehen, sondern es zwischen beiden einen Bruch gibt. Daher zieht auch Sigusch Schlussfolgerungen im Bezug auf die Vielgestaltigkeit der (infantilen) Sexualität: »Das nach wie vor faszinierende Freud'sche Theorem der ›polymorph-perversen Anlage‹ sollte heute umgedacht und entsprechend umbenannt werden in polysexuelles Vermögen. [...] Da die bisexuelle Konstitution, die Freud herausgestellt hat, nur einen Teil des sexuellen Vermögens zu repräsentieren vermag, sollte in Zukunft von Protopolysexualität gesprochen werden.« (a.a.O., S. 158) Hier geht es um eine entwicklungsmäßig »angelegte« Vielfältigkeit von Sexualität. Das liegt nicht auf derselben Linie wie die Freud'sche Konzeption, sondern es stellt seine Annahme des Genitalprimats in Frage. Postuliert man nämlich eine Protopolysexualität auch beim Erwachsenen, dann entsteht ein weniger »ganzes« Bild reifer Sexualität. In einer modernen Theorie von Sexualität geht es um die Abweisung des Arguments, es brauche eine vereinheitlichende Größe, die alle Elemente der Sexualität an den richtigen Platz setzt; Fragmentierung oder Zerstörung gelten demgegenüber als Form der Sexualität bzw. der Sexualitäten.

Der soziologische Bezug Siguschs zeigt sich auch in seinem Verständnis der Freud'schen Triebtheorie, etwa wenn er formuliert: »Trieb ist ein ›Grenzbegriff‹ (Freud), für mich aber nicht in erster Linie zwischen der Sphäre des Körperlichen und des Seelischen, sondern zwischen der Sphäre des Individuums und der Gesellschaft« (a. a. O., S. 180). Auch Triebhaftigkeit hat, über die Zuschreibung von Geschlechtlichkeit, von Anfang an eine soziale und gesellschaftliche Dimension.

Ein bislang weitgehend vernachlässigter Bereich der psychoanalytischen Betrachtungen zu Sexualitäten sind die Gender Studies im engeren Sinn oder die Queer Theory. Giffney & Watson (2017) legen einen Sammelband zum Thema vor, in dem die gemeinsamen Themen zwischen psychoanalytischer Praxis und Queer Theory diskutiert werden (Subjektivität, Relationismus, Identität/Differenz u. a.), indem jeweils Autoren aus der jeweils fachlichen Perspektive aufeinander antworten. Es gibt beispielsweise eine queer-theoretische These, einen klinisch-psychoanalytischen Kommentar und eine verbindende Antwort. So geschieht ein Problemaufriss: Was sind die Probleme, was sind die Bezugspunkte? Es fällt dabei auf, dass die Queer Theory sich sehr viel stärker an Lacan oder Laplanche orientiert als an Freud oder an zeitgenössischen Freudianern. Zurecht erfolgt dabei auch eine Kritik an der Dichotomie bzw. Binarität (männlich/weiblich, aktiv/passiv, heterosexuell/homosexuell) der meisten psychoanalytischen Ansätze in der Geschlechtertheorie, sowie eine Kritik der Kategorisierung. Gherovici (2017) verfolgt ähnliche Linien wie Laplanche, in einer Konzeption der Symbolisierung von Geschlecht/Sex auf der einen und einem Embodiment von Gender auf der anderen Seite. Das biologische Geschlecht muss symbolisiert und das soziale Geschlecht verleiblicht werden.

Auch mit einem Blick auf »Trans-« oder »Intersexualität« hat sich die Psychoanalyse lange Zeit schwer getan, auch weil viele Ansätze Gefahr laufen, in pathologisierenden Vorstellungen verhaftet zu bleiben. Die Schwierigkeiten fangen bereits bei den Begrifflichkeiten an (vgl. Rauchfleisch, 2017), geht es doch im Wesentlichen nicht um ein »Jenseits« der Sexualität oder ein »Dazwischen« fixer Punkte sexueller Identität (vgl. Hutfless, 2016), sondern darum sowohl Identität als auch Sexualität als »dynamisch, instabil und prozesshaft« zu denken (Rauchfleisch, 2017, S. 436). Das bedeutet nicht zuletzt, (psycho-) sexuelle Entwicklung gleichsam »aus sich selbst heraus« und in Relation zu mikro- und makrosozialen Zuschreibungen und Spannungsfeldern in den Blick zu nehmen. Aus (einer nicht-einengenden) psychoanalytischer Perspektive »Trans*« zum Thema zu nehmen, hätte in erster Linie damit zu tun, darüber nachzudenken: Wie wird eigene Körperlichkeit in der Entwicklung angeeignet? Gelingt das? Mit welchen Konfliktbewältigungsstrategien? Wo gelingt es nicht? Um solche Fragen geht es auch in der Auseinandersetzung mit Wünschen nach operativen Eingriffen und Körpermodifikationen. Da geht es nicht prinzipiell um die Frage nach einer vorliegenden Erkrankung, sondern um die Frage danach, ob der Wunsch nach einem operativen Eingriff symptomatischen Charakter hat. Ist er ein Symptom oder ist es der Versuch einer Konfliktbewältigung, zum Beispiel eines erlebten Bruches zwischen erlebtem Geschlecht und anatomischem Geschlecht. Psychoanalytisch zu denken, hieße hier, Fragen von Identifizierung und Aneignung nachzugehen und sich festsetzenden Zuschreibungen zu enthalten. *Vermeidet* oder *ermöglicht* eine Operation eine Auseinandersetzung mit und Aneignung von Körperlichkeit?

Nicht ganz deckungsgleich damit ist die Diskussion über »Intersexualität«. Wie klassische Vorstellungen und Kategorisierungen von Geschlechtlichkeit gesprengt werden, zeigt die Diskussion um die südafrikanische Leichtathletin Caster Semenya, zum Beispiel im Umfeld der beiden zurückliegenden olympischen Spielen. Hier werden die Grenzen eines dichotomen Blicks auf Anatomie und Geschlecht leicht vor Augen geführt; und wenn am Ende der Generalsekretär einer internationalen Leichtathletikvereinigung sagen muss bzw. kann: »Es ist klar, dass sie eine Frau ist, aber vielleicht nicht zu 100 Prozent ...« (FAZ vom 01.09.2011), dann kann eine Debatte fortgeführt werden.

Die folgenden Bemerkungen zur klinischen Relevanz einer Perspektive auf »Sexualitäten« soll nun nicht das Signal geben, »Abweichungen« von einem irgend bestimmten Ideal seien an sich behandlungsbedürftig. Das wäre un-psychoanalytisch (denn es würde das Verstehen dessen, wie etwas geworden ist und was es bedeutet, übergehen) und würde auch die methodischen Möglichkeiten der Psychoanalyse vernachlässigen. Dabei ist die Unterscheidung wichtig, dass Sexualität in der klinischen Psychoanalyse in zweierlei Weise relevant wird: zum einem im Zusammenhang mit Symptomen und Störungen, die mit Sexualität oder Geschlechtlichkeit im engeren Sinn zu tun haben, also um die sogenannten sexuellen Funktionsstörungen, Störungen der Geschlechtsidentität oder Störungen der Sexualpräferenz (es wird deutlich, dass hier die nosologischen Kategorien hinter die Fortschritte der Sexualwissenschaft zurückfallen). Das sind klinische Felder, mit denen sich die Psychoanalyse auseinandersetzt, gleichzeitig kann zum anderen ein psychoanalytischer Blick unter der Perspektive der Sexualität noch andere Aspekte in den Blick nehmen als eine erektile Dysfunktion oder irgendein anderes Symptom, das explizit auf Sexualität bezogen wäre. Vielmehr geht es auch immer um die mögliche Auseinandersetzung mit *Psycho*sexualität, also mit Repräsentationen und mit unbewussten Fantasien, die konflikthaft oder unintegriert sind. Mit diesen beiden klinischen Feldern – zum einen der Arbeit mit und an der Psychosexualität, zum anderen der Arbeit an manifest belasteter Sexualität und deren Äußerungsformen – setzt sich die Psychoanalyse auseinander. Die methodischen Möglichkeiten der Psychoanalyse sind darin zu sehen, mit der freien Assoziation eines Patienten zu arbeiten, das heißt den Einfällen desjenigen zu folgen, der auf der Couch liegt, sich mit den Identifizierungen und Aneignungen von Körperlichkeit zu beschäftigen. Dabei geht es psychoanalytisch nicht darum, die Zuschreibungen weglassen zu können. Es geht darum, diese zu erkennen, zu reflektieren und dafür zu sorgen, dass man seinem Patienten weiterhin zuhört. Auch im Zusammenhang mit der Sexualität hätte die Frage nach der Symptomwertigkeit zu klären, ob jemand einen Leidensdruck erlebt und ob jemand in seiner Lebensführung eingeschränkt ist, und das hilft natürlich, den Blick z. B. auf (sexuelle) Transidentität zu weiten: Es kann ja beispielsweise auch eine Trans*-Person (vgl. zur Terminologie z. B. Rauchfleisch, 2017) in eine psychoanalytische Behandlung kommen und der Grund dafür ist, dass sie depressiv erkrankt ist – und der Gegenstand der Behandlung ist die Depression, nicht die Geschlechtsidentität. Ebenso könnte ein depressiver Patient eine Behandlung aufsuchen und es spielen unbewusst ein »transsexuelles« Selbsterleben oder damit verbundene Ängste eine Rolle, deren Bearbeitung erst eine Entlastung von depressiven Symptomen ermöglicht. Auch in Behandlungen bei Menschen, deren Sexualität und Geschlechtsidentität näher an einer Vorstellung der »Norm« liegen, wäre nichtsdestoweniger zu beachten, wie jemand sich selbst im Hinblick auf Körperlichkeit, Fantasien über den eigenen Körper, leitende Identifizierungen, soziale Zuschreibungen, das anatomische oder soziale Geschlecht, den Geschlechtsverkehr betrachtet, und die individuellen Ausgestaltungen von Entwicklungskonflikten zu berücksichtigen. Erst dann kann ein Bild entstehen, welche Form von Selbstbild oder praktizierter Sexualität als konflikthaft und welche als konfliktbewältigend anzusehen ist.

6   Sexualität und Konflikt interdisziplinär

Im vorliegenden Kapitel geht es um die Interdisziplinarität des psychoanalytischen Konfliktbegriffs und der Konzeption von Sexualität und um deren Anschlussfähigkeit an die Entwicklungs- und Störungstheorien, die anderen psychotherapeutischen Verfahren zugrundeliegen. Dazu wird zunächst die Konflikttheorie der Psychoanalyse in Bezug zu anderen Entwicklungstheorien gesetzt, bevor eine kurze Skizze im Hinblick auf die Bezüge zu neurobiologischen Aspekten folgt. Im Hauptteil des Kapitels wird geprüft, wie Konflikte in anderen psychotherapeutischen Verfahren aufgefasst werden und wie sie dort in die Störungstheorie eingebunden sind. Ferner wird es darum gehen, dass in der Psychotherapieforschung und in der Geschichte unterschiedlicher psychotherapeutische Verfahren die Interdisziplinarität *selbst* der Konflikt war, in verschiedenen Ausgestaltungen des psychotherapeutischen Schulenstreits. Beschlossen wird das Ganze mit der Diskussion der Frage nach der Relevanz konzeptvergleichenden Denkens in der Psychotherapie.

Ein Ausschnitt aus dem Animationsfilm *The secret life of pets* (Chris Renaud, USA, 2016) zeigt die kleine Hündin Gidget, die sich auf den Weg gemacht hat, ihren verschwunden Freund, den Hund Max, in den sie verliebt ist, zu finden. Sie wandert über das Dach eines Hauses und findet in einem Verschlag den Raubvogel Tiberius. Tiberius beginnt mit gefährlich-verführerischer Stimme, Gidget dazu zu überreden, ihn frei zu lassen (dann werde er ihr bei der Suche nach Max helfen) – man ahnt, dass er sie angreifen wird. Gidget glaubt ihm und beginnt, ihn zu befreien. Sie sagt: »Ich hoffe,

> Max ist nicht in Gefahr«. Tiberius antwortet: »Du bist ein äußerst fürsorgliches Futter. Futter? Das habe ich doch nicht gesagt! Ich sagte Freundin. (lacht unsicher) Ich meine Futter, äh, F-, Freundin. Du weißt, was ich meine.«...

Offensichtlich handelt es sich hier um einen Versprecher und in der Psychoanalyse wird angenommen, dass sich unbewusste psychische Konflikte in Fehlleistungen zeigen können (vgl. Freud, 1901). Diese kann, neben Traum, Witz oder Symptom, Ausdruck eines Konflikts aus Wunsch und Verbot oder aus widerstreitenden Wünschen aufgefasst werden, der abwehrbedingt zu Entstellungen führt, aber zu solchen, in denen sich beide Seiten zeigen. Solche Phänomene sind an sich noch keine pathologischen Manifestationen: die psychoanalytische Konflikttheorie ist nicht per se eine Störungslehre.

6.1 Sexualität und Konflikt in anderen psychologischen Entwicklungstheorien

Kernelemente eines Vergleichs zu anderen Entwicklungstheorien sind die infantile Psychosexualität und die Theorie der psychosexuellen Entwicklungsphasen, das Konfliktgeschehen (einschließlich des Ödipuskonflikts), Triangulierungsprozesse und Symbolisierung.

6.1.1 Sexualität

Beim Blick auf andere psychologische Entwicklungstheorien fällt zunächst auf, dass Sexualität nicht den zentralen Stellenwert erhält, den sie in der psychoanalytischen Entwicklungstheorie hat. Das hat auch damit zu tun, dass das Sexualitätsverständnis der Psychoanalyse ein erweitertes ist. Vollzieht man diese Erweiterung nicht, dann erhält Se-

6.1 Sexualität und Konflikt in anderen psychologischen Entwicklungstheorien

xualität nicht die Bedeutung als genuiner psychischer Entwicklungsmotor, sondern es wird eher die Entwicklung von Geschlechtsidentität behandelt bzw. allgemeiner die Entwicklung sexueller Wünsche und Handlungen, aber eben nicht ab dem Alter von ein oder zwei Jahren sondern im Umfeld der Pubertät. Sexualität als etwas Vorpubertäres, Prägenitales ist praktisch nicht vorhanden in anderen psychologischen Entwicklungstheorien und spielt v. a. eine Rolle ab dem Jugendalter, vereinzelt finden sich Konzeptionen der Geschlechterrollenentwicklung, die früher ansetzen. Ein vertiefender Vergleich ist daher nicht so ertragreich, aber die psychoanalytische Sexualitätstheorie im Rahmen der Entwicklung lässt sich in Bezug setzen zu motivationalen Strukturen in anderen Entwicklungstheorien, etwa zu den menschlichen Grundbedürfnissen, die Grawe (1998, S. 382ff.) beschreibt. Dabei ist zu beachten, dass Grawe das in seiner sogenannten *Konsistenz*theorie tut. Die vier von Grawe genannten Grundbedürfnisse sind: Bindung, Lustgewinn/Unlustvermeidung, Orientierung und Kontrolle, Selbstwerterhöhung/Selbstschutz. Solche Motive finden sich auch in psychoanalytischen Entwicklungstheorien: Bindung spielt dort eine Rolle, Lustgewinn/Unlustvermeidung taucht im Kontext der Sexualität auf, Orientierung/Kontrolle könnte man mit konstruktiver/assertiver Aggression im Zusammenhang sehen und Selbstwerterhöhung als ein narzisstisches Thema verstehen. Bereits im Grundbedürfnis Bindung ist eine Polarität angelegt. Nach Bowlby wird unser Bindungssystem in Gefahrensituationen aktiviert, so dass wir, sofern wir sicher gebunden sind, die Nähe der Bindungsperson suchen, um Schutz oder Beruhigung zu erfahren. Daraus resultiert in der weiteren Entwicklung ein inneres Arbeitsmodell von Bindung. Bindungsbedürfnisse stehen aber im Zusammenhang mit Explorationsbedürfnissen (bei Grawe am ehesten: Orientierung). Das kann schließlich als der höchste Wert einer sicheren Bindung angesehen werden: Dass die Zuversicht in die (sicherheitsspendende) Bindungsbeziehung gegeben ist, auch wenn und gerade wenn jemand exploriert – aber weiß, in welchen »sicheren Hafen« zurückgekehrt werden kann, falls man auf etwas Ängstigendes stößt.

Eine Entsprechung der infantilen Psychosexualität findet sich allerdings in anderen Entwicklungstheorien nicht. Das, was psychoanalytisch zentral ist, nämlich dass es um fragmentierte Konstellationen von

Lust und Unlust und Befriedigung geht, um potenziell überwältigende innere Zustände, die mit Erregung zu tun haben, und darum, dass Sexualität in frühen Formen eine strukturbildende Funktion für das Psychische, ist spezifisch für die Psychoanalyse.

6.1.2 Konflikt

Wie steht es nun um den Konfliktbegriff in anderen Entwicklungstheorien? Psychoanalytisch werden dabei Konzeptionen von Wunsch und Verbot oder von widerstreitenden Wünschen berührt, Abwehrmechanismen, Unbewusstes, psychische Kompromissbildungen. Das sind die Themen der Konflikttheorie der Psychoanalyse. Entwicklungskonflikte oder widerstreitende Motive finden sich auch in anderen Entwicklungstheorien.

Als Vorbild für Motivkonflikte wird oft Buridans Esel genommen, der zwischen zwei Heuhaufen verhungert, weil in ihm zwei Motive vorherrschen. Überlegungen zu Motivkonflikten beruhen auf Annahmen des Sozialpsychologen Kurt Lewin, der von Annäherungs-Vermeidungs-Konflikten schreibt (Buridans Esel hat allerdings eher einen Annäherungs-Annäherungs-Konflikt). Damit ist gemeint, dass ich einerseits ein Motiv dafür haben kann, mich einem Anreiz bzw. einer Situation zu nähern, aber dass dieses Annäherungsverhalten gleichzeitig Vermeidungsverhalten auslöst (aufgrund gleichzeitiger unangenehmer Konsequenzen). Konflikthaft ist es deshalb, weil zugleich Annäherungs- und Vermeidungsimpulse aktiviert werden. Eine Variante dessen sind Annäherungs-Annäherungs-Konflikte. Wenn ich mich dem einen Heuhaufen nähere, dann entferne ich mich vom anderen Heuhaufen, dem ich mich aber auch annähern will, und letztlich bleibe ich als Esel konflikthaft gefangen zwischen beiden. Eine andere Variante wären Vermeidungs-Vermeidungs-Konflikte: Um die eine Situation zu vermeiden, kann ich die Vermeidung einer anderen nicht aufrechterhalten. Die Lösung in einer kognitiven Auffassung besteht im Bezug auf eine innerpsychische Kosten-Nutzen-Gegenüberstellung. Das Beispiel von Buridans Esel ist deshalb so extrem, weil beide Heuhaufen exakt gleich attraktiv sind, was für die Kosten-Nutzen-Gegenüberstellung zu einem Problem

6.1 Sexualität und Konflikt in anderen psychologischen Entwicklungstheorien

wird. Real findet das selten so statt, sondern man kann, im übertragenen Sinn, prüfen: Welcher Heuhaufen ist größer, welcher ist leckerer, welcher ist näher oder wo gibt es weniger konkurrierende Esel usw. Das lässt sich konzipieren als Motivkonflikte, für die ich versuche, eine Lösung zu finden.

Das ist eine Auffassung, die auch in der Konzeption von Annäherungs- und Vermeidungsschemata Einzug erhalten hat, als eine Art von Verfestigung bestimmter Motivkonflikte oder motivationaler Ziele. Dies taucht auch unter der Bezeichnung »Diskordanz« auf. Weitere Konflikte in allgemeinen Entwicklungstheorien lassen sich über die von Festinger (1957) beschriebene kognitive Dissonanz begreifen. Darin geht es darum, dass bestimmte Entscheidungen, Handlungen oder Informationen, die im Kontrast zu unseren Überzeugungen, Werten und Gefühlen stehen, zum Beispiel eine Entscheidung, die ich treffe, die aber darin mündet, dass ich mich dafür schäme, was ich getan habe, oder eine Entscheidung, die sich in anderer Weise als falsch erweist. Das lässt sich insofern als eine kognitive Dissonanz beschreiben, als dass ein Widerspruch zwischen meinem Selbstkonzept – Wie will ich sein, was sind meine Überzeugungen? – und irgendeiner Art von sozialer Rückmeldung entsteht. Das klassische Beispiel, an dem Festinger das in den 1950er-Jahren entwickelt hat, ist die Annahme einer Sekte in Nordamerika, die postuliert hat, dass zu einem fest bestimmten Zeitpunkt in der Zukunft Außerirdische vom Planeten Clarion auftauchen und die Erde zerstören werden. Alle, die sich nicht dem Glauben anschließen würden, würden von diesen Außerirdischen vernichtet. Der Tag des prophezeiten Untergangs kam und die Vernichtung der Menschheit trat nicht ein. An der Stelle tritt das auf, was Festinger eine kognitive Dissonanz genannt hat; wenn ich Anhänger der Sekte bin, dann ist es bis dahin ja meine feste Überzeugung gewesen, dass ich mit meinem Glauben einer von wenigen bin, die nicht vernichtet werden, und dann stelle ich fest, das ist nicht eingetreten. Nun könnte ich sagen, gut, dann muss ich wohl annehmen, dass meine Vorannahmen falsch waren. Aber die Lösung in diesem Fall war es, die kognitive Dissonanz durch das Einführen einer Zusatzannahme oder (vermeintlichen) Zusatzinformationen aufzulösen. Nämlich: Da hat die Menschheit aber noch einmal Glück gehabt, denn durch unseren festen Glauben und unsere Glaubenspraxis haben wir die Vernichtung aller noch abgewendet. Das zeigt, dass ich Überzeugungen oder mein Selbstkonzept verändern kann, um kognitive Dissonanz aufzulösen – aber ich kann auch Zusatzannahmen einführen, die diesen Effekt haben.

Eine weitere Strategie zur Minderung kognitiver Dissonanz wäre die selektive Interpretation dissonanzreduzierender Information. Damit ist gemeint, dass ich die Informationen, die ich über die Welt habe, so auswähle, dass die kognitive Dissonanz aufgelöst wird. Schließlich wären auch stärker alloplastische Strategien denkbar, solche also, im Rahmen derer ich die Umwelt so verändere, dass kognitive Dissonanz gemindert wird.

Es liegt also auch hier eine Konfliktkonzeption vor, und ein Bestreben, Konflikte (zwischen Entscheidung und sozialer Rückmeldung, oder zwischen Annahmen und hinzutretenden Informationen) aufzulösen. Aber es handelt sich um eine Auffassung von in Konflikt tretenden psychischen und sozialen Begebenheiten, die weit davon entfernt ist, eine *allgemeine* Konflikttheorie des Psychischen zu sein. Hier haben wir keine Konfliktkonzeption, in der dieser der Motor von Entwicklung ist, sondern eher etwas, dessen Auflösung uns antreibt und dies auch nur dann, wenn etwas in Widerstreit gerät.

Auch hier allerdings kann die Konzeption Grawes angefügt werden, der vor dem Hintergrund einer Annahme zu den Grundbedürfnissen annimmt, »dass Menschen gleichzeitig mehrere Intentionen verfolgen, die aber eigentlich miteinander unvereinbar sind und sich in ihrer Realisierung gegenseitig behindern. Wir sprechen dann von Konflikten. Bezeichnend ist aber, dass solche widersprüchlichen Intentionen sehr oft nicht bewusst als Konflikt erlebt werden.« (Grawe, 2009, S. 74).

6.1.3 Ödipalität

Als ein zentrales Element der psychoanalytischen Konflikttheorie hat sich der Ödipuskonflikt erwiesen. Dabei stehen Themen des *relativen* Ausgeschlossenseins aus Beziehungen im Mittelpunkt, der Triangulierung, und es geht darum, der Frage nachzugehen, wie äußere Verbote

6.1 Sexualität und Konflikt in anderen psychologischen Entwicklungstheorien

und Gebote sowie äußere Zuschreibungen von Lob und Strafe zu einer inneren Gewissensinstanz und einem Maßstab der Selbstbewertung internalisiert werden . In allen diesen Aspekten ist ödipustheoretisch das Erleben und Anerkennen von Differenz und Begrenzung wichtig, ebenso wie die Entwicklung der Symbolisierungsfähigkeit, mit deren Hilfe ich mir Vorstellungen über die psychische und interpersonale Welt machen kann, Vorstellungen über die Beziehungen, die ich zu anderen habe und die diese untereinander haben.

Eine direkte Anschlussmöglichkeit ergibt sich zur Beschreibung der Stufen der Moralentwicklung bei Kohlberg (1996; grundlegend in seiner Dissertation von 1958). Kohlberg beschreibt das moralische Dilemma von einer Figur, die er Heinz nennt. Heinz hat eine sterbenskranke Frau und das einzig heilende Medikament wird nur von einem einzigen Apotheker verkauft, zum zehnfach erhöhten Preis. Das kann Heinz sich nicht leisten und seine Versuche, das Geld aufzutreiben, scheitern, mit der Folge, dass er in der Apotheke einbricht und das Medikament stiehlt. Das konflikthafte Dilemma besteht jetzt darin, zu überlegen, was im Hinblick auf Moralvorstellungen mehr Gewicht hat: der Diebstahl, um der Frau das Medikament bringen zu können, oder das Unterlassen aller möglichen Bemühungen, um der Frau zu helfen. In der Grundstruktur des Dilemmas ist es für viele vermutlich einigermaßen leicht zu beantworten: Der eigenen Frau das Leben zu retten ist besser als keinen Diebstahl zu begehen. Aber, und deshalb ist es so ein wichtiges Beispiel, jetzt lassen sich Variationen des Dilemmas denken. Was wäre, wenn Heinz seine Frau nicht lieben und den Diebstahl begehen würde? Was wäre, wenn er das Medikament für sein Haustier stehlen würde? Wie würde dies die Struktur des Dilemmas und unsere Bewertung der moralischen Komponente verändern? Das bildet in dieser Denkrichtung den Anhaltspunkt für eine Analyse der Struktur moralischer Urteile.

In der Moralentwicklung unterscheidet Kohlberg sechs Stufen, die sich auf das präkonventionelle, das konventionelle und das postkonventionelle Stadium verteilen. Im erstgenannten gibt es zum einen die Orientierung an Bestrafung und Gehorsam, zum anderen die instrumentell-relativistische Orientierung. Im darauf folgenden konventionellen Stadium differenziert er zwischen der Orientierung an personengebundener Zustimmung und der Orientierung an Recht und Ordnung. Schließlich gibt es im postkonventionellen Stadium zum einen die Sozialvertragsorientierung, zum anderen die Orientierung an allgemeingültigen ethischen Prinzipien. Sich auf der Ebene 1.1 an Bestrafung und Gehorsam zu orientieren ist keine reife Form von Moral – schließlich wäre etwas nur dann unmoralisch, wenn eine bestrafende Instanz davon Kenntnis bekommt: Ich mache das, wofür ich nicht bestraft werde. Die Stufe der Orientierung an personengebundener Zustimmung greift etwas weiter, beinhaltet schließlich aber auch eine Ausrichtung daran, das zu tun (und für gut zu halten), das eine mir wichtige Person für gut hält: Ich mache das, wofür ich gemocht werde. Orientiere ich mein Handeln und meine eigene Bewertung dessen hingegen an so etwas wie dem Sozialvertrag oder ethischen Prinzipien, dann beziehe ich weitere Perspektiven ein (vor allem eine zwischen mir als Individuum und mir als Teil einer sozialen Gemeinschaft). Auch meine innere Moralstruktur orientiert sich an Sozialität, man könnte vermutlich auch von einer Internalisierung sprechen, die sich von konkreten Strafen oder Zustimmungsbekundungen relativ lösen kann und einen inneren Maßstab der Moralität setzt. Man ist also bei diesen Überlegungen bereits nah dran an so etwas wie der Internalisierung von Verboten als eine Gewissensinstanz, aber auch ein ganzes Stück von der psychoanalytischen Ödipustheorie entfernt, die noch eine Reihe weitere Facetten umfasst und viel stärker auf das Verhältnis von Interaktion und Repräsentation ausgerichtet ist.

Solche Aspekte wiederum finden sich eher in der Entwicklungstheorie Piagets (vgl. z. B. 1976), auch im Hinblick auf die Grundzüge psychischer Konflikte. Diese Theorie enthält die Annahme von (überdauernden) erworbenen (kognitiven oder affektiven) Schemata, die »ich-dyston« sein können, anders ausgedrückt: Schemata, die mit anderen Aspekten der Persönlichkeit in einen Konflikt treten. Das ist eine wichtige Grundlage für das Konfliktverständnis in der Schematherapie (s. u.).

Betrachtet man noch einen weiteren Aspekt der Ödipustheorie, nämlich die Entwicklung der Symbolisierungsfähigkeit, kann man leicht an eine andere Entwicklungstheorie anschließen, die kognitionspsychologische Aspekte und solche der Philosophie des Geistes einbezieht: näm-

6.1 Sexualität und Konflikt in anderen psychologischen Entwicklungstheorien

lich die Theory of mind (vgl. aus psychoanalytischer Perspektive die Mentalisierungstheorie, Allen, Bateman & Fonagy, 2008; Kirsch, Brockmann & Taubner, 2016). Darin wird die Entwicklung der Fähigkeit beschrieben, sich ein Bild der Innerlichkeit von sich selbst und von anderen zu machen. Dazu gehört es, eigene Denkinhalte als solche erleben zu können, also, wie ich auf die Welt blicke, was ich von der Welt erlebe, was ich dazu denke – das sind meine Gedanken und Gefühle oder meine Repräsentationen von Erfahrung. Eine weitere Ebene wäre die Fähigkeit zur Perspektivübernahme, wie sie etwa in den Tests zum »false belief« deutlich werden, die zeigen, dass Kinder erst ab einem bestimmten Alter dazu in der Lage sind, anderen falsche Überzeugungen zuzuschreiben, angesichts dessen, dass diesen Informationen über eine Situation fehlen, die sie selbst haben, aber von denen sie wissen, dass die anderen sie nicht haben. Das wäre soweit eine kognitive Form der Perspektivübernahme; natürlich steht das auch mit der Fähigkeit zur Empathie im Zusammenhang, mit den Möglichkeiten, sich in die Gefühlslage eines Anderen hineinzuversetzen. Psychisch mit Metakognitionen umgehen zu können, spielt in zeitgenössischen kognitiv-behavioralen Ansätzen eine Rolle. Eine besondere Bedeutung hat das Vermögen, auch in eigenen affektiven Erregungszuständen mentalisieren zu können – was ungleich schwerer ist als in affektiver Ausgeglichenheit.

Das, worum es in der Ödipalität wesentlich geht, und gerade der Triangulierungsaspekt findet sich auch in den theoretischen Grundlagen der Familientherapie. Minuchin oder Bowen haben hier die Grundlagen dafür gelegt, familiären Triaden als dynamische Strukturen zu begreifen und Entwicklung auch so zu betrachten, dass sie in Familiensystemen oder Systemen von mehr als nur zwei Personen abläuft. Ein wichtiger Unterschied gegenüber der psychoanalytischen Triangulierungskonzeption ist allerdings, dass Triangulierung (oder Triangulation) hier als eine *dysfunktionale* Konstellation beschrieben wird, als eine starre Triade bzw. eine solche, in der die Delegation eines Konflikts an einen Dritten (z. B. das Kind) erfolgt (vgl. z. B. von Schlippe & Schweitzer, 2016, S. 231). Zumindest in dieser Linie der Familientherapie würde man zwar annehmen, dass triadische Strukturen für die Entwicklung wichtig sind, aber auch, dass sie erstarren und undynamisch werden können – und das nennen die Autoren Triangulierung. Im Vergleich der Konzepte ist das ein wichtiger Punkt, nämlich insofern, als Triangulierung hier ganz gegensätzlich gemeint ist (so dass es sich m.E. anbietet, in der systemischen Therapie den Ausdruck »Triangulation« zu nutzen). In der psychoanalytischen Entwicklungstheorie ist gelingende Triangulierung ja gerade das, was Entwicklung auf einen guten Weg bringt, das den Blick auf Beziehungen erweitert und in der systemischen Therapie ist der Ausdruck eher mit Erstarrung und/oder Konfliktvermeidung über Delegation verbunden.

6.1.4 Die Spezifität der psychoanalytischen Theorie

Durch diese kursorischen Vergleiche lässt sich einiges von der Spezifität der psychoanalytischen Theorie rekapitulieren. Es geht der Psychoanalyse um unbewusste Aspekte des Psychischen. Das alleine wäre noch nicht spezifisch, aber diese unbewussten Aspekte werden als *dynamisch unbewusst* aufgefasst. In einem deskriptiven oder impliziten Sinn ist Unbewusstheit auch in der Kognitionspsychologie allgegenwärtig. Natürlich lassen sich Kognitionen oder Überzeugungen beschreiben, die nicht mit psychischer Aufmerksamkeit besetzt sind. Doch es handelt sich um ein anderes Unbewusstes als das dynamische Unbewusste der Psychoanalyse: D. h. dass es um dynamisch unbewusste Aspekte geht, ist ein erstes Spezifikum, womit immer auch das Konfliktmoment am Grund psychischer Prozesse verbunden ist (bezogen auf Sexualität und Aggression, Selbst und Anderen). Ferner ist es nämlich als ein Spezifikum zu bezeichnen, dass es um eine entwicklungsmäßig allgemeine Konflikttheorie geht und all das im Rahmen einer Theorie der Entwicklung, die in Beziehungen stattfindet und sich darüber vermittelt. Dass ein Kind aus psychoanalytischer Sicht mit vier oder fünf Jahren in die (reife) Phase der Ödipalität eintritt, hat mit Interaktionserfahrungen in Beziehungen zu tun. Das Triebgeschehen als Leiblichkeit zu verstehen, statt als ethologisches Konzept, und die Entwicklung von Objektvorstellung als psychischer Repräsentanzen von anderen Personen einzubeziehen, ist entscheidend.

6.1.5 Konflikt und Neurobiologie

An dieser Stelle kann, auch aufgrund der fehlenden fachlichen Expertise, nur eine knappe Bemerkung dazu gemacht werden, dass eine Interdisziplinarität ausgehend von der psychoanalytischen Konflikttheorie in Richtung anderer Wissenschaften auch die Frage berührt, wie sich Konflikt oder Ambivalenz neurobiologisch abbilden. Das ist bereits auf der Ebene der Neurobiologie für sich eine überaus komplexe Frage, ein interdisziplinäres Anliegen macht es nicht weniger komplex. Eine Studie von Preckel et al. (2015; Übers. TS) untersucht den Einfluss von Oxytocin (OXT) auf »volitionale und emotionale Ambivalent«. Darin folgen sie der Annahme, dass sich der anteriore cinguläre Cortex als die zentrale Hirnregion zur Überwachung/Bewertung konfligierende Informationen herausgestellt hat. Im Ergebnis erkennen die Forscher eine »bislang unerkannte Rolle des OXT für die Verursachung einer regionalen Abnahme der neuralen Antwort auf Ambivalent«. Oxytocin wird hier also als eine Art Wirkstoff des Umgangs mit Ambivalenz betrachtet. Meiner Auffassung nach gehört der Bereich der Ambivalenz bzw. deren Konzeption zu den spannendsten Feldern der interdisziplinären Unternehmungen zwischen Psychoanalyse und Neurobiologie für die Zukunft.

6.2 Konflikte in anderen Psychotherapie-Theorien

Im Finale der ersten Staffel der TV-Serie *Better Call Saul* (»Marco«, 2015) ist es dem Protagonisten Jimmy McGill gelungen, als Anwalt einen großen Fall an sich zu reißen, der ihm ein Angebot einer angesehenen Kanzlei eingebracht hat. Er hat außerdem einen Fall von Versicherungsbetrug zweier seiner Klienten aufgedeckt, die 1,6 Millionen Dollar veruntreut hatten. Auf dem Weg zum Einstellungsgespräch kommen Jimmy Zweifel. Wenige Minuten, nachdem er an Mike, dem Parkplatzwächter (der ihn zuvor beim Aufdecken der Veruntreuungsabsicht der Klienten unterstützt hatte), ankommend vorbeigefahren ist, verlässt er den Bereich wieder. Jimmy sagt zu Mike: »Hilf mir mal grad: Habe ich es nur geträumt oder hatte ich 1,6 Millionen Dollar bar auf meinem Schreibtisch? [...] Niemand wusste, dass wir es hatten. Wir hätten es teilen können. [...] Warum haben wir das nicht gemacht? Was hat uns gehindert?« Mike: »Ich erinnere mich daran, dass du etwas davon gesagt hast, das Richtige tun zu wollen.« Jimmy: »Ich weiß noch nicht mal, was das heißt.« Mike: »Willst du wissen, warum ich das Geld nicht genommen habe? Ist es das, was du mich fragst? [...] Ich sollte einen Job erledigen. Und das habe ich. Das ist alles.« Jimmy: »Ich weiß, was mich gehindert hat. Und weißt du was? Es wird mich nie wieder hindern.« Mit diesen Worten fährt Jimmy weg, die Staffel endet, im Ausblick darauf, dass er ein Anwalt sein wird, der sein Handeln nicht an moralischen Konventionen ausrichten und sich an den Grenzen der Legalität bewegen wird...

Dies lässt sich unter der Perspektive von Motivkonflikten diskutieren. Jimmy McGill zweifelt an seiner Entscheidung, das veruntreute Geld nicht an sich genommen zu haben. Am Ende entscheidet er sich, in Zukunft weniger gewissenhaft oder moralisch zu sein (auch vor dem Hintergrund des Todes eines engen Freundes aus der Zeit, bevor er Anwalt war, mit dem er einige Trickbetrüge durchgeführt hat – jeweils an Menschen, die aufgrund ihrer Geldgier auf sie hereingefallen sind; und vor dem Hintergrund, dass er erfährt, wie sein ebenfalls als Anwalt tätiger Bruder seine Karriere zu behindern versucht hat). Ein Motivkonflikt ist hier der zwischen einem Selbstbild auf der einen Seite als mehr oder weniger konventioneller Anwalt, der das Stellenangebot der renommierten Kanzlei annehmen könnte (dort könnte er angesehen sein, viel Geld verdienen und das womöglich sogar als Anwalt von Menschen, die von anderen übervorteilt werden), und dem Selbstbild eines Anwalts als kreativer, sublimierter Trickbetrüger auf der anderen Seite, der den Egoismus oder die Naivität anderer nutzt, um einen eigenen finanziellen Vorteil und eine Menge Spaß zu haben, und dabei die nötigen legalen Schlupflöcher kennt. Welche Motivkonflikte können nun in psychische Erkrankungen führen und wie betrachten das unterschiedliche psychotherapeutische Verfahren und ihre Störungstheorien? Veränderungstheorien und Behandlungsziele in psychodynamischen Verfahren drehen sich um Einsicht in unbewusste Bedeutungen und eine sogenannte korrigierende emotionale Erfahrung; dazu kommen in zeitgenössischen Modellen noch Ziele im Umfeld »strukturelle Fähigkeiten«, etwa der Mentalisierung oder der Affektregulierung. Das Ziel, das man klassischerweise in analytisch begründeten Verfahren verfolgt, ist, Konflikte aus Wunsch und Verbot oder das Wirken von Abwehrmechanismen ein Stück bewusster zu machen (Verstehen als Behandlungsziel und Medium der Veränderung). Es geht also nicht darum, Konflikte zu eliminieren, das wär vor dem Hintergrund der hier erörterten Entwicklungstheorie widersinnig, sondern darum, funktionsfähigere Konfliktbewältigungsformen zu finden, die keinen Symptomcharakter haben.

6.2.1 Kognitive Verhaltenstherapie

Welche konflikttheoretischen Bezüge finden wir in der kognitiven Verhaltenstherapie? Ein ganz verblüffendes Detail der Geschichte der Psychotherapie ist, dass zwei der wichtigsten und originellsten Figuren in der kognitiven Verhaltenstherapie, nämlich Aaron Beck und Albert Ellis, beide zunächst Psychoanalytiker werden wollten und dann in Abkehr davon zu Gründungsfiguren der modernen Verhaltenstherapie geworden sind. Beck wandte sich im Lauf der 1950er-Jahren von der Psychoanalyse ab. Ich greife an dieser Stelle einen Aspekt seiner Konzeption heraus, nämlich die sogenannten logischen Fehler, die sich beispielsweise bei einer depressiven Störung in automatischen Gedanken äußern können. Einer dieser logischen Fehler ist das »dichotome Denken«, verstanden als »Zuordnung von Erfahrungen in zwei sich gegenseitig ausschließenden Kategorien, ohne Abstufungen wahrzunehmen« (de Jong-Meyer, 2009, S. 614). Man kann hier von einem Konfliktmoment sprechen, aber einem, dass in dieser Fassung ausschließlich Teil einer Störungstheorie ist (hier im speziellen Sinn der Störungstheorie zur Depression), dergestalt, dass ich in rigiden, einander ausschließenden Kategorien erlebe, ohne Gegensätzliches einander zu vermitteln oder Abstufungen wahrzunehmen. Der Konflikt entsteht hier als Ergebnis des dichotomen Denkens, es wird etwas einander gegenübergestellt, als vermeintlich wechselseitig ausschließend.

Auch Ellis, die zweite wichtige Figur, um die es hier gehen soll, hat sich zunächst mit Psychoanalyse beschäftigt und dann einen anderen Weg genommen. Interessant für den vorliegenden Kontext ist außerdem, dass Ellis zusammen mit Kinsey eine wichtige Figur der nordamerikanischen Sexualforschung gewesen ist – einerseits durchaus wissenschaftlich, andererseits aber auch in Form des gemeinsam mit R. Conway verfassten Buches von 1968: *Wie man erfolgreich Frauen verführt. Vom ersten Kuß zum Koitus* (original: *The art of erotic seduction...*) Im Wesentlichen hat Ellis sich aber durch die Entwicklung der rational-emotiven (Verhaltens-)Therapie hervorgetan. Der Konfliktbezug in Ellis' Auffassung der KVT liegt in der Auseinandersetzung mit irrationalen Überzeugungen über einen selbst oder das, was man vom Anderen zu erwarten hat. Dabei ist es ein wichtiger Punkt, dass mit »Irrationalität« nicht unmittelbar so etwas gemeint ist wie Unvernunft, sondern im Grunde müsste es im Sinne des englischen »inappropriate« übersetzt werden, also als »unangemessen, unangebracht, unrealistisch, nicht zielführend« (vgl. de Jong-Meyer, 2009, S. 612). Es sind also im Wesentlichen keine »unvernünftigen« Gedanken oder Überzeugungen, sondern solche, die sich eigentlich in Auseinandersetzung mit den Bedingungen der Realität entvalidieren ließen, stünden sie nicht mit einer psychischen Störung im Zusammenhang. Das wiederum nimmt etwas aus der Konflikthaftigkeit des Modells heraus, denn dann geht es ja darum, dass durch eine Abweichung eines ansonsten »reibungslosen« psychischen und interpersonellen Ablaufs Konflikte entstehen. Es ließen sich ja auch irrationale Überzeugungen beschreiben als etwas, das in Konflikt mit der Realitätsprüfung oder mit vernunftbezogenem Denken tritt und so andere Elemente unseres Erlebens anschaulich werden lässt.

Der Gedanke von Motivkonflikten findet sich in besonders dezidierter Form im schon erwähnten konsistenztheoretischen Ansatz Grawes. Auf die Grundbedürfnisse wurde bereits oben eingegangen, ebenso wie auf den Schemabegriff, wie er in der Entwicklungstheorie Piagets von Bedeutung ist. Grawe nimmt an, dass sich aus den Grundbedürfnissen (Bindung, Selbstwert, Orientierung/Kontrolle, Lustgewinn/Unlustvermeidung) motivationale Schemata entwickeln, zum Beispiel solche von Annäherung und Vermeidung, aber dass diese motivationalen Schemata gegenüber den Grundbedürfnissen inkongruent sein können, d. h. meine Zielvorstellungen und Handlungsmotivationen können in einen Widerstreit gegenüber der Erfüllung meiner Grundbedürfnissen geraten. Das klingt zunächst widersinnig: Wie können sich denn aus den Grundbedürfnissen motivationale Schemata entwickeln, die aber diesen gegenüber unpassend sind? Hinzuzuziehen ist ein Modell von ungünstigen Entwicklungsbedingungen. Belastungen führen dazu, dass ich psychische Schemata ausbilde, die nicht auf meine Bedürfnisse hinzuführen, sondern solche, die als eine Adaptation gegenüber bedrohlichen Umweltbedingungen zu gelten haben, also letztlich Lernvorgänge in Richtung von Schemata, die eine – wenn auch dysfunktionale – Bewältigung von Krisen bedeuten (zum Beispiel angesichts unerfüllter Grundbedürfnisse, z. B. nach Bindung), aber auf Kosten meiner Grundbedürfnisse. Motivationale Schemata können miteinander in Konflikt treten und führen zu Spannungszuständen, die Grawe »Diskordanz« nennt.

Eine ähnliche Figur und ähnliche Begrifflichkeiten tauchen in der Schematherapie Youngs auf. Darin sind Schemata »umfassende, die Lebensführung durchdringende Themen oder Muster, die aus Erinnerungen, Emotionen, Kognitionen und Körperempfindungen bestehen« (Young et al., 2005, S. 36; zit. n. Benecke, 2014, S. 543). Auch hier ist der Rückgriff auf eine Auffassung des Nichterfüllens von Grundbedürfnissen entscheidend. Ganz ähnlich wie bei Grawe wird angenommen, dass dysfunktionale Schemata als überdauernde psychische Muster ausgebildet werden und sich dadurch verfestigen, dass sie einen gewissen Nutzen für uns haben und wir vertraut mit ihnen werden. Man kann, wenn man es etwas breit fasst, einen Bezug zur psychoanalytischen Kompromissbildung sehen: Schemata werden in funktionaler Hinsicht ausgebildet, sie sind zwar relativ dysfunktional, aber irgendwie eine Art »kleineres Übel«. Ferner stellt Young dysfunktionale Strategien auf der Verhaltensebene dar, die der Bewältigung dysfunktionaler Schemata dienen: Sich-Fügen (Unterwerfung), Überkompensation und Vermeidung. Unter den unterschiedlichen Ansätzen in der kognitiven Verhaltenstherapie ist es derjenige Caspars (2007), der m.E. am deutlichsten mit einer Konfliktkonzeption arbeitet. Pläne sind »Handlungsprogramme, die auch unbewusst sein und oft nur aus dem zwischenmenschlichen Verhalten hypothetisch erschlossen werden können.« (a. a. O., S. 37; Hervorh. aufgeh., TS) Hier finden sich, auch wenn das nicht das explizite Anliegen ist, deutliche Berührungspunkte zu Elementen der psychoanalytischen Theorie. Ich kann mir über das, was mich antreibt, was meine Ziele sind oder meine Handlung bestimmt, im Unklaren sein. Weiter heißt es: »Jeder Plan besteht aus einer Ziel-Komponente und den Mitteln, dieses Ziel zu erreichen, der so genannten Operations-Komponente. Pläne sind hierarchisch organisiert: Ein Plan kann als Mittel einem anderen Plan ›dienen‹ [...] Ein übergeordneter Plan bestimmt die Zielkomponente eines untergeordneten Planes, der ihm als Mittel dient.« (a. a. O., S. 37; Hervorh. aufgeh., TS).

Caspar beschreibt, dass Pläne miteinander in Konflikt treten können und so können sie Ursache einer psychischen Störung sein. Plankonflikte sind bestimmte »Effekte, die konkrete Pläne mit ihren Unterplänen und Verhaltensweisen unter ganz bestimmten Umständen – real oder in der Vorstellung – für andere Pläne haben« (a. a. O., S. 188; Hervorh. aufgeh. TS). Pläne und was sich daraus ergibt, können in unterschiedliche Richtungen zeigen. Sie führen zu permanenten oder starken negativen Gefühlen, Vermeidungsverhalten und zu einer »Unterentwicklung« von Bereichen, die »für gesundes Funktionieren« wichtig sind (a. a. O., S. 189). Zu den typischen Konflikten gehören: Autonomie vs. Abhängigkeit, Expansion vs. Sicherheit u. a. Dabei wird der »manifeste Konflikt [...] verursacht durch Nebenwirkungen von Mitteln, die dem einen Plan dienen, für den jeweils anderen Plan.« (a. a. O., S. 190) Wenn ich also einem Plan folge, oder einem Motiv, dann entferne ich mich womöglich gleichzeitig von einem anderen Plan, einem anderen Motiv (eine etwas elaborierte Form eines Annäherungs-Annäherungs-Konfliktes).

Eine weitere Akzentuierung, die Caspar vornimmt und die sich in anderen Theorien nicht findet, besteht darin, dass es »auch bei gut funktionierenden Menschen üblich« ist, »[d]ass Pläne innerhalb einer Person auch im Konflikt zueinander stehen« (Caspar & Belz, 2017, S. 175). Es gibt die Andeutung einer allgemeinen Konflikttheorie des Psychischen. Anders als zum Beispiel in der Schematherapie oder in der Inkongruenz-Annahme Grawes wird akzentuiert, dass Plankonflikte Teil eines nicht-pathologischen Funktionierens sein können.

Auch in der interpersonellen Psychotherapie (IPT) spielen vergleichbare Überlegungen eine Rolle. Die IPT wurde ab Ende der 1960er-Jahre entwickelt, sie schließt an Überlegungen von Harry Stack Sullivan an, eines Psychoanalytikers, der Konzepte in der Psychiatrie entwickelt hat. Klerman und Weissman gelten als Entwickler der IPT, die als eine Verbindung psychodynamischen Denkens mit kognitiv-behavioralen Überlegungen betrachtet werden kann. Sie heißt deshalb interpersonelle Psychotherapie, weil auch in der Einzelpsychotherapie Rollenkonflikte und interpersonelle Konflikte im Zentrum stehen, ein Beispiel für interpersonelle Probleme und Konflikte kann sein, unterschiedliche Erwartungen an Paarbeziehungen zu haben als der Partner. Die interpersonellen Probleme oder Konflikte können offen oder verdeckt sein. Konflikte können mit Rollenwechseln zu tun haben, die in Konflikte führen, oder interpersoneller Art sind, am Arbeitsplatz oder in der Partnerschaft. Es werde also zwei Konfliktvarianten miteinander in Bezug gesetzt werden, nämlich stärker intrapsychische Konflikte, die mit Rollen zu tun haben, und interpersonelle Konflikte. Damit steht die interpersonelle Psychotherapie in einer mittleren Position zwischen den bisher dargestellten psychotherapeutischen Verfahren und weist dabei Gemeinsamkeiten mit der systemischen (Familien-)Therapie auf.

6.2.2 Systemische Therapie

Die wichtigste Grundlage der systemischen Therapie ist die dynamische Systemtheorie, in der beschrieben wird, dass Systeme (und eben auch soziale Systeme und Familiensysteme) nach einem Prinzip der Selbstorganisation funktionieren. Bereits früh stellt sich dabei die Frage, ob eine solche Konzeption mit einem Konfliktbegriff vereinbar ist oder ob nicht vielmehr die grundlegende Idee der Selbstorganisation beschreibt, wie Veränderungen des Systems sich vollziehen, das sich zwar in Relation zu Konflikten oder Spannungszuständen verändert, aber diese nicht in sich einbegreift – sondern immer derart gestaltet ist, dass Konflikte eliminiert oder zumindest reduziert sind.

Eine wichtige Grundlage dieser systemtheoretischen und systemtherapeutischen Gedanken hat allerdings ganz offensichtlich mit Konflikten zu tun hat, nämlich die von Bateson et al. (1963) beschriebene double-bind- Hypothese in familiären Systemen, also die Interaktion zwischen Eltern und Kindern, die mit paradoxen Aufforderungen zu tun hat, mit Aussagen, die mit unvereinbaren Signalen im Zusammenhang stehen. In der Geschichte der Psychotherapie und Störungslehre ist das in erster Linie beschrieben worden als ein familiärer Belastungsfaktor für die Entwicklung schizophrener Erkrankungen. Doublebind-Signale der Eltern erschweren es dem Kind zu wissen, woran es ist und einordnen zu können, welche Signale gesendet werden.

6.2.3 Gesprächspsychotherapie

Als weitere Richtung ist die Gesprächspsychotherapie zu nennen und auch diese lässt sich auf konflikttheoretische Elemente prüfen. Bei Rogers steht als Prinzip von Entwicklung und von therapeutischer Veränderung die Aktualisierungstendenz im Zentrum, eine Idee eines natürlichen Wachstums des Menschen – es sei denn, es ist durch Entwicklungsbelastungen oder andere Hemmungen eingeschränkt. Dieses humanistische Menschenbild von natürlichem Wachstum der Persönlichkeit, Aktualisierungstendenz und Entwicklung liefert die Grundlage der klientenzentrierten oder Gesprächspsychotherapie. Als solches steht es im Kontrast zu einer allgemeinen Konflikttheorie des Psychischen, also dem Gedanken, dass es konflikthafte Momente sind, die als Motor der Entwicklung gelten. Wenn die Psychoanalyse annimmt, Menschen sind Konfliktwesen, dann ist das eine deutlich andere Akzentuierung als die grundlegende Entwicklungstheorie, auf der die Gesprächspsychotherapie fußt: Ist die Genese der Persönlichkeit konfliktbegründet oder eher organisch?

Auch hier taucht der Konfliktbezug in der Störungstheorie auf (auch wenn »Störungen« aus gesprächspsychotherapeutischer Sicht eher als Hemmung von Gesundheit und Entwicklung zu beschreiben wären, denn als positiv formulierte Entwicklung von Störung). Gesprächspsychotherapeutisch betrachtet kann es eine »Spaltung im Aktualisierungsprozess« geben, die als Kollision zwischen »Selbstaktualisierungstendenz« und »Selbstbehauptungstendenz« (Inkongruenz) beschrieben wird: »Erfahrungen, die eine Bedrohung für das Selbstkonzept darstellen, werden abgewehrt.« D. h. sie werden symbolisiert, ohne als Teil von Selbsterfahrungen identifiziert zu werden (Biermann-Ratjen, Eckert & Schwartz, 2016, S. 99). Wenn ich einerseits das persönliche Wachstum zum Ziel meiner Entwicklung nehme, gleichzeitig aber auch mein Selbst schützen muss, kollidiert etwas und führt zu einer Hemmung eines Entwicklungsprozesses (der auf der Spiegelung und Vermittlung von Kongruenz durch ein Gegenüber beruht – beschrieben als das »Bedürfnis nach positiver Selbstbeachtung« [need for positive regard].

Das therapeutische Prinzip dreht sich um die (Wieder-)Etablierung der »fully functioning person, also eine Person, die »immer kongruent« ist und »alle Erfahrung vollständig symbolisieren […] und somit immer ein Zustand von Erleichterung oder Entspannung und Angstfreiheit erreichen« kann. Es wird eingeräumt, dass die »fully functioning person« »natürlich niemals in der Realität vorzufinden« sei, »aber sie ist als theoretisches Konzept von Bedeutung« (a. a. O., S. 106). Das bedeutet, dass zunächst mal ein Idealtyp von Konfliktfreiheit und ein idealtypischer Zustand gedacht werden, derart, dass wir selbstkongruent und in unserem persönlichen Wachstum nicht gehemmt sind.

6.3 Konzeptvergleichende Psychotherapieforschung

Was lässt sich nun zusammenfassend zum Vergleich der verschiedenen psychotherapeutischen Verfahren im Hinblick auf Konflikt und Sexualität sagen? Wie auch im Vergleich der Entwicklungstheorien deutlich geworden ist, taucht die Sexualität nicht als Element einer *allgemeinen* Störungs- oder Veränderungstheorie auf. Teile des Konfliktmodells der Psychoanalyse haben in anderen Theorien eine Entsprechung. Das betrifft die Konzeptionen von Dissonanz, Inkongruenz oder Diskordanz, die sich jeweils als ein Konflikt auf einer kognitiven Ebene, auf einer Ebene von Schemata oder Plänen beschreiben lassen. Auch die Referenz von Konzepten wie Ödipus, Triangulierung oder Symbolisierung findet eine Entsprechung in anderen Entwicklungstheorien, etwa im Hinblick auf Entwicklungstriaden oder die Theory of mind.

Spezifisch für die psychoanalytische Theorie im Hinblick auf die Grundlage psychotherapeutischer Interventionen bleiben der Blick auf dynamisch unbewusste Prozesse, eine allgemeine Konflikttheorie des Psychischen und eine Veränderungstheorie, die sich an einem aufdeckenden Vorgehen orientiert und für (Entwicklungs-)Konflikte funktionalere Ersatzbildungen (statt Konfliktfreiheit!) erarbeitet (unter Einbezug einer strukturbezogenen Sicht).

6.3.1 Konflikte im Schulenvergleich

Der Titel des vorliegenden Kapitels, Sexualität und Konflikt interdisziplinär, lässt sich nun auch anders begreifen lässt, nämlich indem man Interdisziplinarität in der Psychotherapieforschung oder das Verhältnis der verschiedenen Richtungen zu einander selbst als Konflikt beschreibt. Die Geschichte (und Gegenwart) der Psychotherapieforschung zeigt, dass es für die verschiedenen psychotherapeutischen Verfahren unterschiedliche Referenztheorien gibt. In der kognitiv-behavioralen Therapie ist der Anschluss an psychologische Grundlagenfächer sehr viel eindeutiger als in der Psychoanalyse, besonders an die Entwicklungs- oder Kognitionspsychologie. Das hat nun bestimmte Konsequenzen dafür, welche Rahmentheorie für ein Psychotherapieverfahren gewählt wird und welcher methodische Bezug in den Mittelpunkt gesetzt wird. In der Gesprächspsychotherapie ist die wesentliche Referenzgröße die humanistische Psychologie und für die Psychoanalyse ist zwar ein wichtiger psychologischer Referenzpunkt gegeben, aber viel stärker als in den anderen Verfahren ist die Philosophie mit ihrem Konzeptverständnis und ihrer Begriffsbildung etwas, an dem sich psychoanalytische Konzepte orientieren (auch die Sozialwissenschaften sind zu nennen, gerade in forschungsbezogener Perspektive). Dabei vertritt die Psychoanalyse den Anspruch, ihre eigene Rahmentheorie, also ihre eigene Theorie des Psychischen, ihre eigene Entwicklungstheorie oder Persönlichkeitstheorie, vorzulegen. Das hat immer wieder in die Schwierigkeit einer erschwerten oder gehemmten Zugangsweise der Psychoanalyse zur wissenschaftlichen Interdisziplinarität geführt – fatalerweise, denn eine eigene Theorie des Psychischen vorzulegen, heißt ja mitnichten, auch alles andere aus sich selbst heraus schöpfen zu können und auf einen Austausch mit anderen Richtungen und Disziplinen schlicht zu verzichten.

Allerdings steht eine solche Interdisziplinarität vor dem Problem, die Begriffe einander vermitteln zu müssen. Ob das psychoanalytische Konzept der Repräsentation das meint wie »Kognition« muss erst geklärt werden. Konzepte haben jeweils einen anderen Status im Rahmen der Theorie und in ihrem Verhältnis zu anderen Konzepten. Eine andere Schwierigkeit liegt auf der Ebene der Wirksamkeits-, aber auch der Prozessforschung bezüglich psychotherapeutischer Verfahren. Einmal im Hinblick darauf, dass es aus psychoanalytischer Sicht besonders bedeutsam ist, dass beforschte Behandlungen anders verlaufen als unbeforschte, und auch im Hinblick auf die Einzelfallkultur der psychoanalytischen Konzeptbildung, die in Designs der Wirksamkeitsforschung nur schwer abgebildet werden können. Alle drei Aspekte (konzeptuelle Eigenständigkeit,»Störbarkeit« durch das Forschungssetting, Einzelfallkultur) stellen allerdings Quellen für enorme Hemmnisse der Weiterentwicklung des Verfahrens und des Dialogs in wissenschaftlicher und schulenvergleichender Hinsicht dar.

In der Geschichte der Psychotherapieforschung hat es eine Reihe wechselseitiger Entwertungen gegeben: So ist der Verhaltenstherapie von Seiten der Psychoanalyse vorgeworfen worden, die Menschen bloß zu »dressieren«, während Verhaltenstherapeuten über Psychoanalyse denken mochten, sie schweigen bloß 49 Minuten lang, um dann jedem Patienten die verdrängte Liebe zur Mutter und den verdrängten Hass auf den Vater zu deuten. Die, hier karikierte, Geschichte von Entwertungen steht glücklicherweise im Gegensatz zu weiten Teilen der modernen Psychotherapieforschung. Nichtsdestoweniger sind darin eine Reihe wichtiger Grundlagen in konzeptueller Hinsicht noch nicht erarbeitet.

6.3.2 Skizze eines Forschungsprogramms

Lange Zeit ist die Psychotherapieforschung einer *horse race*-Logik gefolgt und hat geprüft, welches psychotherapeutische Verfahren anderen im Hinblick auf Wirksamkeit überlegen ist. Dieses Stadium ist heute einigermaßen überwunden, auch wenn es für einige der Verfahren nach wie vor darum geht, Studien zur wirksamen Behandlung einzelner Störungen vorzulegen. Als Probleme tauchen im Vergleich ferner zum einen die Selektivität von Evaluierung psychotherapeutischer Prozesse auf (z. B. dahingehend, dass überwiegend manualisierte Behandlungen von Patienten mit Störungsbildern ohne Komorbiditäten beforscht werden; vgl. z. B. die Kritik bei Benecke et al., 2016), zum anderen die Frage danach, wie sich psychotherapeutische Prozesse in unterschiedlichen Verfahren vergleichen lassen, wenn die »Wissenskulturen« unterschiedlich sind (vgl. Sell, 2014).

Ich möchte aber vor allen Dingen hervorheben, welche Möglichkeiten in einer schulenvergleichenden Forschung liegen, in erster Linie und grundlegend auf konzeptueller Ebene. Der Satz des Dodos aus *Alice im Wunderland*, »Jeder hat gewonnen und Alle sollen Preise haben«, ist zum Referenzpunkt der Psychotherapieforschung geworden. Es gibt allgemeine Wirkfaktoren unterschiedlicher psychotherapeutischer Verfahren, die in ihrer Spezifität immer auch etwas transportieren, das unabhängig von psychotherapeutischer Technik ist (in erster Linie Beziehungsfaktoren). Allerdings lässt sich heute auch daran zweifeln, ob diese Idee eines »Dodo Bird Verdict« oder Äquivalenzparadoxons so noch zeitgemäß ist; vielmehr geht es darum zu untersuchen, wie verfahrensspezifisch der allgemeine Wirkfaktor Beziehung und seine differenzierbaren Aspekte konzipiert und eingesetzt werden.

Psychotherapieforschung wird üblicherweise in vier Phasen unterschieden (z. B. Grawe, 1997), die erste ist einigermaßen beantwortet, Psychotherapie an sich ist wirksam (Legitimationsphase). Die zweite ist die Wettbewerbsphase, in der die Frage der vergleichenden Wirkung unterschiedlicher Verfahren im Zentrum steht. In der zeitgenössischen Psychotherapieforschung sind die beiden darauf folgenden Phasen entscheidend: einmal die Frage nach der differenziellen Indikation (Welches Verfahren wirkt für welchen Patienten und wie?) (Verschreibungsphase) und die Frage nach der Wirksamkeit und Wirkungsweise einzelner psychotherapeutischer Techniken (Prozessforschungsphase). Gerade das letztgenannte kann als das ausschlaggebende Thema zeitgenössischer Psychotherapieforschung aufgefasst werden. Es geht nicht darum zu untersuchen, ob ein *Verfahren* wirksam ist, sondern die Wirksamkeitsfrage auf der Ebene der psychotherapeutischen *Techniken* zu betrachten. Immerhin kann man ja davon ausgehen, dass keine »verfahrensspezifisch erkrankten« Patienten psychotherapeutische Behandlungen aufsuchen (auch wenn sie natürlich unterschiedlich informiert oder motiviert bezüglich der verschiedenen Verfahren sein können). Symptome sind nicht schulenspezifisch.

Das bedeutet auch, dass sich ähnliche klinische Phänomene in unterschiedlichen psychotherapeutischen Verfahren zeigen. Das heißt aber wiederum, dass dieselben oder ähnliche klinische Phänomene in unterschiedlichen psychotherapeutischen Theorien im Rahmen eines unterschiedlichen Störungsmodells und einer unterschiedlicher Veränderungstheorie beschrieben werden (und unterschiedlicher Referenztheorien). Einerseits haben es die unterschiedlichen Verfahren also mit den »gleichen« Patienten zu tun, aber in ihren Psychotherapietheorien herrscht ein ziemlicher Wortsalat, der einen Vergleich erschwert.

Es ist nicht so ganz klar, an welchen Stellen die Konzepte einander berühren und wie sie sich voneinander unterscheiden. Unklar ist, wann sich unterschiedliche Termini im Grunde auf dasselbe klinische

Phänomen beziehen, aber auch, wann derselbe Terminus von unterschiedlichen Richtungen anders definiert und gebraucht wird. Dieses Problem ist schon vor einiger Zeit in der Psychotherapieforschung erkannt worden, so dass wiederkehrend die Forderung erhoben wurde, psychotherapieforschende Konzeptklärung und Konzeptvergleiche anzustellen, am prominentesten von Wolfe und Goldfried (1988; Übers. TS) in ihren Bemerkungen zur Psychotherapie-Integration, in denen sie als erstes Element eines Forschungsprogramms die »konzeptuelle Klärung« aufführen. Noch 2000 spricht Wolfe selbst allerdings von einer »bislang nicht existierende integrativen Theorie der Psychotherapie« (Wolfe, 2000, S. 233; Übers TS). Allerdings wäre zu prüfen, was als Integration auf theoretischer Ebene überhaupt gelten kann; Versuchen zu einer »assimiliativen Integration« (Lampropoulos, 2001) gegenüber wäre m.E. Vorsicht zu walten, ebenso wie einem theoretischen Eklektizismus oder dem Versuch, eine einheitliche Theorie der Psychotherapie voranzubringen (niemand würde auf die Idee kommen, eine einheitliche und einzige philosophische Theorie des Bewusstseins, der Sprache etc. zu fordern). Es scheint nützlicher, statt von einer Integrativen Psychotherapie vielmehr von einem integrativen Denken in der Psychotherapie (Storck & Jacobi, 2017) zu sprechen, das akzentuiert, dass »Integration« einer Antwort auf die Frage bedarf, was in was eigentlich integriert werden soll. Ein polares Modell aus Integration und (verfahrensbezogener) Positionierung könnte dabei die Grundlage liefern (Jacobi, Storck & Brakemeier, 2017).

Wie gesehen werden konnte, lassen sich vier Phasen der Psychotherapieforschung beschreiben. Wenn man der Frage nachgeht, was die Phasen der Psychotherapie*konzept*forschung sind, findet man nur schwer Antworten. Eine erste Phase lässt sich noch einigermaßen leicht beschreiben, man könnte sie als die *Phase der verfahrensspezifischen Modellierung* bezeichnen: Wie wird konzeptualisiert, dass jemand krank wird, wie, dass jemand gesund wird, und dies vor dem Hintergrund einer Theorie des Psychischen und allem, was dazu gehört. Eine zweite Phase allerdings ist schon sehr viel schwieriger zu bestimmen, aber sie müsste die *Phase der konzeptvergleichenden Psychotherapieforschung* sein – ein forscherisches Vorgehen, das Konzepte und klinische Phänomene vergleichend und abgrenzend zueinander ins Verhältnis setzt. Das könnte die Grundlage für eine *Phase der konzeptinformierten Komponentenstudien* liefern. Zunächst kann nur mit einigen wenigen Bemerkungen zur klinischen Relevanz geschlossen werden. Konzeptvergleichende Psychotherapieforschung müsste sich am Anspruch messen lassen, ihre konzeptuelle Arbeit für psychotherapeutische Prozesse nutzbar zu machen. Die Verfahrensspezifität von Psychotherapie im Versorgungssystem ist in Deutschland von zentraler Bedeutung. Das hat nicht zuletzt eine rechtliche Dimension: Es gibt bestimmte psychotherapeutische Verfahren, die wissenschaftlich anerkannt sind, d. h. es lässt sich zeigen, was getan wird, warum es getan wird, und dass es auf der Grundlage beschreibbarer Techniken die gewünschte Wirkung erzielt. Die Verfahrensspezifität bedeutet auch, dass ein Behandler in einer analytischen Psychotherapie sich eben nicht im Verlauf einer Behandlung entschließen kann, jetzt doch einmal zur In-Vivo-Exposition mit seinem bisher im Couch-Setting bei Analyse von Übertragung und Widerstand behandelten Patienten auf einen Kirchturm zu steigen und zu sehen, wie es mit dessen Höhenangst wohl weiter geht. Genau so mag es Einzelnen als verlockend erscheinen, im Zuge einer laufenden Verhaltenstherapie einem Patienten seinen unbewussten Widerstand zu deuten. Das ist zwar in erster Linie ein rechtliches Problem (ein Verfahren soll so, das heißt unter Nutzen derjenigen Techniken, zur Anwendung kommen, wie es sich in Studien als wirksam erwiesen hat), aber auch ein konzeptuelles: Sowohl die Technik der In-Vivo-Exposition als auch die Technik der Widerstandsdeutung stehen im Zusammenhang mit verfahrensspezifischen Konzepten und dazugehörigen Rahmentheorien. Was »Widerstandsdeutung« heißt, wenn es nicht im Kontext von Unbewusstem, Übertragung, psychischem Konflikt und anderen Konzepten steht, sondern im Kontext von kognitiver Dissonanz, Lernprozessen oder dem SORKC-Schema, ist unklar – wie es auch unklar ist, wie ein gemeinsamer Kirchturm-Ausflug im Bezug zu psychoanalytischen Konzepten und Proessmerkmalen steht. Ich kann nicht sagen, wie die »verfahrensfremde« Technik wirkt, solange ich nicht konzeptualisiert habe, welches die Bedingungen einer solchen »Integration« sind. Neben der rechtlichen und der konzeptuellen Ebene (die natürlich bereits miteinander verbunden sind) kommt eine persönliche Ebene dazu: Ich bin in der Regel in einem Verfahren ausgebildet und ich habe auch einen Teil meiner psychotherapeutischen Identität und Qualifikation verfahrensspezifisch gewonnen. Verfahrensspezifität ist nicht zuletzt deshalb wichtig, weil ich für meinen Patienten eine stringente und transparente Behandlungsplanung mache und dafür die Verantwortung zu tragen habe, dass ich zumindest in etwa weiß, was das, was ich tue, bewirkt.

Das ist ein schwieriger Ausgangspunkt für Konzeptvergleiche, die mittelfristig auf verfahrensübergreifende Untersuchungen psychotherapeutischer Techniken abzielen sollen. Zeitgenössische Psychotherapieforschung untersucht stärker Techniken statt Verfahren. Eine spezifische Technik kann ich in ihrer Wirkungsweise am besten untersuchen, indem ich kontrastierende Bedingungen einführe und so in den Blick nehme, ob eine Technik unter anderen Umständen auch (so) wirkt. Allerdings kann ich nicht die Wirkungsweise der Übertragungsdeutung studieren, indem ich sie in verhaltenstherapeutischen und analytischen Behandlungen einsetze. Der einzige Weg kann m.E. darin bestehen, konzise Prüfungen der Konzepte im Vergleich anzustellen, dies in Bezug zu Theorien der Technik zu setzen und möglicherweise dort in ihrer Wirkungsweise zu prüfen, wo oftmals weniger verfahrensspezifisch gearbeitet wird, nämlich in der stationären Psychotherapie.

7 Ausblick

In der Psychoanalyse geht es um eine allgemeine Konflikttheorie des Psychischen. Aus psychoanalytischer Sicht kommen Konflikte nicht störend bei abweichenden Entwicklungsverläufen ins Spiel, sondern der Konflikt sitzt im Kern der Entwicklung, er gilt im psychoanalytischen Denken als deren Motor. Konflikte liegen in der sozial-leiblichen Natur des Menschen, nicht (unmittelbar) in seiner biologischen. Dass wir als Menschen mit unserer psychischen Entwicklung mit Konflikten zu tun haben, gehört aufgrund dessen untrennbar zu uns, dass unsere Entwicklung in Beziehungen stattfindet, also sozial ist und sich in leiblich-sinnlichen Interaktionsprozessen vermittelt. Konflikte haben mit der sozialen und der leiblichen Entwicklung des Menschen zu tun. In frühen leiblichen Interaktionen kommt es zu einem Ineinander von Beruhigung und Stimulierung (zum Beispiel im Stillvorgang). Einerseits wird ein Bedürfnis befriedigt und ein Zustand der Beruhigung hergestellt, andererseits vollzieht sich dies wiederum in einem Vorgang, der stimulierend und erregend ist. Die Psychoanalyse denkt dies als Zusammenhang von Lust/Befriedigung, Erregung und Unlust als weitere Motoren der psychischen Entwicklung. Diese frühen Vorgänge und Empfindungen stehen im Zusammenhang mit dem erweiterten Konzept von Sexualität in der Psychoanalyse. Darin ist Sexualität nicht eingeschränkt auf Genitalität, sondern es ist zentral, frühe Interaktionsprozesse im Licht von Lust und Unlust und dahingehend zu betrachten, dass es dabei um *Erleben* von Sexualität geht (ohne dass damit gesagt wäre, dass wir von Beginn an genital-sexuelle Strebungen haben). Es geht um nicht-genitale Formen von Sexualität, lustvoller Berührung und Frustration (in partialtriebhafter Hinsicht). Die Psychoanalyse beschreibt psychische Entwicklung entlang von psychosexuellen Entwicklungsphasen, insbesondere oral, anal und phallisch-ödipal. Entwicklung bedeutet psychoanalytisch immer auch: psychosexuelle Entwicklung. Es gibt daneben Entwicklungslinien der Aggression, des Narzissmus oder der Bindung, aber ein wesentliches Charakteristikum ist die Berücksichtigung der Psychosexualität in der Entwicklung. Man kann die psychosexuellen Entwicklungsphasen konkret-körperlich auffassen, aber auch in einer »thematischen« Lesart, in der bestimmte psychische Erlebnisweisen aufscheinen, die auch später im Leben maßgeblich sein können. Dies zeigt ihren argumentativen Wert.

So gilt beispielsweise die ödipale Phase der Bewältigung von Entwicklungsaufgaben im Umfeld von Unterschiedlichkeit, relativen Ausgeschlossenheit in Beziehungen u. a. und erfüllt eine wichtige psychische Strukturierungsfunktion. Konzepte wie »Phallus« oder »Kastration« akzentuieren Themen des »Beschnittenseins« in der eigenen »Potenz« und auch hier nicht im konkretistischen Sinne, sondern im Sinne einer *symbolischen* Kastration, wobei es darum geht, anerkennen und psychisch tolerieren zu können, dass wir in dem, was wir bewirken können, an unsere Grenzen stoßen. Dies ist ein wichtiger Teil der Verknüpfung zwischen der psychosexuellen und der narzisstischen Entwicklung.

In der Psychoanalyse geht es schließlich um unbewusste psychische Konflikte aus Wunsch und Verbot bzw. zwischen widerstreitenden Wünschen. Die Konflikttheorie des Psychischen ist deshalb spezifisch, weil die Konflikte, um die es geht, unbewusst und psychisch sind. Daraus leitet sich eine psychoanalytische Motivationstheorie ab, die im Zusammenhang mit einer Konzeption psychischer Abwehr steht: Unbewusste Wünsche, die nicht bewusstseinsfähig sind, werden zu Kompromissbildungen umgestaltet, als ein Versuch, zwischen Wunsch und Verbot zu vermitteln. Die Ebene einer psychoanalytischen Störungstheorie wird dann berührt, wenn es um habituelle Kompromissbildungen geht, die das Erleben und Handeln wesentlich einschränken. Die Konflikttheorie der Psychoanalyse ist auch Teil einer Störungstheorie und zwar dann, wenn die Kompromissbildungen, die aus dem Umgang mit den Konflikten resultieren, zu Leidensdruck führen, dazu, dass wir psychischen und sozialen Spielraum verlieren; dann kann man von dysfunktionalen Konfliktlösungen sprechen. Symptombildungen haben funktionalen Charakter. Symptome bringen die eine oder andere Form des Leidens mit sich, aber sie haben trotzdem die Funktion, etwas psychisch Bedrohlicheres abzuwehren: Angst, Schuld oder Scham. Nicht nur für konfliktbezogene Elemente einer psychischen Störung lässt sich ein solcher funktionaler Anteil beschreiben, sondern auch – wenn auch in anderer Weise – für strukturbezogene.

Wenn derart also der Durchgang durch das Triebkonzept (Band I) und die Konzeption von Konflikt und Sexualität (der vorliegende Band II) einige Klärungen mit sich gebracht hat, sind auch weitere offene Fragen entstanden. So zeigt sich, wie sich aus der psychosomatischen Grundstruktur des menschlichen Erlebens und aus der Auseinandersetzung mit Entwicklungsprozessen und -aufgaben unbewusste psychische Konflikte ergeben, doch ist bislang nur in Ansätzen erörtert worden, was darin im spezifisch psychoanalytischen Sinn als unbewusst zu gelten hat. Ferner wäre zu diskutieren, wie Unbewusstes als Teil der psychischen Struktur entsteht, wie es sich bemerkbar macht, woran sich eine »Pathologie« des Unbewussten bemisst und wie eine klinische Arbeit damit aussieht. Das hätte die Ebene eines »gesellschaftlichen« Unbewussten einzuschließen und ferner den Blick auf die Konzeption unbewusster Prozesse in anderen wissenschaftlichen Zugängen zu richten. Im Folgeband geht es also um die Auseinandersetzung mit dem dynamisch Unbewussten der Psychoanalyse – einem solchen Unbewussten also, das sich konzeptuell konsequent als etwas ergibt, das aus Konflikten erwächst und sich in Konflikten bemerkbar macht.

Literatur

Abraham K (1924) Versuch einer Entwicklungsgeschichte der Libido auf Grund der Psychoanalyse seelischer Störungen. In: ders. (1971) Psychoanalytische Studien. Band 1. Gießen 1999: Psychosozial, S. 113–183.
Allen JG, Fonagy P & Bateman AW (2008) Mentalisieren in der psychotherapeutischen Praxis. Stuttgart 2011: Klett-Cotta.
Arbeitskreis OPD (2006) Operationalisierte Psychodynamische Diagnostik OPD-2. Das Manual für Diagnostik und Therapieplanung. Bern: Huber.
Bateson G, Jackson DD, Haley J & Weakland (1963) A note on the double bind. Fam Proc, 2, 154–161.
Becker S (2005) Weibliche und männliche Sexualität. In: Quindeau I & Sigusch V (Hg.) Freud und das Sexuelle. Neue psychoanalytische und sexualwissenschaftliche Perspektiven. Frankfurt a. M.: Campus, S. 63–79.
Benecke C (2014) Klinische Psychologie und Psychotherapie. Ein integratives Lehrbuch. Stuttgart: Kohlhammer.
Benecke C, Huber D, Schauenburg H & Staats H (2016) Wie können Langzeittherapien mit kürzeren Behandlungen verglichen werden? Designprobleme und Lösungsvorschläge am Beispiel der APS-Studie. Psychotherapeut, 61(6), 476–483.
Bergande W (2012) Über kreative Negation oder eine Logik, die zu wünschen übrig lässt. In: Storck T (2012) (Hg.) Zur Negation der psychoanalytischen Hermeneutik. Gießen: Psychosozial, S. 323–340.
Bidwell-Steiner M & Babka A (2013) (Hg.) Obskure Differenzen. Psychoanalyse und Gender Studies. Gießen: Psychosozial.
Biermann-Ratjen EM, Eckert J & Schwartz HJ (2016) Gesprächspsychotherapie. Verändern durch Verstehen. 10. Auflage. Stuttgart: Kohlhammer.
Bohleber W (2015) Angst und Angststörungen – ein theoretisch-klinischer Überblick. Psyche – Z Psychoanal, 69, 783–796.
Britton R (1998) Glaube, Phantasie und psychische Realität. Stuttgart 2001: Klett-Cotta.
Britton R, Feldman M & O'Shaughnessy E (1989) The oedipus complex today. Clinical implications. London: Karnac.

Caspar F (2007) Beziehungen und Probleme verstehen. Eine Einführung in die psychotherapeutische Plananalyse. 3. Auflage. Bern: Huber.
Caspar F & Belz M (2017) Plananalyse. In: Brakemeier EL & Jacobi F (Hg.) Verhaltenstherapie in der Praxis. Weinheim: Beltz, S. 165–179.
Chasseguet-Smirgel J (1964a) Einleitung. In: dies. (Hg.) Psychoanalyse der weiblichen Sexualität. Frankfurt a. M. 1974: Suhrkamp, S. 7–25.
Chasseguet-Smirgel J (1964b) Die Freud verwandten psychoanalytischen Ansichten über die weibliche Sexualität. In: dies. (Hg.) Psychoanalyse der weiblichen Sexualität. Frankfurt a. M. 1974: Suhrkamp, S. 26–45.
Chasseguet-Smirgel J (1964c) Die Freud verwandten psychoanalytischen Ansichten über die weibliche Sexualität. In: dies. (Hg.) Psychoanalyse der weiblichen Sexualität. Frankfurt a. M. 1974: Suhrkamp, S. 46–67.
Dannecker M & Reiche R (1974) Der gewöhnliche Homosexuelle. Eine soziologische Untersuchung über männliche Homosexuelle in der BRD. Frankfurt aM: Fischer.
De Jong-Meyer R (2009) Kognitive Verfahren nach Beck und Ellis. In: Margraf J & Schneider S (Hg.) Lehrbuch der Verhaltenstherapie. Band 1. 3. Auflage. Berlin, Heidelberg: Springer, S. 611–628.
Dolto F (1982) Weibliche Sexualität. Die Libido und ihr weibliches Schicksal. Stuttgart 2000: Klett-Cotta.
Egle UT (1998) Diagnose, Differentialdiagnose und Psychodynamik der somatoformen Schmerzstörung. In: Rudolf G & Henningsen P (Hg.) Somatoforme Störungen. Theoretisches Verständnis und therapeutische Praxis. Stuttgart: Schattauer, S. 89–102.
Erikson EH (1950) Kindheit und Gesellschaft. Stuttgart 1971: Klett.
Ermann M (2017) Männliche Homosexualität in der psychoanalytischen Ausbildung. Forum Psychoanal, 33(1), 99–108.
Fäh, M. (2018). Kolposwunsch, Peniswunsch und Kastrationstat. Aspekte einer erweiterung der Theorie des Ödipuskomplexes. Psyche – Z Psychoanal, 72, 1–23.
Fain M (1971) The prelude to fantasmatic life. In: Birksted-Breen D, Flanders S & Gibeault A (2010) (Hg.) Reading French psychoanalysis. London, New York: Routledge, S. 338–354.
Festinger L (1957) Theorie der kognitiven Dissonanz. Bern u. a. 1978: Huber.
Freud S (1895) Studien über Hysterie. GW I, S. 75–312.
Freud S (1896a) Weitere Bemerkungen über die Abwehr-Neuropsychosen. GW I, S. 377–403.
Freud S (1896b) Zur Ätiologie der Hysterie. GW I, S. 423–459.
Freud S (1898) Die Sexualität in der Ätiologie der Neurosen. GW I, S. 489–516.
Freud S (1900) Die Traumdeutung. GW II/III, S. 1–642.
Freud S (1901) Zur Psychopathologie des Alltagslebens. GW IV.
Freud S (1905) Drei Abhandlungen zur Sexualtheorie. GW V, S. 27–145.
Freud S (1906) Meine Ansichten über die Rolle der Sexualität in der Ätiologie der Neurosen. GW V, S. 147–159.

Freud S (1907) Zur sexuellen Aufklärung der Kinder. GW VII, S. 17–27.
Freud S (1909) Analyse der Phobie eines fünfjährigen Knaben. GW VII, S. 241–377.
Freud S (1910a) Über Psychoanalyse. GW VIII, S. 1–60.
Freud S (1910b) Eine Kindheitserinnerung des Leonardo da Vinci. GW VIII, S. 127–211.
Freud S (1910c) Die psychogene Sehstörung in psychoanalytischer Auffassung. GW VIII, S. 93–102.
Freud S (1911a) Formulierungen über die zwei Prinzipien des psychischen Geschehens. GW VIII, S. 229–238.
Freud S (1911b) Psychoanalytische Bemerkungen über einen autobiographisch beschriebenen Fall von Paranoia. GW VIII, S. 239–320.
Freud S (1912a) Zur Dynamik der Übertragung. GW VIII, S. 363–374.
Freud S (1912b) Über die allgemeine Erniedrigung des Liebeslebens. GW VIII, S. 78–91.
Freud S (1912/13) Totem und Tabu. GW IX.
Freud S (1914) Zur Einführung des Narzißmus. GW X, S. 137–170.
Freud S (1915a) Triebe und Triebschicksale. GW X, S. 209–232.
Freud S (1915b) Mitteilung eines der psychoanalytischen Theorie widersprechenden Falles von Paranoia. GW X, S. 233–246.
Freud S (1916/17) Vorlesungen zur Einführung in die Psychoanalyse. GW XI.
Freud S (1917) Trauer und Melancholie. GW X, S. 427–446.
Freud S (1918) Aus der Geschichte einer infantilen Neurose. GW XII, S. 27–157.
Freud S (1923a) »Psychoanalyse« und »Libidotheorie«. GW XIII, S. 209–233.
Freud S (1923b) Das Ich und das Es. GW XIII, S. 235–289.
Freud S (1923c) Die infantile Genitalorganisation. GW XIII, S. 291–298.
Freud S (1925) Selbstdarstellung. GW XIV, S. 31–96.
Freud S (1926) Die Frage der Laienanalyse. GW XIV, S. 207–286.
Freud S (1930) Das Unbehagen in der Kultur, GW XIV S. 419–506.
Freud S (1933) Neue Folge der Vorlesungen zur Einführung in die Psychoanalyse. GW XV.
Freud S (1940) Abriss der Psychoanalyse. GW XVII, S. 63–138.
Freud S (1950) Entwurf einer Psychologie. GW Nachtragsband, S. 373–486.
Freud S (1985) Briefe an Wilhelm Fließ, 1887–1904. J.M. Masson (Hg.). Frankfurt a. M. 1999: Fischer.
Gay P (1987) Freud. Eine Biographie. Frankfurt a. M. 1989: Fischer.
Gherovici P (2017) Sexual difference. From symptom to sinthome. In: Watson E & Giffney N Clinical encounters in sexuality. Psychoanalyic practice & Queer Theory. New York: Punctum, S. 369–384.
Green A (1990) Der Kastrationskomplex. Gießen 2007: Psychosozial Verlag.
Glover Fiorini L & Abelin Sas-Rose (2010) (Hg.) On Freud's »Femininity«. London: Karnac.
Grawe K (1997) Research-Informed Psychotherapy. Psychotherapy Research. 7 (1), 1–19.

Grawe K (1998) Psychologische Therapie. 2. Auflage. Göttingen 2000: Hogrefe.
Grünbaum A (1984) Die Grundlagen der Psychoanalyse. Eine philosophische Kritik. Stuttgart 1988: Reclam.
Hock U (2000) Das Unbewußte Denken. Wiederholung und Todestrieb. Frankfurt a. M.: Fischer.
Holm-Hadulla RM (2015) Integrative Psychotherapie. Zwölf exemplarische Geschichten aus der Praxis. Stuttgart: Klett-Cotta.
Hopf H (2017) Die Psychoanalyse des Jungen. Stuttgart: Klett-Cotta.
Horney K (1933) Die Verleugnung der Vagina. Int Z Psychoanal, 19, 372–384.
Hutfless E (2016) Wider die Binarität – Psychoanalyse und Queer Theory. Jb Psychoanal, 57, 99–115.
Hutfless E & Zach K (2017) (Hg.) Queering Psychoanalysis: Psychoanalyse und Queer Theory – Transdisziplinäre Verschränkungen. Wien: Zaglossus.
Jacobi F, Storck T & Brakemeier EL (2017) Integration von Methoden und Verfahren. In: Brakemeier EL & Jacobi F (Hg.) Verhaltenstherapie in der Praxis. Weinheim: Beltz, S. 930–936.
Jones E (1925) Mother-right and the sexual ignorance of savages. Int J Psychoanal, 6, 109–130.
Jones E (1927) Die erste Entwicklung der weiblichen Sexualität. Int Z Psychoanal, 8, 459–472.
Jones E (1933) Die phallische Phase. Int Z Psychoanal, 14, 1–33.
Jones E (1960) Das Leben und Werk von Sigmund Freud. 3 Bände. Bern: Huber.
Kadi U (2017) Umkreisungen oder die Sache mit den (nicht) existierenden Geschlechterverhältnissen. In: Storck T & Taubner S (Hg.) Von Game of Thrones bis The Walking Dead. Interpretation von Kultur in Serie. Berlin u. a.: Springer, S. 103–120.
Kettner M (1998) Zur Semiotik der Deutungsarbeit. Wie sich Freud mit Peirce gegen Grünbaum verteidigen läßt. Psyche – Z Psychoanal, 52, 619–647.
Kirchhoff C (2009) Das psychoanalytische Konzept der »Nachträglichkeit«. Zeit, Bedeutung und die Anfänge des Psychischen. Gießen: Psychosozial.
Kirsch H, Brockmann J & Taubner S (2016) Praxis des Mentalisierens. Stuttgart: Klett-Cotta.
Klein M (1928) Frühstadien des Ödipuskonfliktes. Int Ztschrft f Psa, 15, 65–77.
Klein M (1930) Die Bedeutung der Symbolbildung für die Ichentwicklung. In: dies (1962) Das Seelenleben des Kleinkindes und andere Beiträge zur Psychoanalyse. Stuttgart: Klett-Cotta, S. 36–54.
Klein M (1960) Über das Seelenleben des Kleinkindes. In dies (1962) Das Seelenleben des Kleinkindes und andere Beiträge zur Psychoanalyse. Stuttgart: Klett-Cotta, 187–224.
Kohlberg L (1996) Die Psychologie der Moralentwicklung. Frankfurt a. M.: Suhrkamp.
Krejci E (2009) Die Vertiefung in die Oberfläche. In: Mauss-Hanke A (Hg.) Internationale Psychoanalyse 2010. Gießen: Psychosozial, S. 67–87.

Kristeva J (1999) Das weibliche Genie: Melanie Klein. Das Leben, der Wahn, die Wörter. Gießen 2008: Psychosozial.

Lacan J (1949) Das Spiegelstadium als Bildner der Ichfunktion. In: ders. (1966) Schriften I. Weinheim, Berlin: Quadriga, S. 61–70.

Lacan J (1958) Die Bedeutung des Phallus. In: ders. (1966) Schriften II. Vollständiger Text. Wien 2015: Turia + Kant, S. 192–204.

Lacan J (1969/70) Le Séminaire des Jacques Lacan. Livre XVII. L'envers de la psychanalyse. Paris 1991: Seuil.

Lacan J (1971/72) Le Séminaire de Jacques Lacan. Livre XIX. ...ou pire. Paris 2011: Seuil

Lacan J (1972/73) Das Seminar. Buch XX. Encore. Wien 2015: Turia + Kant.

Lampropoulos GK (2001) Bridging Technical Eclecticism and Theoretical Integration: Assimilative Integration. Journal of Psychotherapy Integration, 11 (1), 5–19.

Lang H (2011) Die strukturale Triade. Stuttgart: Klett-Cotta.

Laplanche J (1988) Die allgemeine Verführungstheorie und andere Aufsätze. Tübingen: edition diskord.

Laplanche J (2000) Trieb und Instinkt. In: ders. (2007) Sexual. Gießen: Psychosozial, S. 17–32.

Laplanche J (2003) Gender, Geschlecht und Sexual. In: ders. (2007) Sexual. Gießen: Psychosozial, S. 137–171.

Laplanche J (2007) Sexual. Gießen 2017: Psychosozial Verlag.

Le Soldat J (1994) Eine Theorie menschlichen Unglücks. Trieb, Schuld, Phantasie. Frankfurt a. M.: Fischer.

Le Soldat J (2015) Grund zur Homosexualität. Vorlesungen zu einer neuen psychoanalytischen Theorie der Homosexualität. Werkausgabe Band 1. Stuttgart: Frommann-Holzboog.

Lévi-Strauss C (1949) Die elementaren Strukturen der Verwandtschaft. Frankfurt a. M. 1981: Suhrkamp.

Loewald H (1978) Das Dahinschwinden des Ödipuskomplexes. In: ders: Psychoanalyse. Aufsätze aus den Jahren 1951–1979. Stuttgart 1986: Klett-Cotta, S. 377–400.

Malinowski B (1924) Mutterrechtliche Familie und Ödipus-Komplex. Imago, 10(2–3),228–277.

Mcdougall J (1995) Die Couch ist kein Prokrustesbett. Zur Psychoanalyse der menschlichen Sexualität. Stuttgart: VIP.

Mertens W (2014) Ödipuskomplex. In: ders. (Hg.) Handbuch psychoanalytischer Grundbegriffe. 4. Auflage. Stuttgart: Kohlhammer, S. 657–670.

Morbitzer L (2017). Der Laios-Komplex. Zur Psychodynamik der Begegnung der Generationen. In: Tamulionyté L et al (Hg.) Brüche und Brücken: Wege der Psychoanalyse in die Zukunft. Eigenverlag Deutsche Psychoanalytische Vereinigung, S. 340–363.

Pechriggl A (2009) Eros. Wien: Facultas.

Perelberg R (2015) Murdered father, dead father. Revisiting the oedipus complex. London: Routledge.
Person E & Ovesey L (1983) Psychoanalytic theory of gender identity. Journal of the American Academy of Psychoanalysis, 11, 203–226.
Piaget J (1976) Die Äquilibration der kognitiven Strukturen. Stuttgart: Klett-Cotta.
Quindeau I (2008) Verführung und Begehren. Die psychoanalytische Sexualtheorie nach Freud. Stuttgart: Klett-Cotta.
Quindeau I (2014) Sexualität. Gießen: Psychosozial.
Quindeau I & Sigusch V (2005) (Hg.) Freud und das Sexuelle. Neue psychoanalytische und sexualwissenschaftliche Perspektiven. Frankfurt a. M.: Campus.
Rauchfleisch U (2017) »Trans*Menschen*, Psychoanalyse und Psychotherapie. Transsexualität, Transidentität, Gender-Dysphorie – und wie weiter? Forum Psychoanal, 33, 431–445.
Reiche R (2000) Der gewöhnliche Weg zur Homosexualität beim Mann. In: Bohleber W & Drews S (Hg.) Die Gegenwart der Psychoanalyse – die Psychoanalyse der Gegenwart. Stuttgart: Klett-Cotta, S. 288–303.
Richter C & Brosig B (2017) Homosexualität und Psychoanalyse. Eine Umfrage bei Psychoanalytikern in Deutschland. Forum Psychoanal, 33(1), 77–98.
Rohde-Dachser C (2013) Expedition in den dunklen Kontinent. Weiblichkeit im Diskurs der Psychoanalyse. Heidelberg u. a.: Springer.
Rudolf G (2004) Strukturbezogene Psychotherapie. Stuttgart: Schattauer.
Schreber DP (1903) Denkwürdigkeiten eines Nervenkranken. Berlin 2003: Kadmos.
Schwab G (1932) Sagen des klassischen Altertums. Frankfurt aM, Leipzig 2001: Insel.
Seiffge-Krenke I (2017) Die Psychoanalyse des Mädchens. Stuttgart: Klett-Cotta.
Sell C (2014) Wissenskulturen: Zur Unhintergehbarkeit der Differenz zwischen Psychoanalyse und kognitiver Verhaltenstherapie. Unzeitgemäßes. Janta B, Walz-Pawlita S & Unruh B (Hg.) unzeitgemäßes. Gießen: Psychosozial, S. 241–255.
Sigusch V (2015) Sexualitäten. Eine kritische Theorie in 99 Fragmenten. 2. Auflage. Frankfurt a. M.: Campus.
Stoller R (1968) Sex and gender. On the development of masculinity and femininity. New York: Science House.
Storck, T. (2016). Formen des Andersverstehens. Psychoanalytische Teamarbeit in der teilstationären Behandlung bei psychosomatischen Erkrankungen. Gießen: Psychosozial.
Storck, T. (2017a). »…and now my watch begins«. Game of Thrones. ders. & Taubner, S. (Hg.). Von Game of Thrones bis The Walking Dead. Interpretation von Kultur in Serie. Berlin u. a.: Springer, S. 11–29.

Storck, T. (2017b). Möge die Ma(ma)cht mit dir sein – Väter und Söhne und der Rest Star Wars. In: König, H. & Piegler, T. (Hg.). Wie der Vater, so der Sohn? Kulturpsychoanalytische Filmbetrachtungen. Gießen: Psychosozial, S. 53–66.

Storck, T. (2017c) Das umworbene Geschlecht. Mad Men. In: ders. & Taubner S (Hg.) Von Game of Thrones bis The Walking Dead. Interpretation von Kultur in Serie. Berlin u. a.: Springer, S. 121–140.

Storck, T. (2017d). Die Fallbesprechung in der stationären Psychotherapie. Konzeption und Praxis. Stuttgart: Kohlhammer.

Storck T (2018a) Grundelemente psychodynamischen Denkens. Band I: Trieb. Stuttgart: Kohlhammer.

Storck T (2018c) Grundelemente psychodynamischen Denkens. Band III: Das dynamisch Unbewusste. Stuttgart: Kohlhammer (Band in Vorbereitung).

Storck T & Jacobi F (2017) Integratives Denken in der Psychotherapie. Report Psychologie, 42(5), 194–196.

Von Schlippe A & Schweitzer J (2016) Lehrbuch der systemischen Therapie und Beratung I. Das Grundlagenwissen. 3. Auflage. Göttingen: Vandenhoek & Ruprecht.

Watson E & Giffney N (2017) Clinical encounters in sexuality. Psychoanalyic practice & Queer Theory. New York: Punctum.

Wellendorf F & Werner H (2005) (Hg.) Das Ende des Ödipus. Entwertung und Idealisierung ödipaler Konzepte in der Psychoanalyse heute. Tübingen: edition diskord.

Weininger O (1903) Geschlecht und Charakter. Wien, Leipzig: Braumüller.

Weiß H (1999) (Hg.) Ödipuskomplex und Symbolbildung. Tübingen: edition diskord.

Wolfe B (2000) Toward an integrative theoretical basis for training psychotherapists. Journal of Psychotherapy Integration, 10(3), 233–246.

Wolfe BE & Goldfried MR (1988) Research on psychotherapy integration: Recommendations and conclusions from an NIMH workshop. Journal of Consulting and Clinical Psychology, 56(3), 448–451.

Young JE, Klosko JS & Weishaar ME (2005) Schematherapie. Ein praxisorientiertes Handbuch. Paderborn: Junfermann.

Zepf S & Seel D (2015) Penisneid und der weibliche Ödipuskomplex. In: Zepf S (2017) Psychoanalyse. Band 4. Gießen: Psychosozial, S. 185–207.

Zepf S, Zepf FD, Ullrich B & Seel D (2014) Ödipus und der Ödipuskomplex. Eine Revision. Gießen: Psychosozial.

Zimmermann J, Brakemeier EL & Benecke C (2015) Alternatives DSM-5-Modell zur Klassifikation von Persönlichkeitsstörungen. Psychotherapeut, 60, 269–278.

Verzeichnis der zitierten Medien

Camilla, jerks., Staffel 1, Episode 2, Talpa Germany, 2017. Fernsehserienepisode.
The children, Game of Thrones, Staffel 4, Episode 10, Warner Bros. Television. Fernsehserienepisode.
Marco, Better Call Saul, Staffel 1, Episode 10, Sony Pictures Television, 2015. Fernsehserienepisode.
Pilot, Master of Sex, Staffel 1, Episode 1, Sony Pictures Television, 2013. Fernsehserienepisode.
Schulz und Böhmermann, Staffel 2, Episode 1, bildundtonfabrik, 2017. Unterhaltungssendung.
The summer man, Mad Men, Staffel 4, Episode 8, Lionsgate Television, 2010. Fernsehserienepisode.
Trapped in the closet, South Park, Staffel 9, Episode 12. Verfügbar unter: http:¬//www.southpark.de/alle-episoden/s09e12-schrankgefluster. Fernsehserienepisode.

Abrams JJ (Regisseur) & Kennedy K, Abrams JJ & Burk B (Produzent*in) Das Erwachen der Macht [The force awakens] [Spielfilm]. Walt Disney Studios Motion Pictures.
Buck C & Lee J (Regisseur*in) & Del Vecho P (Produzent) Die Eiskönigen – Völlig unverfroren [Frozen] [Spielfilm]. Walt Disney Studios Motion Pictures.
Kershner I (Regisseur) & Kurtz G (Produzent) (1980) Das Imperium schlägt zurück [The empire strikes back] [Spielfilm]. LucasFilm Ltd.
Nelson JY & Carloni A (Regisseur*in) & Cobb M (Produzentin) (2016) Kung Fu Panda 3 [Spielfilm]. 20th Century Fox.
Renaud R (Regisseur) & Melendandri C & Healy J (Produzent*in) (2016) Pets [The secret life of pets] [Spielfilm]. Universal Pictures.
Scorsese M (Regisseur) & Mann M et al. (Produzent) (2004) Aviator [Spielfilm]. Warner Bros. Pictures/Miramax Films.

Stichwortverzeichnis

A

Affekt 13
Aggression 43, 70 f., 77–79, 81, 83, 88, 90, 98, 101, 112, 114 f., 147, 172
Anlehnung 37 f., 86
Ausgeschlossenheit 39, 62, 73, 75, 125, 150, 172
Autoerotismus 25–27

B

Bindung 147, 159, 172
Bisexualität 23 f., 57, 110, 118, 127–129

d

depressive Position. 89
Diskordanz 159, 164
double-bind 162
dynamisch Unbewusstes 87, 92, 154, 173

E

erogene Zone(n) 21 f., 28, 30, 37, 113, 137
Eros 13, 81, 84
erweiterter Sexualitätsbegriff 20 f., 32, 57, 110, 146, 171

G

Gender 117, 122 f., 126, 132, 136, 138 f., 141
Generationsunterschied 32, 34, 67, 75, 125
Genitalprimat 22, 35, 43, 110, 130, 137 f., 140
Geschlechtsunterschied 32, 34, 75, 112–114, 116–119, 124 f., 140

H

Homosexualität 23 f., 111, 115, 118, 126–135
– und psychoanalytische Ausbildung 135
Hysterie 16, 98

I

Identifizierung 33 f., 48, 60, 67 f., 81, 88, 91, 114, 119–121, 125 f., 142–144, 151
infantile Sexualität 15, 18, 20 f., 24, 32, 39, 41, 56, 65, 68, 98, 101, 110, 125, 138, 140, 146 f., 171
– im Erwachsenen 85
Initialtraum 44
Inkongruenz 163 f.
Inzestverbot 58, 60 f., 66 f., 120
irrationale Überzeugungen 158

183

K

Kastration 58, 63, 66, 69 f., 75, 114 f.
- symbolische 31, 69, 75, 114, 124 f., 172
Kastrationsangst 63, 65, 114, 116 f., 122
Kastrationsdrohung 63, 66, 68 f., 114, 116
kognitive Dissonanz 149 f., 164
Konflikt und Struktur 104 f., 108
Konfliktachse (OPD) 102
Konzept 9, 12 f., 165
konzeptvergleichende Psychotherapieforschung 167–169

L

Lust und Erregung (als Gegenspieler) 81 f., 84–86, 171

M

Missbrauch 16, 18 f., 55
moralische Urteile 151 f.
Motivation 13 f., 81 f., 96, 147, 150, 159, 172
motivationale Schemata 159
Motivkonflikt 148 f., 156 f., 159

N

Nachträglichkeit 16, 40
Narzissmus, primärer 25–27
Neurobiologie 155

O

Ödipusdrama 50 f., 75 f.
Ödipuskonflikt 31–34, 39, 49, 53, 55–60, 64, 66, 69 f., 74 f., 80, 88, 98, 100, 111, 114, 125, 146, 150, 152–154, 164
- Bewältigung 65–68, 70, 77, 117, 119
- des Mädchens 59, 68, 113, 116, 118, 132
- frühe Formen 48, 70–72, 74
- negativer 57, 88
- Universalität 61

P

paranoid-schizoide Phase 89
Partialtriebhaftigkeit 21, 23, 32, 35, 110, 117, 121, 130, 137, 140, 148
Penisneid 69, 113–116, 119, 125
Phallus 31, 69, 75, 114 f., 119, 124, 126, 172
Phasen der psychosexuellen Entwicklung 21, 23 f., 82, 111, 113, 140, 142, 146, 172
- anale Phase 29 f.
- genitale Sexualität 35 f., 39, 68, 71, 130, 137, 140
- Latenz 34, 39, 65, 68, 70
- orale Phase 21, 28 f., 70 f.
- phallisch-ödipale Phase 31 f., 34, 47, 70, 113, 115, 121, 172
Phobie 43, 63, 98
Plankonflikt 160 f.
Psychose 105, 130 f.

Q

Queer Theory 123, 141

R

Rollenkonflikt (IPT) 161

S

Schemata 152, 159

Schulenstreit 166
Selbsterhaltung 13, 37 f., 81, 83, 86
Sexualisierung 46 f.
Sexualwissenschaft 24, 110, 120, 125, 127, 139
Spaltung 89 f., 124
strukturelle Fähigkeiten 104, 107–109, 157
symbolischer Muttermord 74
symbolischer Vatermord 74
Symbolisierung 71 f., 74 f., 77, 80 f., 139, 141, 146, 151 f., 164
Symptom 43, 98–101, 105, 142 f., 157, 167, 172

T

Theory of mind 153, 164
Todestrieb 13, 81, 84
Trans* 141–144
Triangulation (systemische Therapie) 153 f.
Triangulierung 34, 48, 58, 72, 79 f., 124, 146, 150, 153 f., 164
Trieb 13, 81, 83–85, 90, 92, 96
- -energie 13, 25–27
- monistisch 13, 81
- psychosomatisch 13, 81, 173
- sozialisatorisch 21

U

Über-Ich 60, 67, 69 f., 95, 114, 116
Urszene 39 f.
Urvater-Mythos 59, 120
Urverdrängung 87, 91

V

Verdrängung 23, 68 f., 91 f., 115, 131
Verführungstheorie 16 f., 19, 55
- Allgemeine (im Sinne J. Laplanches) 19, 85, 124, 138

W

weibliche Sexualität 69, 110–124, 126, 132–134
Wunsch, unbewusster (und Wiederholung) 94 f.

Z

Zärtlichkeit 41, 57
Zuschreibung 122, 124, 138 f., 141 f.
Zwang 43, 97–101
Zweizeitigkeit 16, 39, 65

Timo Storck

Trieb

2018. 176 Seiten mit 4 Abb. Kart.
€ 29,-
ISBN 978-3-17-033748-0
Grundelemente psychodynamischen Denkens, Band 1

Im ersten Band der Reihe werden Freuds Bemerkungen zum Trieb vorgestellt und kritisch erörtert, insbesondere die Charakterisierung des Triebs als „Grenzbegriff zwischen Somatischem und Psychischem". Es findet eine Einordnung verschiedener Fassungen des Konzepts in der Entwicklung des Freud'schen Werkes statt. Mit den Konzeptionen bei Melanie Klein und Jean Laplanche werden zwei Linien der Weiterentwicklung akzentuiert. Zudem findet das Verhältnis von Trieb und Affekt Erwähnung. Schließlich wird geprüft, wie sich das Triebkonzept in Relation zu psychologischen Motivationstheorien, zur Neurobiologie und zur Konzeptualisierung vergleichbarer klinischer Phänomene durch andere therapeutische Richtungen setzen lässt. Falldarstellungen dienen der Veranschaulichung der Konzeptionen.

Leseproben und weitere Informationen unter www.kohlhammer.de

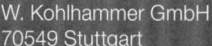

Grundelemente psychodynamischen Denkens

Die jeweils fünf Vorlesungen zu jedem Konzept der Reihe werden als professionelle Videomitschnitte über verschiedene Kanäle angeboten. So können die Vorlesungen auf einem **USB-Stick** erworben werden, stehen aber auch **via Streaming** und **als Download** auf der Plattform Vimeo (vimeo.com/kohlhammer) zur Verfügung.

Timo Storck
Trieb
USB-Stick mit Video aller fünf Vorlesungen
2018. € 25,–. ISBN 978-3-17-034651-2

Timo Storck
Sexualität und Konflikt
USB-Stick mit Video aller fünf Vorlesungen
2018. € 25,–. ISBN 978-3-17-034652-9

Weiterführende Informationen finden Sie auf unserem Blog! In ausführlicher und stets aktualisierter Form halten wir Sie über die Neuheiten des Projekts auf dem Laufenden. Timo Storck erläutert dort im Interview Konzeption und Ziel des Projekts. Darüber hinaus finden Sie auch ein Teaser-Video der Vorlesungsreihe:

blog.kohlhammer.de/psychologie/buchreihe-grundelemente-psychodynamischen-denkens

W. Kohlhammer GmbH
70549 Stuttgart

Kohlhammer

Timo Storck

Psychoanalyse und Psychosomatik

Die leiblichen Grundlagen der Psychodynamik

2016. 252 Seiten. Kart.
€ 29,-
ISBN 978-3-17-024838-0
Psychoanalyse im 21. Jahrhundert

Freud und Leib liegen nah beieinander: Die Konzepte der Psychoanalyse verweisen auf die Anbindung an Leibliches und erfordern eine differenzierte Konzeption des Leib-Seele-Verhältnisses. Beginnend mit Freuds Bemerkungen zur Aktualneurose tauchen Fragestellungen der Entwicklungspsychopathologie, Psychodynamik und Behandlungstechnik auf. Zunächst werden die konzeptuellen Entwicklungen in allgemeiner Hinsicht geprüft, bevor Diagnostik, Klassifikation und spezielle Krankheitslehre behandelt werden. Der Band schließt mit Behandlungssettings, gesellschaftlichen Aspekten der Psychosomatik sowie exemplarischen Forschungsfeldern.

Leseproben und weitere Informationen unter www.kohlhammer.de

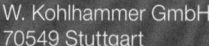